U0491581

研发投入、全要素生产率与中国经济增长源泉

R&D Input, Total Factor Productivity and the Source of China's Economic Growth

刘建翠◎著

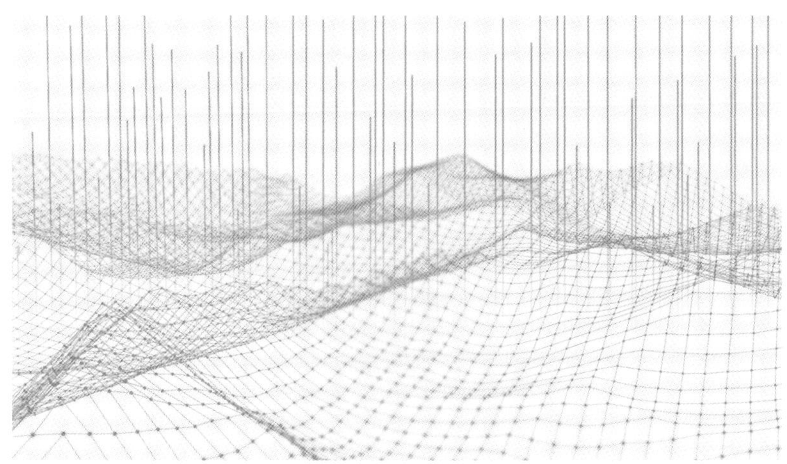

中国社会科学出版社

图书在版编目（CIP）数据

研发投入、全要素生产率与中国经济增长源泉／刘建翠著．—北京：中国社会科学出版社，2021.10

ISBN 978－7－5203－9187－0

Ⅰ．①研…　Ⅱ．①刘…　Ⅲ．①中国经济—经济增长—研究　Ⅳ．①F124.1

中国版本图书馆CIP数据核字（2021）第187657号

出 版 人　赵剑英
责任编辑　黄　晗
责任校对　季　静
责任印制　王　超

出　　版　中国社会科学出版社
社　　址　北京鼓楼西大街甲158号
邮　　编　100720
网　　址　http://www.csspw.cn
发 行 部　010－84083685
门 市 部　010－84029450
经　　销　新华书店及其他书店

印刷装订　三河弘翰印务有限公司
版　　次　2021年10月第1版
印　　次　2021年10月第1次印刷

开　　本　710×1000　1/16
印　　张　19
插　　页　2
字　　数　264千字
定　　价　109.00元

凡购买中国社会科学出版社图书，如有质量问题请与本社营销中心联系调换
电话：010－84083683
版权所有　侵权必究

序　言

全要素生产率研究自从被创立以来，一直是经济增长理论探讨研究的核心话题。党的十九大报告提出：“推动经济发展质量变革、效率变革、动力变革，提高全要素生产率……不断增强我国经济创新力和竞争力。”可见提高全要素生产率已上升到国家层面，得到国家领导人的重视。对于中国全要素生产率的核算，学者采取的研究方法、处理数据的方法以及研究时段的不同，致使研究结果存在较大差异，对中国经济运行的质量问题、经济增长的源泉问题也就存在不同的解释。数据质量与测算的结果息息相关，因此数据的真实性是研究应用经济的核心问题。

为了准确反映中国真实的经济发展情况，中国数据历经几次大的修订。这牵涉到中国核算制度的改革，1985 年以前中国实行物质平衡表体系（System of Materal Product Balance，MPS），1985—1992 年逐步与联合国推荐的源于市场经济的国民账户体系（System of National Accounts，SNA）接轨，1992 年正式开始在中国实行 SNA 体系。也就是说，20 世纪 90 年代以前的统计数据与后来的统计数据是两种核算制度下的产物，不具有可比性，虽然后来经过几次修订发布，但存在瑕疵还是难免的。在这种情况下，采取不同时段的数据来计算全要素生产率存在差异，是正常的。只有采取国家统计局最新发布的数据，才能尽可能地避免数据的失误。故本书根据国家统计局最新修订的数据，在国家层面上，先是在测算物质资本存量和

R&D资本存量的基础上，利用拓展的生产函数，测算了改革开放以来的全要素生产率变化，解释了中国经济增长源泉。在区域层面上，根据31个省区市的更新数据，测算了省份物质资本存量和R&D资本存量，测算了1990—2017年的全要素生产率变化，解释了地区经济增长源泉，运用DEA - Tobit两步法测度了影响地区全要素生产率、技术进步和技术效率的影响因素。

从结构上看本书分为上、下两部分，上半部分包括第一章到第五章，是从全国层面研究经济增长，核算R&D资本存量、物质资本存量和全要素生产率变化，分析经济增长源泉。下半部分包括第六章到第十章，是从地区层面研究地区经济增长，核算地区R&D资本存量、物质资本存量和全要素生产率变化，分析地区经济增长源泉，并计算了地区的Malquist生产率指数、技术进步指数和技术效率指数，用DEA - Tobit模型分析了影响三个指数的因素。

最后，对全书做了总结，提出政策建议和下一步的研究计划。

由于研究题目的重要性和复杂性，本人因水平不足，受数据、时间的限制，本书难免有不足和错误之处，敬请专家、学者和广大读者批评指正。

刘建翠

2020年10月

目　录

第一章

绪论

第一节 选题背景和研究意义

一 选题背景

测算全要素生产率（Total Factor Productivity，TFP，除非特别说明，本书的生产率即指全要素生产率）变化、解析经济增长源泉是研究经济增长问题、关注经济增长质量的学者关注的核心话题，也是中国学者们长期以来研究的焦点。

20世纪20年代，柯布、道格拉斯（Cobb和Douglass，1928）提出了生产函数理论，并进行定量研究；40年代，丁伯根（Tinbergen，1942）在此基础上加入时间因素，首先提出生产率的概念，随后又有经济学家不断地充实和发展，1957年索洛（R. Solow）扩展了一般生产函数的概念，纳入技术进步，建立了可操作的生产率模型——索洛模型；随后丹尼森（Denison，1962）在索洛模型基础上，把“生产率”定义为索洛的“技术进步”，拓展了索洛模型中“余值”概念。随后，乔根森等人（Jorgenson等，1973）提出了超越对数生产函数，研究技术进步的影响。卢卡斯（Lucas，1988）率先将人力资本引入经济增长模型中，罗默（Romer，1990）从技术外部性的角度强调研发投入对经济增长的作用，把人力资本和研发投入引入生产率模型以解释经济的增长。至此，生产率模型已比较完善。测算生产率的方法不断发展，常用的方法包括索洛余值法、超越对数生产函数、柯布 - 道格拉斯生产函数、随机前沿分析、数据包络法、指数法、OP 法、LP 法等。到今天，对生产率的研究已有近一个世纪，研究范围涉及生产活动的各个层面，研究成果层出不穷。

中国对生产率的核算始于 20 世纪 80 年代。比较早的关于生产率的论文是 1986 年郑绍濂和胡祖光发表于《系统工程理论与实践》的《经济系统的经济效益度量的综合指标——全要素生产率的研究和探讨》；较早的生产率著作有史清琪等著的《技术进步与经济增长》(1985)，李京文、乔根森等著的《中、美、日生产率与经济增长比较研究》(1993)，李京文、郑玉歆、薛天栋等著的《中国生产率变动趋势之研究》（1993）等，在国内外经济学界影响较大，生产率研究成为技术经济学研究的重要内容。关于生产率的论文大量涌现于 2000 年后，尤其是 2006 年以后，关于生产率的著作也是层出不穷。从全国、省际和部门、微观三个层面进行研究，在不同的层面各有大量的文献从不同角度进行研究分析。

改革开放以来，中国经济已持续近 40 年的高速增长，中国经济增长的来源是什么、中国经济的可持续性如何，学者的研究结果各不相同，争议较大。原因在于采取的系列数据不同以及研究方法的不同。核算生产率的基础数据质量犹如摩天大楼的地基，数据质量如何直接关系到计算结果，因此质量可靠的数据是测算生产率的根本。20 世纪 90 年代以来，中国国家统计局进行过几次大的数据修订，最近的一次是 2016 年，起因是创新对国家越来越重要，创新投入自然不能忽视。SNA2008 规定把研发投入作为资本计入，而不是作为中间投入核算，美国等发达国家早已修订核算方法，国家统计局以此为依据在 2016 年修订了核算方法，修订了新中国成立以来的经济数据以及 1978 年以来的固定资本形成额数据，公布于《中国统计年鉴 2017》。本书以修订的数据为基础，在全国层面上，核算改革开放以来中国的生产率，并分析经济增长的源泉。在区域层面上，各省区市也据此修改了不同年份的 GDP 核算数据，在分析 1990—2017 年地区经济增长的基础上，核算了各个省份的生产率，分析了经济增长源泉，并计算了各省份的相对效率，测算了影响相对效率的因素。

二　研究的意义

改革开放以来，中国经济的高速增长主要是依靠要素投入，还是依靠科技进步，对这一问题争议较大。根据以往的研究成果，中国主要依靠要素投入来实现经济高速增长，本书利用修订的数据重新核算生产率，并且把研发投入纳入生产函数，利用拓展的生产函数揭示中国和各省份经济增长源泉，为理论研究提供了借鉴作用；通过实证分析，研究了中国要素投入和技术进步对经济增长的贡献，揭示了中国改革开放以来经济增长的源泉；通过测算影响相对效率的因素，为不同地区的政策制定提供依据，具有实际意义。

第二节　研究内容和研究方法

一　研究的主要内容

本书以新古典经济学、经济增长理论、经济发展理论、内生经济增长理论、创新经济学为基础，在拓展生产函数的基础上，利用修订数据，研究中国、省份生产率变化和经济增长源泉，利用 DEA 模型研究了省份相对效率的变化，运用 Tobit 模型分析了研发投入对生产率、技术效率和技术进步的影响。本书在研究方法上进行了拓展，把研发资本纳入生产函数，进行了创新性探索；在实证中，核算了两种资本存量，为合理选择基础数据提供了依据。本书的研究成果解释了中国和地区经济增长的源泉，分析了影响生产率变化的因素，为后来的研究提供了借鉴。

全书共十一章，各章的内容如下。

第一章是绪论，阐述了选题背景和意义、研究内容和方法、研究的创新点。

第二章是中国经济增长与产业结构变化。在分析改革开放以来中国经济增长现状的基础上，研究了产业结构变化对经济增长的贡献，最后测算了产业结构变迁对劳动生产率增长的贡献。

第三章是中国 R&D 投入及 R&D 资本存量核算。在对中国 R&D 投入现状分析的基础上，核算了中国的 R&D 资本存量，发现中国 R&D 投入中基础研究投入偏低，中西部 R&D 投入偏少；中国 R&D 资本存量在 2006 年迅速增长；R&D 资本存量占 GDP 的比重呈现为“U”形走势，经历了先下降后提升的过程；与发达国家相比，中国的 R&D 资本存量还偏低。本章为后续的生产率测算和分析经济增长源泉提供了基础数据。

第四章是中国物质资本存量的核算。本章首先回顾了核算资本存量的文献，总结了核算资本存量的要点——合理选择相关的指标；其次，根据文献所述，合理选择投资指标，采取与实际情况更符合的折旧率——利用投入产出表计算所得，采取 PIM 法，根据现有的数据估算了 1978—2018 年的物质资本存量，并与已有核算成果进行了对比分析。本章为下一章测算生产率提供了基础数据。

第五章是中国生产率变化与经济增长源泉。本章首先介绍了测算生产率的方法，并比较了各种方法的优点和缺点；其次回顾了核算生产率的文献；最后拓展了增长核算法的模型，以研发资本存量和物质资本存量以及劳动人数作为投入指标，修订的 GDP 数据作为产出指标，测算了改革开放以来中国生产率的变化，分析了经济增长源泉。

第六章是中国地区经济增长变化。首先分析了 27 年来 31 个省份经济增长情况，各个省份在国民经济中地位的变化；其次计算了各个省份劳动生产率以及增长情况；最后计算了地区经济增长对国民经济增长的贡献，发现东部区域省份的贡献仍然最大，中、西部区域省份的经济增长速度虽然超过东部区域省份，但因为在国民经济中的比重低，对国民经济增长的贡献还有待提高。

第七章是中国地区 R&D 投入与 R&D 资本存量核算。在分析地区 R&D 投入的基础上，核算了地区的 R&D 资本存量，发现省份之间 R&D 投入差距较大，R&D 资本存量也就存在较大差距。在 27 年间各省份的 R&D 资本存量经历了跨越式增长，大部分省份的 R&D 投入还有较大的增长空间。

第八章是中国地区物质资本存量的核算。在分析评价已有文献的基础上，选择合理的指标测算了 31 个省份的物质资本存量，分析了各省份物质资本存量的变化情况，计算了不同周期的增长率。本章测算结果为下一章测算经济增长源泉提供了基础数据。

第九章是中国地区生产率变化及经济增长源泉。本章利用前两章测算的数据，应用扩展的生产率模型，测算了 31 个省份的生产率增长，分析了经济增长源泉。结果表明，省份之间生产率增长率差距较大，R&D 投入的作用初步显现，科技进步的贡献在省份之间差距较大。

第十章是研发投入对中国地区生产率变化的影响。本章首先运用 DEA 模型计算了 31 个省份的 Malquist 生产率指数及其分解，进行了比较分析；其次利用 Tobit 模型测算了生产率、技术进步和技术效率的影响因素，研究发现全国层面、区域之间生产率、技术进步和技术效率的影响因素有所区别，需根据具体情况进行分析，做出选择。

第十一章是研究结论、政策建议及研究展望。对本书研究的总结，根据结论提出政策建议，以及对未来的研究展望。

二　研究方法

本书以马克思主义政治经济学理论为指导，综合运用新古典经济学、经济增长理论、经济发展理论、内生经济增长理论、创新经济学等基础理论，通过模型推导、数理阐述、实证分析等方法，理论研究和实证分析相结合，注重定性分析和定量分析相结合，运用拓展的增长核算方程，实证分析中国生产率变化和经济增长源泉。本书用以下四种方法来研究。

文献研究法：在阅读大量文献的基础上，通过比较和分析为本书的研究提供了借鉴。

模型分析法：在分析研究生产函数的基础上，根据创新的特点以及创新投入对经济的影响，拓展了 C－D 生产函数模型，为分析研究生产率变化提供了基础；运用 DEA－Malquist 模型测算了地区生产率指数及其分解；运用 DEA－Tobit 两阶段模型测算了生产率、技术进步和技术效率的影响因素。

综合研究法：综合运用新古典经济学、经济增长理论、经济发展理论、内生经济增长理论、创新经济学等理论，发展形成本书的研究脉络。

实证分析法：根据拓展的生产函数、DEA－Malquist 模型和 DEA－Tobit 模型，对中国和地区经济进行了实证分析。

第三节　研究的主要创新点

本书将知识资本纳入生产函数，将创新元素引入经济核算模型，并做了实证分析。本书主要的创新点包括如下几点。

第一，将创新经济学与经济增长理论结合起来，根据创新经济学的特点，结合经济增长理论，核算了创新投入资本，分析了中国和地区研发资本的特点。

第二，将研发投入资本运用到生产函数中，拓展了生产函数，为研究中国和地区生产率变化、解释经济增长源泉提供了适当的方法。

第三，在核算生产率的文献中，一般是选择一种投资流量进行核算得出资本存量，进行计算生产率的变化。本书根据目前核算资本存量的文献，分别用两种投资流量核算了资本存量，并以此为基础，测算了两种投资下的生产率及经济增长源泉分析，为研究此类问题的学者提供了参考依据。

第四，运用 DEA – Tobit 两阶段法分析了影响地区生产率、技术进步和技术效率的因素。

第二章

中国经济增长与产业结构变化

——基于新的核算数据

随着中国统计制度的不断完善，中国的经济增长数据也在不断地修订，本章是在最新的修订数据基础上，分析了中国改革开放以来经济增长的情况，随后研究了产业结构变化对经济增长的贡献，最后测算了产业结构变迁对劳动生产率增长的贡献。

第一节 中国经济增长现状分析

一 改革开放以来中国经济增长概述

中国的改革开放，已经走过40多个年头了。1978年召开的党的十一届三中全会，扭转了国民经济发展的航向，提出了以经济建设为中心的方针，并实行改革开放的政策。1980年的农村改革，调动了农民的积极性，为农业发展注入活力；1984年的城市改革，为工业发展提供动力。1980年陆续开辟了深圳、珠海、汕头和厦门4个经济特区，积极利用海外资金，引进高新技术，学习先进经验。1984年进一步开放上海、广州等14个沿海城市，扩大地方权限，给予外商若干优惠政策和措施，利用外商资金和技术，便于提高国内企业的竞争力，促进经济发展。在此期间，世界发达国家进入后工业化时代，中国利用产业跨国转移的机遇，积极推进技术进步和产业升级，加快经济工业化和信息化的进程，使“中国制造”的工业产品进入国际市场，为中国产品打开了国际市场，提高了中国国际声誉。1992 年党的十四大正式提出了建设社会主义市场经济的目标。2001 年加入 WTO，中国改革开放迈上了新的台阶。2005 年党中央提出建设创新型国家，国家加大科技投入力度，R&D 投入迅速增长，专利申请量、科技论文发表数量大幅增长，为经济增长注入新的活力。2012 年党的十八大提出创新驱动发展战略，2014 年李克强总理提出“大众创业、万众创新”，创新成为中国发展的第一要务。党的十九大提出了全面建成社会主义现代化强国的时间表、路线图，“在 2020 年全面建成小康社会、实现第一个百年奋斗目标的基础上，再奋斗 15 年，在 2035 年基本实现社会主义现代化。从 2035 年到本世纪中叶，在基本实现现代化的基础上，再奋斗 15 年，把中国建成富强民主文明和谐美丽的社会主义现代化强国”。

在此期间，中国经济高速增长，1978—2018 年年均增长率达到了 9.43%；产业结构逐步升级，第一产业占比从 27.69% 下降到 7.19%，下降了 20.50 个百分点；第二产业占比从 47.71% 下降到 40.65%，下降了 7.06 个百分点；第三产业占比从 24.60% 上升到 52.16%，上升了 27.56 个百分点。与之相适应，这期间就业人数增加了 35225 万人，其中第一产业减少了 8864 万人，第二和第三产业分别增加了 13683 万人和 30406 万人。就业结构也从 1978 年的第一产业占 70.53%，下降到 2018 年的 26.11%，下降了 44.42 个百分点，下降幅度高于产出的下降幅度；第二产业从 17.30% 上升到 27.57%，上升了 10.27 个百分点；第三产业从 12.18% 上升到 46.32%，上升了 34.14 个百分点，与产出上升的幅度相近。1980—2018 年居民消费价格指数（Consumer Price Index，CPI）年均增长 4.56%，特别是 1995—2005 年的 CPI 仅有 1.57%，是一个经济高增长、通货膨胀低增长的良好发展环境。国家财政收入从 1978 年的 1132.2 亿元，上升到 2018 年的 183359.8 亿元，扣除价格因素，2018

年的财政收入是1978年的5.37倍，年均实际增长率是4.29%。总之，改革开放以来的中国经济增长，为在2020年全面建成小康社会、2035年实现社会主义现代化、2050年达到中等发达国家的水平，奠定了良好的基础。

2009年，联合国统计委员会公布了新的国民经济核算标准（SNA2008），在SNA1993的基础上将“无形固定资产”更名为“知识产权产品”，R&D放在知识产权产品的子目录中，并放在固定资本形成下。这表明在国民经济核算中，R&D投入将作为投资来对待，而不是中间消耗。为了与国际接轨，更准确地核算GDP，2017年的《中国统计年鉴》也将研发支出作为固定资本形成处理，并修订了GDP的历史数据。本章根据调整过的数据，分析1978—2018年的中国经济增长、产业结构变动，测算三次产业对经济增长的贡献。

二 中国经济增长现状分析

新中国成立以后的前30年，中国经济经历了由农业在国民经济中占主导地位转向大工业在国民经济中占主导地位的发展过程，即工业化过程。1978年党的十一届三中全会确立把党的工作重心转移到社会主义现代化建设中来，开始了中国经济建设的新里程。1981年开始的第六个五年计划，借鉴国外经济发展经验，把国民经济现代化作为发展目标，把工业化和工业现代化作为同一过程来实现。即在实现工业在国民经济中占主要地位的同时，同步实现劳动资料现代化、工业劳动者素质和技能现代化、工业管理现代化，并使主要工业技术经济指标达到当代先进水平。在这个方针指引下，中国经济在40年间实现了年均接近于10%的高速增长，在世界各国经济增长史上创造了奇迹。

40年中，中国经济增长出现过“三上三下”的大幅度波动，见图2—1。中国经济增长速度从1981年的较低水平，一路走高，到1984年达到了36年中的最高增长点15.20%。然后小幅下降，1986

年降到 8.90%。1987—1988 年又回升到 11% 以上。1990 年经济增长下跌到 36 年中的最低点（3.90%）。1992 年增长速度上升到第二个最高峰（14.20%），然后缓慢下降到 1996 年的 9.90%，连续四年增长速度保持在 10% 以上。1996 年以后继续小步下落到 1999 年的 7.70%，2000 年后又出现了第三次上升，延续到 2007 年，达到 21 世纪的最高点 14.20%，并在 2003 年后经济增长进入了 21 世纪第一个增长超过 10% 的新一轮高增长期，2008 年国际金融危机使得经济增速连续两年下滑，4 万亿元投资暂时拉动了中国经济增长，2010 年达到了 10.60%，随着中国经济新常态的到来，中国经济进入中高速增长时期，2017 年和 2018 年的经济增长率分别是 6.80% 和 6.60%。

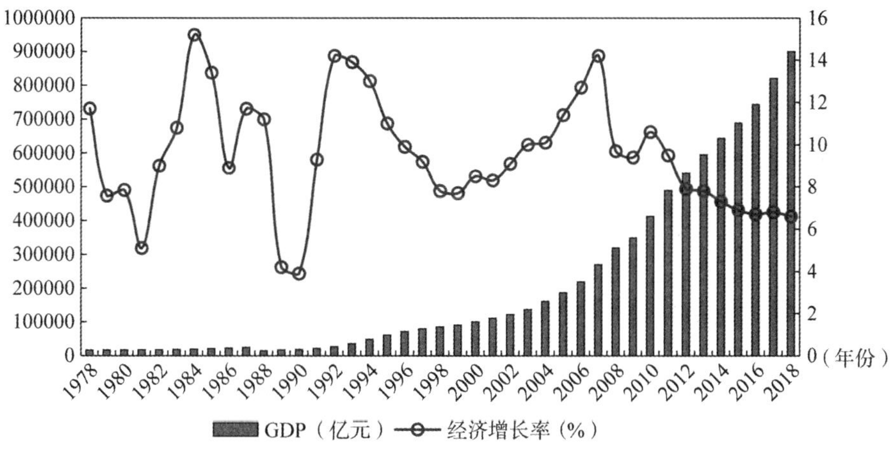

图 2—1 1978—2018 年中国的经济增长情况

具体来说，改革开放（第一阶段）1978—1992 年[①]，是中国从

① 中共中央党校（国家行政学院）政府经济研究中心主任王健认为改革开放历程分为 6 个阶段：1979—1982 年、1983—1986 年、1987—1992 年、1992—2003 年、2003—2012 年、2012 年至今（参见《划重点！改革开放历经的六大重要阶段》，http：//politics.people.com.cn/n1/2018/1204/c1001－30442289.html）。为了便于进行数据分析，本章把前 3 个阶段合并为一个，后 2 个阶段合并为一个。

计划经济向市场经济过渡的时期，体现在：一是农村改革和城市改革，即家庭联产承包责任制和企业承包制（扩大企业自主权），是所有权和经营权的分离，这种分离激活了农民和职工的积极性。1980年8月，《中共中央关于转发全国劳动就业会议文件的通知》颁发；1982年12月，五届全国人大第五次会议把发展和保护个人经济写入《宪法》。在一系列政策的鼓励下，个体经济、私营经济、集体经济纷纷登上历史舞台，这些非公经济的发展不仅搞活了市场，满足了市场需求，也促进了经济增长。二是开放，设立经济特区和经济开发区，打开国门，积极引进外资。1979年设立深圳等4个经济特区，引进外资；1984年设立开放大连等14个港口城市，设立经济开发区，引进外资、先进的管理经验和技术，促进了企业的发展，提高了企业竞争能力。此后又相继在长江三角洲、珠江三角洲、闽东南地区和环渤海地区开辟经济开放区。1990年开放上海浦东新区，中国的对外开放出现了一个新局面。

在这期间，中国经济发展和体制改革属于“摸着石头过河”，因为缺乏经验，经济发展忽冷忽热，GDP增长速度为5.1%—15.2%，在处理经济过热时主要还是采用行政手段，即通过计划平衡来调控。一旦计划平衡放松，就成为再次扩张的根源，致使经济上下波动，见图2—2。即使如此，中国经济还是得到了快速发展，GDP总量从1978年的3678.7亿元增加到1992年的27194.5亿元，年均实际增长9.68%；人均GDP从385元提高到2334元，年均实际增长7.87%；产业结构从27.69：47.71：24.60调整到21.33：43.12：35.55，就业结构从70.53：17.30：12.18变化到58.50：21.70：19.80，第一产业的就业人数占比下降了12.03个百分点，第二产业和第三产业分别上升4.40个和7.62个百分点；劳动生产率从916.19万元提高到4110.91万元，年均实际增长5.84%。

改革开放第二阶段（1992—2003年）的基本特征是建立市场经济体制，经济高速发展。1992年邓小平南方谈话，提出了“发展才是硬道理”，深化了对改革开放的认识；同年党的十四大提出建立社

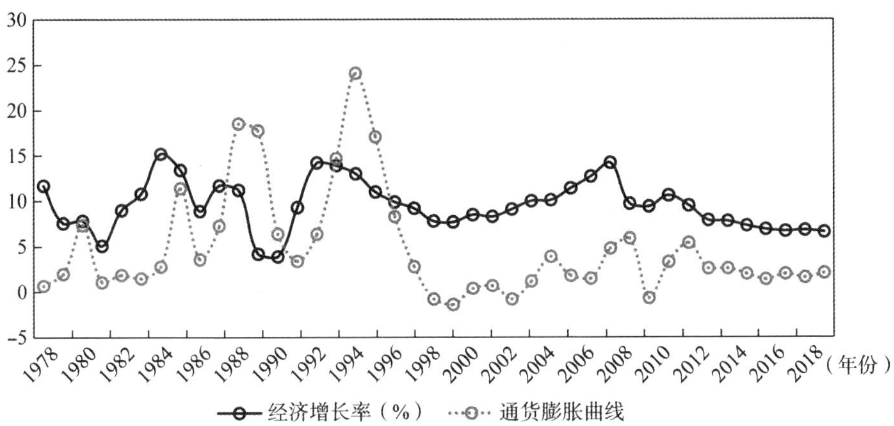

图 2—2　1978—2018 年中国经济增长与通货膨胀

会主义市场经济体制，中国正式提出向市场经济过渡，进入了实业经济发展的高速阶段。2001 年中国加入 WTO，促进了中国进出口、产业结构优化和高技术产业的发展。

在这期间，工业发展迅速，工业增加值从 1992 年的 10340. 5 亿元提高到 2006 年的 55363. 8 亿元，年均增长率达到 12. 25%，高于经济增长速度；2003 年 GDP 达到 36310. 16 亿元，11 年间年均增长率达到 9. 84%；人均 GDP 是 10366 元，年均实际增长 8. 85%；三次产业结构是 12. 35：45. 62：42. 03，与 1992 年相比，农业下降 8. 98 个百分点，第二产业和第三产业分别上升 2. 50 个和 6. 48 个百分点；就业结构是 49. 10：21. 60：29. 30，与 1992 年相比，第一产业下降 9. 40 个百分点，第二产业基本持平，第三产业上升 9. 50 个百分点；劳动生产率是 18637. 03 万元，年均实际增长 9. 32%，高于 20 世纪 80 年代的劳动生产率提高速度。

在经济高速发展的同时，也伴随着高的通货膨胀，1992—1995 年连续 4 年的经济两位数增长，也伴随了 1993—1995 年连续 3 年的高通货膨胀，特别是 1994 年 CPI 达到 24. 09%，攀上 1949 年新中国成立以来的最高点。政府开始运用市场经济手段进行宏观调控，从

1993 年开始实行紧缩型宏观调控，持续到 1997 年，使经济增长速度从 1992 年的 14.20% 降到 1997 年的 9.20%，下跌了 5 个百分点，CPI 从 1994 年的 24.09%，降到 1997 年的 2.80%，实现了“软着陆”。1998 年和 1999 年经济增长偏低，呈现偏冷状态，政府从 1998 年起实施扩张性宏观调控，即积极的财政政策以及谨慎从松的货币政策，配合一些行政措施，扩大社会总需求，使 2000 年以后的经济稳步上升，而 CPI 维持在低位运行。

改革开放第三阶段（2003 年至今），是完善社会主义市场经济体制的阶段。这个阶段的主要特征是创新：一是体制改革，进行管理体制改革；二是提出建设创新型国家，实施创新驱动发展战略。党的十八大明确提出：“科技创新是提高社会生产力和综合国力的战略支撑，必须摆在国家发展全局的核心位置。”党的十九大强调：“坚定实施科教兴国战略、人才强国战略、创新驱动发展战略、乡村振兴战略、区域协调发展战略、可持续发展战略、军民融合发展战略……”随着这些战略的实施，中国研发投入迅速增长，投入强度有所提高，从 2003 年的 1.12% 提高到 2018 年的 2.19%。同时，迎来了经济连续 5 年超过两位数的增长，2007 年达到 14.20%，是进入 21 世纪以来的最高点。2008 年国际金融危机，中国经济陷入低谷，随着经济新常态的到来，中国经济进入中高速平稳发展阶段。

在这期间，服务业发展迅速，服务业增加值从 2003 年的 57754.4 亿元提高到 2018 年的 469574.6 亿元，年均实际增长率达到 9.79%，高于 GDP 增长速度；2018 年 GDP 达到 900309.5 亿元，15 年间年均增长率达到 9.20%；人均 GDP 是 64644 元，年均实际增长 8.58%；三次产业结构是 7.19：40.65：52.16，与 2003 年相比，农业下降 5.16 个百分点，第二产业下降 4.97 百分点，第三产业上升 10.13 个百分点；就业结构是 26.11：27.57：46.32，与 2003 年相比，第一产业下降 22.99 个百分点，第二产业和第三产业分别上升 5.97 个和 17.02 个百分点；劳动生产率是 116040.20 万元，年均实际增长 8.93%，低于 20 世纪 90 年代的生产率增长速度。

2006 年以来，政府采用市场经济的宏观调控手段，既解决了经济过热、高通胀的顽疾，又解决了经济过冷的被动，保持了经济稳定快速的发展，大部分年份 CPI 维持在低位运行，超过 5% 的年份只有 2008 年（5.9%）和 2011 年（5.4%）。中国经济保持了良好的运行态势。

三　小结

改革开放 40 年也是中国经济迅速增长的 40 年，期间产业结构发生了重要变化，从 1978 年的“二一三”到 1985 年的“二三一”，再到 2013 年的“三二一”，服务业占 GDP 的比重在 2015 年首次超过 50%，中国进入以服务业为主的发展阶段。就业结构也随之发生变化，从 1978 年的“一二三”到 1994 年的“一三二”，再到 2011 年的“三一二”以及 2014 年的“三二一”，中国的就业结构完成了转变，与产业结构相符合。

从中国经济增长看，无论哪个阶段，都是改革开放极大地促进了市场活力和经济增长，社会主义市场经济体制的建立和完善促进了经济连续高速增长。在经济新常态下，中国更需要深化改革、扩大开放来促进经济增长。

第二节　中国产业结构变迁与经济增长

一　中国产业结构变迁[①]

新中国成立后到 1978 年，经过了“大跃进”、三线建设和“文化大革命”，初步建立了比较完整独立的工业体系和国民经济体系，

① 本部分内容参考了李义福（2010）、孔小红（2003）、武力（2016）的内容。

但因为宏观经济政策的失误、经济体制问题、国外的不利因素，经济结构严重畸形，大量劳动力滞留在农业部门，1978 年农业的就业比重是 70.53%，而增加值比重只有 27.69%，极不相称。为了促进国民经济协调发展，党的十一届三中全会提出改革开放政策，中国迅速进入经济结构调整时期。

（一）纠正失衡：1978—1997 年

1978 年党的十一届三中全会以后，经济建设成为国家的中心任务，产业结构失调严重阻碍了经济的发展，因此调整产业结构成为改革开放初期的首要任务。

1979 年的中央经济工作会议决定用三五年的时间采取“调整、改革、整顿、提高”的措施，把严重失调的经济结构基本调整过来，使农、轻、重比例协调，提高居民收入和消费水平，降低积累、提高消费。改革首先在农村展开，1980 年的“农村联产承包责任制”释放了被传统体制压抑的生产力，农业得到较快发展，第一产业占 GDP 比重有所提高，将农村剩余劳动力解放出来，乡镇企业“异军突起”，不仅加快了农业同现代科技的结合，而且形成了“三分天下有其一”的乡村工业，开辟了一条中国工业化的新路径。1984 年的城市改革，允许个体和私营经济发展，允许集体经济自主经营和分配，改善国有企业的经营管理，通过实行“责任制”和“放权让利”，调动了国有企业和职工的积极性，这段时间的轻工业发展迅速，满足了居民的生活需求。这些措施充分提高了居民收入，提高了居民消费水平，促进了经济的迅速发展。

经过 20 世纪 80 年代初的结构调整，工农业生产迅速增长，同时也出现了一系列经济问题。1984 年的农业大丰收导致部分地区出现“卖粮难”，随后的 5 年农业增长处于低谷，增长率最高的 1987 年只有 4.7%；工业的快速增长使得固定资产投资规模过大，按照不变价计算 1988 年的固定资产投资是 1984 年的 1.8 倍，居民收入提高促进了社会需求旺盛，购买力的增长超过商品供应的增长。1988 年的价格改革及以上因素，刺激了物价上涨，导致1988年和1989年的CPI高达18.53%和17.78%（见图2—2）。为了实现经济的平稳发展，中央政府从1989年开始实行“治理整顿”，一是紧缩财政，压缩固定资产投资规模，1989—1991年连续3年的固定资产投资（不变价）低于1988年；二是加强基础产业建设。这样做的结果是迅速有效地抑制了通货膨胀，稳定了市场，1991年的CPI只有3.4%。

第八个五年计划期间，以原材料、交通和能源为重点的基础产业成为经济建设的重点，取得了显著成效，工业和第三产业迅速增长，但是农业却增长缓慢。经济的迅速增长又一次导致了经济过热，1993—1995年连续3年CPI高达两位数，1994年达到历史上最高的24.09%。对此，1993年中共中央和国务院发布《关于当前经济情况和加强宏观调控的意见》，提出严格控制货币发行、稳定金融形势等16条加强和改善宏观调控的措施；1995年国家又制定了“在抑制通货膨胀的前提下，继续保持国民经济适度增长”的宏观调控目标。在一系列的措施下，1996年CPI降到了8.3%，1997年为2.8%，经济成功实现了“软着陆”，有效地抑制了通货膨胀，使经济在“高增长、低通胀”的环境下运行。

至此，中国经济进入平稳增长的时代，不仅过去强调的农、轻、重关系得到改善，三次产业的关系也得到很大改善，整个国民经济呈现出各产业全面蓬勃发展的势头，中国经济基本告别了“短缺”，进入“买方市场”，在1997年亚洲金融危机期间，也能保持快速增长。这可以从“六五”“七五”“八五”计划相关年份的产业发展体现出来（见表2—1）。

表2—1　“六五”“七五”“八五”计划相关年份的产业发展情况　单位:%

		1981年	1985年	1990年	1995年
GDP结构	第一产业	31.32	27.93	26.58	19.60
	第二产业	45.83	42.71	41.03	46.75
	第三产业	22.71	29.35	32.38	33.65

续表

			1981 年	1985 年	1990 年	1995 年
就业结构		第一产业	68. 10	62. 42	60. 10	52. 20
		第二产业	18. 30	20. 82	21. 40	23. 00
		第三产业	13. 60	16. 76	18. 50	24. 80
工业总产值结构		轻工业	43. 10	47. 10	49. 40	47. 30
		重工业	56. 90	52. 90	50. 60	52. 70
对外贸易结构	出口商品结构	初级产品	46. 60	50. 60	25. 60	14. 40
		工业制成品	53. 40	49. 40	74. 10	85. 60
	进口商品结构	初级产品	36. 50	12. 60	18. 50	18. 50
		工业制成品	63. 50	87. 50	81. 50	81. 50
人均 GDP（元，当年价）			497	866	1663	5091

注：本表数据采用四舍五入计算，下同。

资料来源：根据国家统计局《中国统计年鉴》（1982—2007）相关数据计算整理。

表 2—1 表明，“六五”“七五”“八五”计划期间，产业结构变化经过不断调整的纠偏性发展，迈入了正常轨道。

首先，从三次产业来看，产业结构有所改善。1981—1995 年，第一产业占 GDP 的比重快速下降，从 31. 32% 下降到 19. 60%，降低了 11. 72 个百分点。到 20 世纪 80 年代中期，人民生活基本解决了温饱问题。但同时，因为城市改革有大量的富余劳动力面临就业问题，劳动密集型的第三产业发展顺势而为，成为重点。第三产业占 GDP 的比重从 22. 71% 提高到 33. 65%，提高了 10. 94 个百分点，成为改革开放以来三次产业比重上升最快的时期。第二产业变化较小，占 GDP 的比重只上升了 0. 92 个百分点。与之相呼应的是就业结构的改善，1995 年第一产业就业比重下降到 52. 20%，比 1981 年下降了 15. 90 个百分点；第二、第三产业就业比重达到 23. 00% 和 24. 80%，分别比 1981 年提高了 4. 70 个和 11. 20 个百分点。

其次，从工业内部结构来看，轻、重工业结构得到较大改善。经过十余年轻工业的大力发展，轻工业的比重得到提高，在全部工业总产值结构中，轻、重工业比例从 1978 年的 43. 10：56. 90 变为

1995 年的 47. 30∶52. 70，轻工业提高了 4. 20 个百分点。

最后，产业结构与贸易结构紧密相关，工业出口产品提高迅速，对外经济贸易得到结构优化。这段时期，工业制成品占出口商品的比重从 1981 年的 53. 40% 迅速提高至 1995 年的 85. 60%，提高了 32. 20 个百分点；初级产品占比从 46. 60% 大幅度下降至 14. 40%，降低了 32. 20 个百分点。在产业均衡发展、经济快速发展的同时，人民生活也得到了较大幅度的改善。农村居民家庭人均纯收入从 1981 年的 191. 3 元提高到 1995 年的 1577. 7 元，同期城镇居民家庭人均可支配收入从 477. 6 元提高到 4283 元，分别提高了 7. 25 倍和 7. 97 倍。

（二）重化工业重启的产业结构：1998—2012 年

1998 年年底，中国人均 GDP 达到 6860 元，提前完成了国民经济翻两番的目标，解决了人民群众温饱问题。但是因为亚洲金融危机的冲击以及国内有效需求不足，中国经济增长明显趋缓，并出现通货紧缩迹象，1998 年和 1999 年的 GDP 增长速度分别为 7. 8% 和 7. 7%，CPI 分别为 -0. 8% 和 -1. 4%。为了扩大内需和对外出口，政府实行了积极的财政政策和稳健的货币政策，推动城市化、房地产发展，扩大以基础设施为重点的基本建设，同时以更积极的态度融入世界经济。2001 年年底中国加入 WTO，利用国际市场和国际资源上了一个新台阶，出口成为拉动中国工业化的重要力量。

投资和出口大幅度增加，中国在 21 世纪进入了重化工业重启的新阶段。2008 年国际经济危机，再次带来了经济增长下滑的压力。中国政府再一次采取积极的财政政策，扩大基本建设投资，以弥补出口萎缩造成的负增长缺口，城市化与房地产行业在这一时期高速推进。重工业的增长速度明显加快，重工业占工业的比重从 2000 年的 60. 20% 提高到 2011 年的 71. 80%，11 年提高了 11. 60 个百分点。从产业结构变化来看，第二产业始终是国民经济的支柱性产业，1998 年三次产业结构是 17. 16∶45. 8∶37. 04，2012 年是 9. 42∶

45.27∶45.31，第二产业占比几乎没有变化。与此同时，中国的人均GDP从1998年的6860元上升到2012年的40007元，提高了4.83倍。

1998—2012年产业结构的变化，主要是由于经济增长动力发生了变化，即经济增长的“三驾马车”发生了结构性变化，投资成为经济增长动力。1998年以后，消费对经济增长的拉动作用明显下降，投资成为经济增长的重要带动因素（郭旭红和武力，2018）。年均消费率从1979—1997年的63.14%降至1998—2012年的54.13%，消费对经济增长的贡献率从62.33%降至45.04%，分别下降9.01个和17.29个百分点；相反，同时期的投资率从36.48%升至41.81%，投资贡献率从31.57%升至48.16%，分别上升5.33个和16.59个百分点。

1998—2012年，中国出口迅速增长，尤其是加入WTO后。中国充分利用国际市场和国际资源，参与国际分工程度日益加深，中国的出口进入高速增长期，并迅速成为制造业的世界工厂。1978—1997年，中国商品出口占世界商品出口的比重极低，年均低于3%；1998—2012年，中国商品出口占世界商品出口的比重迅速提高，2010年成为世界最大的商品出口国，2012年占比达到了11.11%。与此同时，中国商品出口结构发生了极大的变化，工业制成品出口占商品出口的比重从1980年的49.70%上升到1998年的88.85%、2012年的95.09%。同时，工业制成品出口占世界商品出口的比重从2000年的4.6%上升到2010年的14.0%。中国不仅成为制造业的世界工厂，也迅速成为高技术产品的世界工厂。自2004年起，中国已经成为世界第一高技术产品出口大国，同时也是世界第一ICT（信息和通信技术）产品出口大国，2010年中国的高技术产品出口占世界高技术产品出口的比重已经达到22.2%。[①]

---

① 郭旭红、武力：《新中国产业结构演变述论（1949—2016）》，《中国经济史》2018年第1期。

（三）经济新常态下的产业结构：2013 年以来

“十二五”期间中国在经济实力、科技实力、国防实力、国际影响力各方面又上了一个大台阶的同时，经济发展也开始进入增长速度放缓、结构调整紧迫、发展动力转换的新阶段，又被称为“经济新常态”。新常态下的经济进入中高速发展阶段，经济结构优化升级，从要素驱动、投资驱动转向创新驱动，是中国在新发展理念下的重要目标，也是全面建成小康社会的经济保障，而加强供给侧结构性改革，即实现产业结构的优化和升级则是矛盾的主要方面。

新常态下，中国经济结构面临的主要矛盾有以下两方面。第一，高端产能严重不足，低端产能过剩加剧。中国在装备制造业缺乏核心技术早已是公开的事实，数控机床等核心部件依赖进口，芯片生产问题已困扰中国多年。2018 年的中兴芯片事件、2020 年美国对华为的制裁，充分说明了中国核心技术的匮乏；而钢铁、水泥、平板玻璃等传统行业产能严重过剩，这说明无效和低端供给较多，有效和高端供给缺乏，产业发展中存在严重的“卡脖子”问题（郭旭红和武力，2018）。第二，技术创新能力低。近年来，中国创新能力提高迅速，但仍有较大提高空间。2017 年全球创新指数排名中，中国位列第 22 位，美国位列第 4 位，韩国位列第 11 位，中国创新产出指数为 50. 8，美国为 53. 9，韩国为 52. 1。根据世界经济论坛每年发布的《全球竞争力报告》，自 2005 年以来，中国的国际竞争力排名基本处于第 26—29 位，其中最好的名次是第 26 位（2011 年）。目前，中国不仅缺乏基础性、共性和关键技术的平台，也缺乏“官产学研金介”有效结合的体制，更缺乏提高科技创新成果转化率的技术供给机构，这是制约中国技术创新的突出问题。

在经济新常态下，高质量发展是经济发展的主要目标。“一带一路”建设、高质量的人口红利、战略新兴产业、新动能、新产业、新业态、新模式都将为目前产业结构调整和提高增长经济质量做出贡献。

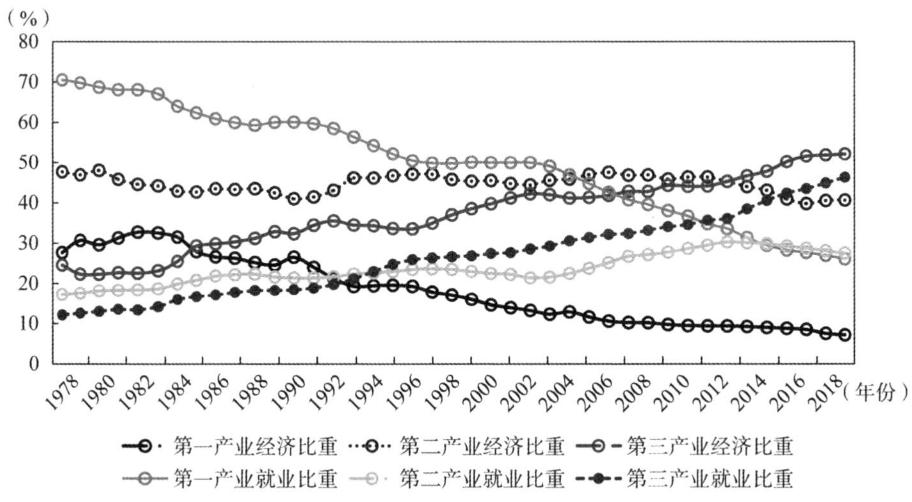

图2—3　1978—2018年中国三次产业结构和就业结构

从1978—2018年中国的产业变迁过程看（见图2—3），第一产业的经济比重和就业比重的曲线变动趋势是一致的，均呈下降趋势，1978年产出比例和就业比例分别为27.69%和70.53%，2018年分别为7.19%和26.11%；第二产业的就业比例缓慢上升，1978年和2018年分别是17.30%和27.57%，产出比例在2012年前长期保持在45%左右，2013年开始下降，2018年是40.65%；第三产业在总产出和总就业中的份额呈上升趋势，第三产业无论是产出比例还是就业比例均有大幅度上升，1978年分别是24.6%和12.18%，2018年分别是52.16%和46.32%。从各国产业结构的发展历程看，产业发展规律是从以第一产业为主导到以第二产业为主导再到以第三产业为主导。中国的产业变迁也是如此经历，1978—2012年是以第二产业为主导，2013年后是以第三产业为主导。

二　产业结构变迁对经济增长的文献综述

关于产业结构变化对经济增长的影响，在20世纪40年代已有研究，钱纳里等（1989）构造了经济发展不同阶段产业结构的标准数值，为不同国家评判经济发展过程中产业结构演进是否正常提供了依据。随后，关于这方面的研究层出不穷。目前比较常见的产业结构变迁与经济增长关系的研究主要有三种。

一是从“产业结构红利”角度。Peneder（2003）认为，在工业化进程中，经济结构转变影响经济增长的重要性随发展水平的不同而不同，这一特征在发展中国家表现得更为突出。原因在于各部门具有不同的劳动生产率水平和劳动生产率增长，因此当投入要素从劳动生产率低水平或者劳动生产率低增长的部门向劳动生产率高水平或劳动生产率高增长部门流动时就会促进总的劳动生产率增长，带来了“结构红利”，并维持经济的持续增长。但是对不同国家不同时期的研究结果并非相同。Timmer 和 Szirmai（2000）对印度、印度尼西亚、韩国和中国台湾 1963—1993 年 13 个制造业行业的分析中，假说“结构红利”只在印度得到证实；Fagerberg（2000）对 1973—1990 年 39 个国家 24 个制造行业、Singh（2004）对韩国 1970—2000 年制造业的分析没有发现“结构红利”。郑玉歆（1993）通过对 1980—1990 年中国制造业的结构变动对生产率增长的影响研究，发现了结构变化的积极作用；吕铁（2002）的研究结果表明 1980—1997 年中国制造业行业间的劳动力流动对劳动生产率增长的影响并不大；李小平和卢现祥（2007）通过研究 1985—2003 年中国制造业结构变动、劳动生产率、生产率增长的关系，发现制造业的结构变动没有导致明显的“结构红利假说”现象，在不同的时期，生产要素偏向不同，中国制造业的生产率增长更依赖于各行业内部的增长效应。李小平（2008）用 Shift - Share 方法，研究了中国制造业 1985—2005 年劳动生产率的内部增长效应、静态转移效应和动态转移效应，发现制造业并不存在明显“结构红利假说”现象，内部增长效应促进了制造业劳动生产率的增长，电子通信等重工业对其增长贡献最大。胡永泰（1998）、蔡昉和王德文（1999）研究了中国农业和非农业以及三次产业之间的要素流动对生产率增长的影响，结果都肯定了产业结构演进的作用。刘伟和张辉（2008）研究了1978—2006年产业结构变迁对经济增长的影响，发现在20世纪80年代至90年代中期产业结构变迁对经济增长的作用显著，随着市场化程度的提高，产业结构变迁对经济增长的贡献呈现不断降低的趋势，逐渐让位于技术进步。干春晖和郑若谷（2009）对1978—2007年三次产业的结构变动生产增长效应，发现劳动力要素具有明显的“结构红利”，而资本的产业间转移存在“结构负利”。

二是从结构弹性效应角度。周振华（1995）基于投入产出模型，研究分析了产业结构内部关联的结构效应，以及产业中的供给结构和需求结构的相互反应程度，并揭示了结构弹性效应。温杰和张建华（2010）在考虑三次产业要素产出弹性可变的基础上，重新测算了中国产业结构变迁中的资源再配置效应。他们认为，改革开放以来资源再配置效应始终是中国经济增长的重要源泉，由于产业间要素边际生产率存在较大差异，未来中国经济依然可以从产业结构变迁中获得巨大收益。

三是从产业结构合理化和高级化角度。吕铁和周叔莲（1999）指出，可以从高级化和合理化效应两个方面来考察产业结构变动对生产率的影响。刘伟和张辉（2008）也认为经济发展的本质就是产业结构的合理化和高级化。干春晖等（2011）运用面板数据分析产业结构变迁与经济增长的关系，研究表明中国产业结构合理化和高级化进程对经济增长具有鲜明的阶段性影响，产业结构合理化对经济发展的贡献大于产业结构高级化，政府在制定有关产业结构政策时，不要过度执着于产业结构高级化的推进而要更多关注结构调整。关雪凌和丁振辉（2012）利用日本47个县55年的面板数据分析了产业结构与经济增长的关系，结果表明，产业结构高级化和合理化对经济增长均有正面影响，但是在不同阶段对经济增长的影响不同。孙鹏和陈钰芬（2014）利用1978—2012年省级面板数据，实证研究中国产业结构变迁对经济增长的影响以及区域间差异，研究结果表明，中国中西部地区存在一定程度的“虚高度化”现象。产业结构合理化和高度化对经济增长的影响，随着经济发展阶段的变化而变化。当前，中国产业结构高度化对经济增长的影响要大于产业结构合理化，但是产业结构合理化的相对重要性却在不断提升；从区域层面看，东部地区产业结构高度化和产业结构合理化对经济增长的作用最大，中部地区次之，西部地区最低。

也有学者直接研究了产业结构变化对经济增长的贡献情况，严成樑（2016）首先估算了产业结构变迁对中国经济增长的贡献度，研究发现，1978—2013 年，劳动力在农业部门、工业部门和服务业部门再配置对中国经济增长的贡献度为 25.37%。在此基础上，考察了产业结构变迁差异对中国区域经济发展差距的贡献。研究发现，相对于物质资本投资、人力资本、人口增长和技术差异而言，产业结构变迁对中国东部地区和中西部地区经济发展差异的作用力度更大。刘志彪和安同良（2002）用 Moore 结构变化值指标测算了 1978—1990 年、1990—1999 年中国产业结构的变动度，证明产业结构快速变动能够促进中国经济高速增长。

从以上的分析可以看出，在不同发展阶段，产业结构对经济增长的作用呈现不同的特点，下面研究 1978—2018 年中国产业结构变化对经济增长的作用。

三　产业结构变化对经济增长的贡献分析

（一）相邻年份的产业变动对经济增长的贡献分析

经济增长的过程中，因为产业分工不同，产业结构的变换会带动经济的增长，同时从总量增长看，GDP 的增长率等于各产业增长率的加权和，权数就是各产业的产出在基期占 GDP 的份额。这里仅仅考虑因产业结构变动引起各产业部门对经济增长的贡献，不考虑资本、劳动力和科技进步等因素变化对产业结构变动的影响。

为了分析和度量这种变化，引入一个经济增长的三部门分解模型：

$$Y_t = \sum_i^3 V_i^t \qquad (2—1)$$

其中，Y_t 表示第 t 年的 GDP，V_i^t（$i=1$，2，3）表示各产业部门第 t 年的增加值。则第 t 期的 GDP 增长率是：

$$G_t = \sum_i^3 g_i^t S_i^t \qquad (2—2)$$

其中，G_t 表示 GDP 增长率，g_i^t 表示三次产业部门增加值的增长率，S_i^t 表示第 i 产业增加值占 GDP 的份额。这就是一个经济增长的产业部门分解模型，它表明国内生产总值增长为三次产业增加值增长率的加权和，一个部门的经济增长对总量经济增长的贡献是：

$$R_i = g_i \times S_i / G \times 100 \qquad (2—3)$$

其中，R_i 代表第 i 产业产出增长对经济增长的贡献程度。显然，它是一个动态指标，反映了在国民经济结构转变与经济增长过程中，第 i 产业部门的增长对国民经济总增长的贡献大小。

应用式（2—2）和式（2—3）以及《中国统计年鉴 2019》提供的数据，我们测算了 1978—2018 年相邻两年三次产业和第二产业中工业增加值增长对 GDP 增长的贡献率，见表 2—2 和图 2—4。

表 2—2　　1978—2018 年各产业增长对 GDP 增长贡献率　　单位：%

年份	第一产业	第二产业	第三产业	工业
1978	9.83	61.49	28.68	61.74
1979	25.19	51.50	23.31	49.81
1980	-5.93	87.57	18.37	70.57
1981	41.87	16.37	41.75	14.29
1982	41.40	27.18	31.42	26.06
1983	25.38	42.91	31.71	35.87
1984	26.73	40.68	32.59	37.67
1985	3.76	57.42	38.82	51.35
1986	9.82	49.40	40.78	41.77
1987	10.64	51.00	38.35	42.50

续表

年份	第一产业	第二产业	第三产业	工业
1988	5. 84	56. 64	37. 52	51. 64
1989	17. 86	37. 11	45. 03	45. 22
1990	47. 25	31. 55	21. 21	31. 44
1991	6. 09	60. 43	33. 48	56. 87
1992	6. 90	62. 29	30. 82	56. 23
1993	6. 26	64. 10	29. 64	57. 47
1994	5. 83	64. 11	30. 06	58. 12
1995	8. 88	59. 68	31. 44	51. 92
1996	9. 90	58. 45	31. 65	51. 94
1997	6. 62	53. 74	39. 64	50. 98
1998	7. 51	52. 55	39. 94	45. 72
1999	5. 63	48. 29	46. 08	44. 42
2000	3. 94	50. 52	45. 54	46. 76
2001	4. 33	45. 33	50. 34	41. 32
2002	3. 91	47. 86	48. 24	43. 01
2003	2. 94	57. 40	39. 65	51. 37
2004	7. 86	50. 85	41. 29	46. 68
2005	5. 21	49. 83	44. 96	42. 26
2006	3. 97	49. 99	46. 03	42. 62
2007	2. 51	49. 30	48. 19	43. 39
2008	5. 54	47. 77	46. 69	42. 50
2009	4. 18	50. 51	45. 31	38. 30
2010	3. 87	55. 71	40. 42	47. 52
2011	4. 15	51. 95	43. 90	45. 76
2012	5. 45	48. 41	46. 14	39. 64
2013	4. 57	45. 51	49. 93	36. 87
2014	5. 09	43. 74	51. 17	34. 82
2015	4. 92	36. 25	58. 83	29. 85
2016	4. 19	36. 04	59. 77	29. 83
2017	4. 45	35. 21	60. 34	31. 42
2018	3. 83	35. 87	60. 30	31. 33

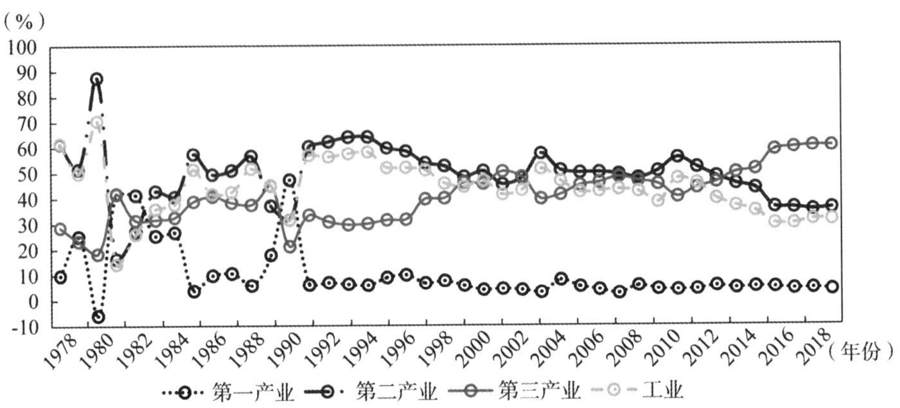

图 2—4　1978—2018 年三次产业和工业的增长对 GDP 增长贡献率

由表 2—2 和图 2—4 可以看出，在最近 40 年的中国经济增长中，第一产业在 1981 年、1982 年占很大的贡献份额，均高于同期第二和第三产业的贡献。1990 年全国市场全面疲软，第一产业增长对当年经济增长又做出了重要贡献，随后呈小幅波动下降态势，2018 年的贡献率只有 3.81%。20 世纪 80 年代中期以后，随着城市改革的开始，中国工业化和工业现代化进程加快，第二产业中的工业对经济增长的贡献上升，贡献率除世纪之交前后有三年低于 50% 外，其余多在 50%—60%，1994 年达到顶峰，为 58.12%，随后呈波动下降趋势，2018 年为 31.33%。第三产业的贡献率大多在 30% 以上，2001 年和 2002 年首次超过第二产业，随后直到 2013 年又开始超过第二产业，2018 年达到 60.06%，第三产业成为经济增长的主要动力。从图 2—4 可以更清楚地看到，第一产业的贡献呈下降趋势，第二产业和工业的贡献曲线相似，均是呈先升高后下降的趋势，第三产业呈上升趋势。

图 2—4 还揭示，在 2000 年以前，各产业结构变化对经济增长的贡献波动较大，一方面是因为改革开放初期产业结构处于调整期，产业结构年度之间变化幅度大；另一方面是各产业的增长速度因各种原因处于波动状态。2000 年以后，各产业占 GDP 的比重变化幅度较小，且增长速度变化缓慢，对经济增长的贡献年度之间变化比较

平稳。总体来说，1992 年以后，第一产业对经济增长的贡献呈缓慢下降态势，第二产业的贡献在波动中呈下降态势，2011 年后下降较快；第三年的贡献在波动中呈上升态势，2010 年后增长较快。

（二）不同周期产业增长对经济增长的贡献分析

根据式（2—3）和经济增长情况，计算了 1978—1984 年、1985—1988 年、1989—1992 年、1993—1999 年、2000—2007 年、2008—2018 年和 1978—2018 年的三次产业和工业对经济增长的贡献率，测算结果见表 2—3。

表 2—3　　不同周期各产业增长对 GDP 增长贡献率　　单位:%

周期	第一产业	第二产业	工业	第三产业
1978—1984 年	24. 38	44. 66	40. 43	28. 96
1985—1988 年	7. 71	53. 93	47. 30	37. 09
1989—1992 年	14. 14	55. 12	51. 33	31. 00
1993—1999 年	7. 38	57. 76	52. 04	34. 08
2000—2007 年	4. 61	50. 14	44. 24	45. 12
2008—2018 年	4. 67	45. 16	38. 00	49. 50
1978—2018 年	8. 60	50. 38	44. 54	40. 42

表 2—3 显示，在前四个子周期内，随着中国工业化进程加快，第二产业尤其是工业在经济发展中起了重要作用，第二产业对 GDP 增长的贡献率一路上升，1993—1999 年达到高峰，是 57. 76%，工业的贡献率也达到 52. 04%；随后，第二产业继续发挥重要作用，虽然其贡献率稍有下降，2000—2007 年也达到 50. 14%，2008—2018 年低于第三产业的贡献率。第三产业对 GDP 增长的贡献率是持续提高的，在 2008—2018 年成为三次产业之首，成为经济发展重要动力。在各个子周期间，第一产业对 GDP 增长的贡献率持续下降，从 24. 38% 下降到 4. 67%，农业的作用愈来愈小。

从全周期（1978—2018 年）看，第二产业是经济增长的主力，对 GDP 增长的贡献率是 50.38%，工业的贡献率是 44.54%，高于第三产业的贡献率 40.42%，第一产业的贡献率只有 8.60%。从六个子周期看，三次产业对 GDP 增长贡献率的总的变动趋势是：第一产业的贡献率逐渐降低，第二产业的贡献率逐渐提高再逐步下降；第三产业的贡献率逐步提高，最后成为主力。

四　产业结构变迁对劳动生产率增长的贡献分析

（一）劳动生产率的分解

劳动生产率描述了劳动的投入产出效果，其值的高低在很大程度上决定了工薪阶层的劳动报酬，对消费、投资的可持续发展具有深刻的影响，是反映经济增长质量的重要指标。另外，劳动生产率反映了生产力的发展水平，对于未来经济结构的调整也具有较强的指导作用。目前，一般用“转换份额分析方法”（Shift – Share Analysis）把结构变迁效应从劳动生产率中分离出来，这种方法最早由 Fabricant（1942）提出，他将劳动生产率分解为结构变化的贡献与产业内部劳动生产率的增长效应，其在转型经济结构变迁中的运用主要见于 Fagerberg（2000）、Peneder（2003）、刘伟等（2008）和干春晖等（2009）。

设经济总体的劳动生产率为 LP，GDP 代表地区生产总值，L 代表劳动就业人数，ω_i 表示第 i 产业就业人数占全部就业人口的比重。借鉴刘伟和张辉（2008）的方法，则 t 时期总体劳动生产率为：

$$LP^t = GDP^t / L^t = \sum_{i=1}^{n} GDP_i^t * L_i^t / (L_i^t * L^t) = \sum_{i}^{n} LP_i^t * \omega_i^t \tag{2—4}$$

根据式（2—4），可以推知 t 期的总体劳动生产率相对于 0 期的增长率为：

$$(LP^t - LP^0)/LP^0 = \left[\begin{array}{l}\sum_i^3 LP_i^0 * (\omega_i^t - \omega_i^0) + \sum_i^3 (LP_i^t - LP_i^0) * (\omega_i^t - \omega_i^0) + \\ \sum_i^3 (LP_i^t - LP_i^0) * \omega_i^0\end{array}\right] / LP^0 \qquad (2—5)$$

式（2—5）右边第一项被称为静态结构变迁效应，是劳动要素从劳动生产率较低的产业流向劳动生产率较高的产业所引起的总体劳动生产率的净提升，即产业结构变动带来的生产率的变化；第二项被称为动态结构变迁效应，是从劳动生产率增长较慢的产业流向劳动生产率增长较快的产业所引起的总体劳动生产率的净提升；第三项被称为劳动生产率增长效应，在产业结构不变时，劳动生产率受各产业劳动生产率的影响。

（二）结构变迁效应的计算

根据式（2—5）计算出中国经济总体和三次产业的静态结构变迁效应、动态结构变迁效应和劳动生产率增长效应及其贡献率（见表2—4）。

从表2—4中可以看到，结论是显而易见的，1978—2018年，结构变迁效应在劳动生产率增长率中只占到24.75%，内部增长效应占劳动生产率增长的75.26%。因此，并不存在“结构红利”特征。从三次产业来看，则又各不相同。

表2—4　　1978—2018年中国三次产业结构变迁效应

	地区生产总值	第一产业	第二产业	第三产业
静态结构变迁效应	0.80 (2.28%)	−0.17 (−0.50%)	0.28 (0.81%)	0.69 (1.96%)
动态结构变迁效应	7.89 (22.47%)	−1.18 (−3.37%)	4.88 (13.90%)	4.19 (11.94%)

续表

	地区生产总值	第一产业	第二产业	第三产业
劳动生产率增长效应	26.43 (75.26%)	0.74 (2.11)	22.67 (34.55%)	3.02 (8.61%)
总计	35.12 (100.00%)	-0.61 (-1.76%)	27.83 (49.26%)	7.90 (22.51%)

注：相关数据由笔者根据《2019 中国统计年鉴》整理并采用四舍五入计算而得，表中“（　）”内数值为相关产业相关效应的贡献度。

第一产业的结构变迁效应是负值，因为农村劳动力不断从农业部门迁移出来，劳动份额是下降的，即劳动份额增长是负值。不过，与结构变迁效应相比，第一产业的劳动生产率增长效应更显著，即第一产业的劳动份额下降1%，导致整体经济劳动生产率的增长则大于1%。这也就说明了第一产业内部制度变革和技术进步共同推动了劳动生产率的提升。

第二产业的结构变迁效应是正值，但低于第二产业劳动生产率增长效应。随着中国工业化进程的加快和经济进入新常态，劳动份额在第二产业中下降，与此同时，第二产业的劳动生产率增长效应取决于产业内技术效率变化和技术进步等因素，而不是产业间要素的优化配置。也就是说，第二产业劳动生产率的增长主要因内部的技术效率变化、技术进步而导致，而非结构变迁导致资源配置效率的提高。

第三产业的结构变迁效应最显著。因为第三产业吸纳了大量从农村和农业流出的剩余劳动力，就业人口从1978年的4890万人增加到2018年的35938万人，劳动人口份额也从12.18%上升到46.32%。农村剩余劳动力从劳动生产率较低、人均产值较低的农业部门流向城镇中的第三产业，这种劳动力产业间的迁移极大地解放了生产力。相对剩余劳动力滞留于农村而言，农村剩余劳动力与第三产业的结合极大地提升和优化了中国资源配置效率，农村剩余劳动力劳动生产率的提高也引起了经济总体劳动生产率的提升。[①] 从第三产业的三种效应的对比来看，劳动生产率增长效应低于结构变迁效应，这表明在40年的改革开放历程中，第三产业劳动生产率增长主要依赖于结构变迁效应导致的资源配置效率的提高，而不是依靠技术效率变化和技术进步。

（三）结构变迁效应的贡献率及其趋势

根据经济增长率的变化，把1978—2018年划分为1978—1984年、1985—1988年、1989—1992年、1993—1999年、2000—2007年和2008—2018年六个时段，这些时段表示若干个经济波动周期，计算了在每一个经济波动周期内的结构变迁效应贡献率。

1. 经济总体和第一产业的结构变迁效应

图2—5呈现了1978—2018年的经济总体结构变迁效应和劳动生产率增长效应贡献率。1978—1984年，结构变迁效应的贡献率是35.72%，存在“结构红利”。尽管结构变迁效应的贡献率受到宏观经济的影响而呈现明显的波动性，但从长期来看，经济总体结构变迁效应的贡献率呈现下降的趋势，结构变迁效应的贡献率从第一个时段的35.72%下降到最后一个时段的16.01%。

表2—5显示了六个时段中第一产业的结构变迁效应和劳动生产率增长效应。20世纪80年代，第一产业的劳动生产率的增长主要是由于1978—1984年农业的制度变革（家庭联产承包责任制），将农业的劳动生产力从原有计划经济体制的藩篱中充分地释放出来，劳动生产率增长效应达到0.1106。在1985—1988年和1989—1992年两个时段中，第一产业的劳动生产率在原有制度变革导致增长的基础之上没有进一步的增长，劳动生产率增长效应分别只有0.0203和-0.0021。在六个周期中，第一产业结构变迁效应的负值表明了在工业化进程中，第一产业部门就业份额的降低，农业剩余劳动力持续地向第二产业和第三产业转移。

① 刘伟、张辉：《中国经济增长中的产业结构变迁和技术进步》，《经济研究》2008年第11期。

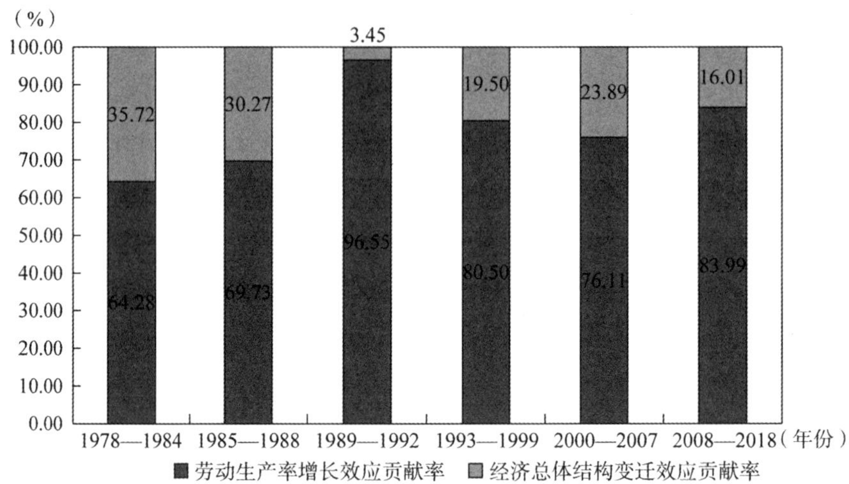

图 2—5　不同周期经济总体结构变迁效应和劳动生产率增长效应贡献率

表 2—5　不同周期第一产业的结构变迁效应和劳动生产率增长效应

周期（年）	劳动生产率增长率	结构变迁效应	劳动生产率增长效应
1978—1984	0. 0750	-0. 0356	0. 1106
1985—1988	0. 0005	-0. 0198	0. 0203
1989—1992	-0. 0047	-0. 0026	-0. 0021
1993—1999	0. 0338	-0. 0317	0. 0655
2000—2007	0. 0261	-0. 0284	0. 0545
2008—2018	0. 0291	-0. 0486	0. 0770

由于第一产业的结构变迁效应和劳动生产率增长效应的正负号不相同，我们难以计算第一产业的结构变迁效应和劳动生产率增长效应的贡献率。在正常经济增长的情形（1978—1984 年，1985—1988 年，1993—1999 年，2000—2007 年，2008—2018 年）中，第一产业的劳动生产率增长率大于零，结构变迁效应为负，劳动生产率增长效应为正，这表明对于第一产业而言，由于技术进步引起的劳动生产率增长大于结构变迁导致的劳动生产率的降低。和第二、

第三产业不同，如果第一产业的劳动生产率增长率大于零，就表明了劳动生产率增长效应大于结构变迁效应，也表明第一产业内出现了技术进步和技术效率的变化。

2. 第二、第三产业的结构变迁效应贡献率的趋势

图2—6和图2—7显示，1978—2018年，第二、第三产业的结构变迁效应的贡献率总体上都是降低的。

图2—6展示了第二产业的结构变迁效应贡献率的波动。1978—1984年和1985—1988年两个时段，第二产业的结构变迁效应贡献率分别是46.67%和34.22%，存在“结构红利”，原因在于这两个时段是改革开放的前期，国内市场刚刚放开，农村改革和城市改革导致劳动生产率快速增长，加之当时中国轻工业不发达，处于短缺经济时代，这时的经济增长模式基本上是由需求驱动的粗放式增长模式。进入20世纪90年代后，结构变迁效应贡献率明显下降，因为随着经济的发展，供不应求的经济状况有所改变，短缺时代结束，工业资本有了一定的积累，市场竞争则越来越激烈，企业的利润空间越来越小，第二产业尤其是工业的技术研发、产业升级被提上日程，企业为了谋求生存和发展，只能从提高竞争能力出发。第二产业的劳动生产率增长几乎完全依赖于产业内的生产率提升。

图2—7展示了第三产业的结构变迁效应贡献率的波动情况。如果一个产业的结构变迁效应的贡献率大于50%，说明这个产业内的劳动生产率增长主要不是由产业内技术进步和技术效率变化导致的，而主要是由资源的优化配置所导致。[①] 在1978—1984年、1989—1992年、1993—1999年、2008—2018年4个经济子周期内，第三产业的结构变迁效应大于50%。2000—2007年的结构变迁效应贡献率小于50%，可以据此推断，第三产业增长方式的转变是从1999年开始的，在1999年之前第三产业主要处于粗放式增长阶段，而1999年之后则进入以生产率增长为主的增长阶段。根据各个子周期的结

① 刘伟、张辉:《中国经济增长中的产业结构变迁和技术进步》,《经济研究》2008年第11期。

构变迁效应贡献率，第三产业存在“结构红利”。

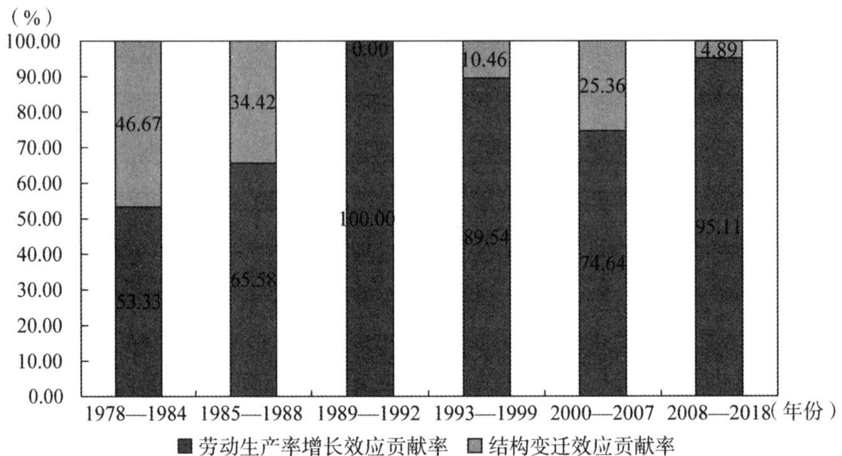

图 2—6　不同周期第二产业的结构变迁效应贡献率

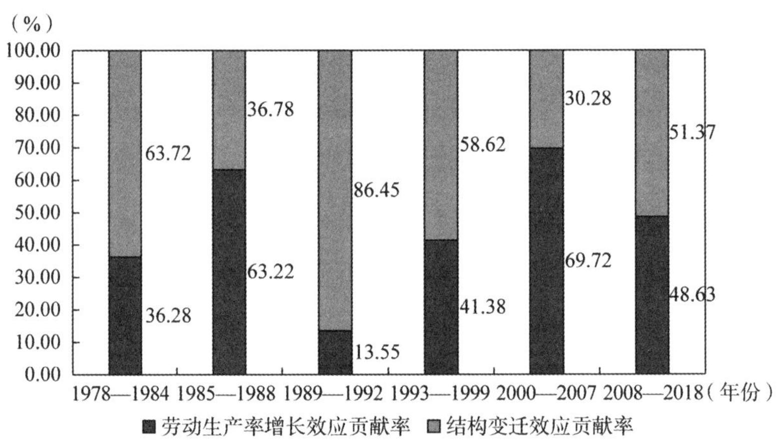

图 2—7　不同周期第三产业的结构变迁效应贡献率

五　小结

改革开放以来，中国经济取得了巨大进步，产业结构也发生了较大变化，第一产业增加值占 GDP 的比重和就业份额持续下降，第二产业增加值占 GDP 的比重和就业份额先上升后下降，第三产业增加值占 GDP 的比重和就业份额持续上升。根据前文的分析可以得出以下结论。

第一，1978—2018 年，第二产业尤其是工业，是经济增长的主要动力。在 2008 年以前的各个经济子周期内，工业都是经济增长的主要动力；随着产业结构的升级，第三产业成为经济增长的主要动力。

第二，改革开放初期，产业结构变迁对中国经济增长的影响一度十分显著，但是，随着中国市场化程度的提高，产业结构变迁对经济增长的推动作用正在不断减弱。在 1978—2018 年整个周期内，不存在“结构红利”；在不同的子周期内，情况则有所不同，1978—1984 年“结构红利”明显，随后结构变迁效应下降，劳动生产率增长主要来自各产业内部的劳动生产率增长。从三次产业来看，第一产业的劳动生产率增长来自劳动生产率增长效应，结构变迁效应是负值；第二产业在 20 世纪 80 年代结构变迁效应明显，随后显著下降；第三产业的结构变迁效应在各个子周期均显著，劳动生产率增长主要来自资源的优化配置，而不是劳动生产率增长效应。

第三章

中国 R&D 投入及 R&D 资本存量核算

随着中国自主创新能力的提高，创新投入（R&D 投入）日渐成为学者关注的焦点。中国 R&D 投入如何、R&D 资本存量有几何成为学者关注的话题。本章在对中国 R&D 投入分析的基础上，核算了中国的 R&D 资本存量，为后续的生产率测算和分析经济增长源泉提供了基础数据。

第一节　中国 R&D 投入现状

一　中国 R&D 投入的基本概况

1. 研究与试验发展（R&D）定义

研究与试验发展（Rearch & Development，R&D）是指在科学技术领域，为增加知识总量，以及运用这些知识去创造新的应用进行的创造性活动，包括基础研究、应用研究、试验发展三类活动。国际上通常采用 R&D 活动的规模和强度反映一国的科技实力和核心竞争力。[①] R&D 活动具有创造性、新颖性、运用科学方法和产生新的知识或创造新的应用的基本特征，因此能够增加知识资本，是技术进步的源泉。通过 R&D 活动能够获得新知识来改进产品质量和改善

---

① 中华人民共和国国家统计局编：《2016 中国统计年鉴》，中国统计出版社 2016 年版。

生产流程，进而提高经济增长总量和质量。因而增加 R&D 投入是促进经济持续发展的必要途径。

2. 中国 R&D 投入不断增长

改革开放以来，特别是随着创新型国家战略的提出和实施，中国的 R&D 经费内部支出和 R&D 人员全时当量呈持续上升的趋势。如图 3—1 所示，中国的 R&D 经费内部支出总额从 1990 年的 125.43 亿元增加到 2018 年的 19677.90 亿元，增长了 155.88 倍；R&D 人员全时当量从 1991 年的 67.05 万人年增加到 2018 年的 438.10 万人年，增加了 5.53 倍；R&D 投入强度（R&D 占 GDP 的比重）从 1990 年的 0.66% 提高到 2018 年的 2.19%，提高了 1.53 个百分点；[①] R&D 人员人均 R&D 从 1991 年的 2.25 万元提高到 2018 年的 44.91 万元，增加了 18.96 倍。

图 3—1 揭示，中国 R&D 投入迅速增长是在进入 21 世纪后，尤其是在 2006 年中国提出建设创新型国家以后，R&D 投入进入腾飞阶段，R&D 投入强度也迅速提高，终于在 2014 年达到 2.02%，超过 2%，具有了创新型国家的基本特征之一。

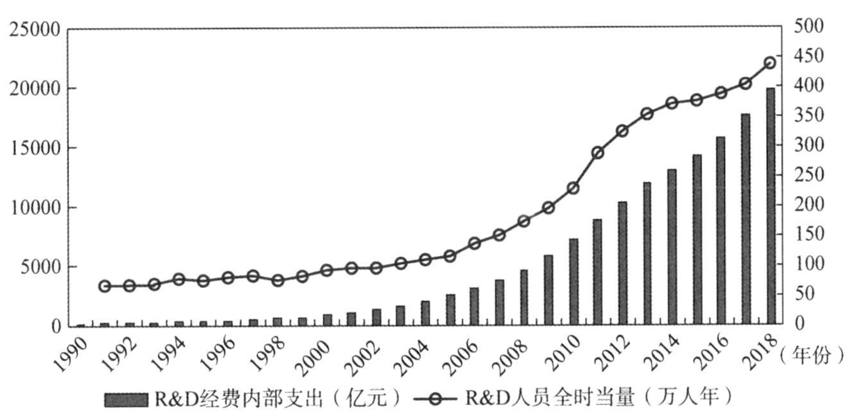

图 3—1　1990—2018 年中国 R&D 投入情况

① 中国 R&D 投入公开公布数据始于 1990 年，因此本节的数据分析从 1990 年开始。

3. 不同执行部门的 R&D 投资

不同部门之间的 R&D 投入差距较大。R&D 活动的执行部门，主要包括企业、研究与开发机构和高等院校。企业的 R&D 经费和 R&D 人员全时当量分别从 2000 年的 540.08 亿元和 46.1 万人年增加到 2018 年的 15233.72 亿元和 342.48 万人年；研究与开发机构的 R&D 投入和 R&D 人员全时当量分别从 2000 年的 257.95 亿元和 22.72 万人年增加到 2018 年的 2691.68 亿元和 41.3 万人年；高等院校的 R&D 投入和 R&D 人员全时当量分别从 2000 年的 77.03 亿元和 16.30 万人年增加到 2018 年的 1457.88 亿元和 41.09 万人年。表 3—1给出了 2000—2018 年中国不同执行部门 R&D 经费和 R&D 人员全时当量占 R&D 经费总额以及 R&D 人员全时当量总量的比例。可以看出，企业 R&D 投入的比例最高，高等院校 R&D 投入的比例最低；2000 年以来，企业 R&D 投入比例呈上升趋势，高等院校和研究与开发机构的 R&D 投入比例呈下降的趋势。到 2018 年，中国企业 R&D 经费和 R&D 人员全时当量的比例分别为 77.42% 和 78.17%，研究与开发机构 R&D 经费和 R&D 人员全时当量的比例分别为 13.68% 和 9.43%，高等院校的 R&D 经费和 R&D 人员全时当量的比例分别为 7.41% 和 9.38%。

从以上数据可以看出，近年来，高等院校、研究与开发机构的 R&D 投入比例呈下降趋势，尤其是研究与开发机构，处于一降再降的境况。企业的 R&D 投入呈上升趋势，企业是中国 R&D 投入的主体，而高等院校和研究与开发机构的 R&D 投入比例较低，应提高二者 R&D 支出的比重。

表 3—1　2000—2018 年不同执行部门的 R&D 投资占 R&D 总投资的比例 单位：%

年份	企业		研究与开发机构		高等院校	
	R&D 经费	R&D 人员	R&D 经费	R&D 人员	R&D 经费	R&D 人员
2000	59.96	49.99	28.80	24.64	8.60	17.68
2005	68.32	64.71	20.94	15.78	9.89	16.65

续表

年份	企业		研究与开发机构		高等院校	
	R&D 经费	R&D 人员	R&D 经费	R&D 人员	R&D 经费	R&D 人员
2010	73.42	73.38	16.80	11.49	8.46	11.34
2015	76.79	77.44	15.08	10.21	7.05	9.44
2018	77.42	78.17	13.68	9.43	7.41	9.38

资料来源：根据历年《中国科技统计年鉴》计算得出。

4. 不同研究类型的 R&D 投资

根据研究类型划分，R&D 活动包括基础研究、应用研究和试验发展，基础研究反映了知识的原始创新能力，其成果以科学论文和科学著作为主要形式。应用研究反映了对基础研究成果应用途径的探索，其成果形式以科学论文、专著、原理性模型或发明专利为主。试验发展反映了把现有知识转化为技术、工艺、系统和产品的能力，其成果形式主要是专利、专有技术、具有新产品基本特征的产品原型或具有新装置基本特征的原始样机等。[①] 从三者的定义和关系可以看出，基础研究是根本，唯有基础研究强大，才能有强大的自主创新能力。

中国不同研究类型的 R&D 投入呈逐年递增的趋势。其中，基础研究 R&D 经费和 R&D 人员全时当量分别从 1995 年的 18.06 亿元和 6.66 万人年增加到 2018 年的 1090.37 亿元和 30.5 万人年；应用研究 R&D 经费和 R&D 人员全时当量从 1995 年的 92.02 亿元和 22.79 万人年增加到 2018 年的 2190.87 亿元和 53.88 万人年；试验发展 R&D 经费和 R&D 人员全时当量从 1995 年的 238.60 亿元和 45.71 万人年增加到 2018 年的 16396.69 亿元和 353.77 万人年。表 3—2 给出了 1995—2018 年中国不同研究类型 R&D 活动对应的 R&D 经费和 R&D 人员全时当量占 R&D 经费总额以及 R&D 人员全时当量总量的比例。2018 年基础研究 R&D 经费和 R&D 人员全时当量比例分别为

① 国家统计局编：《2019 中国统计年鉴》，http：//www.stats.gov.cn/tjsj/ndsj/2019/indexch.htm。

5. 54% 和 6. 96%；应用研究 R&D 经费和 R&D 人员全时当量比例分别为 11. 13% 和 12. 30%；试验发展 R&D 经费和 R&D 人员全时当量分别为 83. 33% 和 80. 74%。可以看出，基础研究 R&D 经费和 R&D 人员全时当量比例最低；试验发展 R&D 经费和 R&D 人员全时当量比例最高。1995—2018 年，基础研究和应用研究 R&D 投资比例总体呈下降趋势，而试验发展 R&D 投资比例总体呈上升趋势。通过上述统计分析，中国 R&D 投入主要集中于试验发展，而对基础研究和应用研究的 R&D 投入较低。

表 3—2　1995—2018 年不同研究类型 R&D 投资占 R&D 总投资的比例　单位:%

年份	基础研究		应用研究		试验发展	
	R&D 经费	R&D 人员	R&D 经费	R&D 人员	R&D 经费	R&D 人员
1995	5. 18	8. 86	26. 39	30. 32	68. 43	60. 81
2000	5. 22	8. 63	16. 96	23. 82	77. 82	67. 54
2005	5. 36	8. 50	17. 70	21. 80	76. 95	69. 80
2010	4. 59	6. 81	12. 66	13. 16	82. 75	80. 07
2015	5. 05	6. 73	10. 79	11. 44	84. 16	81. 80
2018	5. 54	6. 96	11. 13	12. 30	83. 33	80. 74

资料来源：根据历年《中国科技统计年鉴》计算得出。

二　中国与主要发达国家 R&D 投入的比较分析

根据历史数据，发达国家的 R&D 投入较高。半个世纪以来，美国一直主导着全球 R&D 投入的发展。近年来，很多国家都意识到 R&D 投入的重要性，并积极制定相应的政策及投资计划，加大 R&D 的投入，以推进本国创新发展，争取在世界高端技术中有一席之地。在这些国家中尤其以中国的 R&D 投入发展最为迅速，根据 OECD 数据库的资料，按照购买力平价的价格，2010 年中国的 R&D 投入只有美国的 52. 06%，2016 年中国 R&D 投入是美国的 88. 28%，以这样的投入发展速度，估计不久之后中国可能会在全球 R&D 投入方面占据主导地位。从绝对数看，中国发展迅速；但是从相对数，即 R&D 投入强度看，中国与世界发达国家相比还有较大差距，2016 年 OECD 国家平均是 2.36%，中国只有 2.12%，美国长年保持在 2.70% 以上，日本和韩国虽然绝对数相对较小，但投入强度却位列世界前茅，韩国 2016 年是 4.24%，日本也高达 3.14%（见表 3—3）。中国仍需加大 R&D 投入，提高 R&D 投入强度，以求提高创新能力。

表 3—3　　不同国家的 R&D 投入和强度

国别	2010 年		2015 年		2016 年	
	R&D 投入（PPP 亿美元）	R&D 投入强度（%）	R&D 投入（PPP 亿美元）	R&D 投入强度（%）	R&D 投入（PPP 亿美元）	R&D 投入强度（%）
中国	2134.86	1.71	4074.15	2.07	4512.01	2.12
日本	1406.19	3.14	1696.73	3.28	1686.45	3.14
韩国	521.73	3.47	757.34	4.22	793.54	4.24
美国	4100.93	2.74	4965.85	2.74	5110.89	2.74

资料来源：OECD 数据库。

表 3—4 揭示了 2017 年企业部门 R&D 投入占比在所有国家中都是最高的，中国、日本和韩国高于欧美国家；而高等教育部门的 R&D 投入比例中国最低，瑞士最高，欧美国家均高于亚洲国家，从这里可以看出发达国家更加重视高等教育部门（高校）。高等教育部门是知识的主要提供者，是创新的智慧主体，在国家创新中占有重要地位，重视高等教育部门就是重视创新，中国应该提高高等教育部门的 R&D 投入比例。

从基础研究、应用研究和试验发展的 R&D 投入比例看，中国的基础研究占比最低，试验发展占比最高，这也是中国长期存在的事实，发达国家的基础研究占比是中国的 2 倍以上。原始创新依靠基础研究的长期高投入，比较明显的例子是日本，“二战”后日本实施科技立国战略，不仅 R&D 投入强度高，基础研究比例也较高，多项技术在世界领先，比较显著的成果之一就是“二战”后到 2019 年日本有24人获得物理学、化学、生理学或医学方面的诺贝尔奖，是亚洲地区诺贝尔奖获得者最多的国家。

表3—4　2017年不同执行部门和研究类型的R&D投入占比国别比较　单位:%

	中国	日本	韩国	比利时	瑞士	美国
按执行部门分						
企业部门	77.6	78.8	79.4	70.2	69.4	73.1
政府部门	13.8	7.8	10.7	9.4	0.8	9.7
高等教育	7.2	12.0	8.5	19.8	27.6	13.0
其他部门	1.4	1.4	1.4	0.6	2.2	4.1
按研究类型分						
基础研究	5.5	13.7	14.5	11.0	41.7	17.0
应用研究	10.5	19.5	22.0	45.9	32.2	20.4
试验发展	84.0	66.8	63.6	43.1	26.1	62.6

资料来源：2018年和2019年《中国科技统计年鉴》。

三　小结

综上所述，加大中国R&D投入，尤其是基础研究的R&D投入，促进科技创新的平衡发展，不仅对于中国制定宏观经济政策具有重要现实意义，而且对于中国建设创新型国家，特别是建设全球科技创新中心，实现中华民族伟大复兴的中国梦具有重大战略意义。

第一，加大基础研究R&D的投入。基础研究对本国创新能力的提升具有重要作用，这是不少发达国家已经用实践证明的。发达国家的基础研究投入占全部R&D投入的比重均在15%以上，2017年美国是17.0%，韩国是14.5%，而中国基础研究支出在R&D支出中长期徘徊在5.0%左右，2018年也只有5.5%。而严成樑和龚六堂（2013）的研究结果显示，基础研究对中国经济增长具有显著的促进作用，因为基础研究可以产生基本技术，这有利于促进应用研究和试验发展。为了建设创新型国家，应该提高基础研究的投入力度，提高 R&D 支出中基础研究支出的比例。

第二，在 R&D 投入中，应增加高等院校 R&D 投入的比重。严成樑和龚六堂（2013）的研究结果表明，相对于研究与开发机构、企业而言，高等院校只是创造的主体，高等院校 R&D 投入对中国经济增长的促进作用更显著。陈新光等（2015）认为在目前中国科研经费分配的顶层设计中，对高等院校的 R&D 投入稳定支持相对不足，常出现一批重大科研成果处于“临界点”上的科研人员不得不花费相当多的精力去寻找各种经费资源，或者由经费导向选择研究方向，往往对优秀青年科学家产生负面影响。因此，要增加对高等院校的 R&D 投入，同时要提高研究与开发机构和企业的 R&D 投入的使用效率。

提高自主创新能力是一个长期的过程，不是一蹴而就的，需要积累，仅仅依靠十几年的研发投入难以在自主创新方面取得巨大成就，需要坚持不懈地提高 R&D 投入。

第二节　中国 R&D 资本存量的估计

创新是一个国家进步的灵魂，是一个国家经济增长的重要源泉，创新为国家和经济发展注入了活力。创新投入（研发投入）不仅积累知识资本，也是生产率增长和财富创造的一个重要先驱，生产率增长的一个重要源泉是研发投入。20 世纪 80 年代兴起的新经济增长理论，将技术进步作为经济系统的内生变量，强调知识在经济增长中的作用，技术进步（知识积累）是长期经济增长的动力源泉（吴延兵，2008）。改革开放以来尤其是进入 21 世纪后中国 R&D 投入迅速增长，2018 年投入总量居于世界第二位，投入强度是 2.19%。由此可见，无论是 R&D 绝对值还是投入强度，中国的 R&D 投入均呈现出良好的增长态势。那么，改革开放以来，在中国的经济增长中 R&D 作用如何？中国的创新研发能力经历了怎样的变迁？R&D 对中国创新驱动发展战略有何作用？为了回答这些问题，我们有必要科学核算中国 R&D 资本存量，以提高后续研究的准确性和可靠性。

一　文献综述

国际上通常用 R&D 投入来衡量一个国家或地区知识的储备，因此，测度知识存量也就是对 R&D 资本存量进行测量。根据 SNA2008 的规定，在国民经济核算中，R&D 投入将作为投资来对待，而不是中间消耗。目前不少发达国家接受并采用了 SNA2008，将 R&D 投入资本化，作为固定资产计入国民经济账户（王孟欣，2011b）。2017 年的《中国统计年鉴》也将研发支出作为固定资本形成处理，并修订了 GDP 的历史数据。在实践中，R&D 投入资本化能更科学地认识研发活动对经济增长和社会发展的作用和贡献，使创新驱动发展战略在统计监测数据中得到体现。在理论上，R&D 资本存量代表了一个国家（地区）、行业或是企业在某一时点所拥有的知识存量，能直观地反映经济增长潜力和可持续发展能力。这不仅能更加全面客观地认识到 R&D 与技术进步、经济增长的关系，R&D 对经济增长的作用，R&D 对创新的影响，还有利于科技统计和 GDP 统计，并保持数据的一致性、完整性。

国外对 R&D 资本存量的核算始于 20 世纪 60 年代，Griliches（1980）较早地利用永续盘存法，采用不同的折旧率测算了 1960—1977 年美国的 R&D 资本存量，进而对生产率的下降提供了解释。Griliches（1987）利用 1966—1977 年 652 家美国制造业企业的 R&D 数据，发现 R&D 对生产率增长有重大贡献，运用于基础研究的 R&D 作用更为明显，而政府资助的 R&D 作用较小。Goto 和 Suzuki（1989）使用永续盘存法测算了 1970—1986 年日本 50 个行业的生产率和 R&D 资本存量，判断出日本 R&D 投资边际回报率约为 40%。Coe 和 Helpman（1995）估算出 1970—1990 年 G7 国家和非 G7 国家（15 个）的 R&D 资本存量和 R&D 产出弹性，在这两个指标上 G7 国家均大幅高于非 G7 国家，通过分析国家间的 R&D 溢出效应，得出了一国的生产率将同时取决于国内 R&D 和国外 R&D 的论据。Kim 和 Park（2003）估算了韩国制造业 28 个行业 1976—1996 年的国内 R&D 和外商 R&D 资本存量，发现外商 R&D 更能提高韩国制造业的生产率。Kwon 和 Inui（2003）收集了 1995—1998 年 3830 家日本企业 R&D 数据，发现高技术企业的 R&D 资本存量是中等技术、低技术企业的 4 倍和 8 倍，大企业 R&D 资本存量相当于小企业的 20 多倍。Hu 等（2005）采用中国 1995—1999 年大中型制造业企业的面板数据进行了测算，研究发现中国 R&D 产出弹性约为 0.027—0.029，其中，高科技企业为 0.064，非高科技企业的 R&D 对生产率没有显著影响。Jeffrey 和 Theofanis（2005）用 10% 的折旧率，测算出 1958—1998 年美国制造业 R&D 资本存量的年均增长率是 1.96%，1965—1995 年加拿大制造业 R&D 资本存量的年均增长率是 2.93%，20 世纪八九十年代 R&D 资本增长对生产率增长的贡献比六七十年代的大，其中美国是 10% 左右，加拿大是 6% 左右。

相比之下，中国学者对 R&D 资本存量的研究只有十余年的历史。[①] 在全国层面上，蔡虹和许晓雯（2005）估计了 1987—2001 年中国 R&D 资本存量，截至 2001 年，中国的研究开发时间约滞后 4 年，技术知识存量的陈腐化率约为 7.14%。徐国泉和姜照华（2006）分别按 R&D 投入额和科技经费支出额测算了 1987—2004 年中国的 R&D 资本存量并与美国进行了比较，虽然中国 R&D 资本存量增幅明显，但中美之间差距悬殊，若按 R&D 投入额来核算，美国是中国的 25 倍；若按科技经费支出来核算，美国仍是中国的 12 倍。李小胜（2007）估计了 1978—2005 年的 R&D 资本存量，2005 年已达到 2405 亿元，该期间的平均增长率为 9.17%。李淑梅等（2013）将 R&D 资本划分为三种类型：基础研究、应用研究和试验与发展，采用永续盘存法估算出各自的资本存量，加总得到中国 1995—2011

① 本章介绍全国和行业层面的文献，区域层面的文献在第七章介绍。

年的 R&D 资本存量。严成樑和龚六堂（2014）在构建 R&D 驱动内生增长模型的基础上，得到了知识增长以及 R&D 对经济增长贡献度的核心方程。在此基础上，用 1989—2005 年的 R&D 支出数据估算了中国知识存量增长率以及 R&D 对中国经济增长的贡献度，研究发现，中国现阶段知识存量的增长率较低，R&D 对中国经济增长的贡献度很小。杨林涛等（2015）用三种方法估计了基础研究、应用研究和试验发展不同类型的 1995—2013 年的 R&D 资本存量。江永宏和孙凤娥（2016）在合理选取和估计 R&D 资产折旧率、R&D 价格指数和基年 R&D 资本存量的基础上，根据永续盘存法对中国 1952—2014 年 R&D 资本存量进行了测算。结果显示，中国 R&D 投资与 R&D 内部经费支出的年平均比例为 95.5%，中国 R&D 资本存量总体上呈快速增长趋势，2014 年达到 42244 亿元，且 R&D 资本存量与 GDP 之比呈“N”形趋势，经历了先上升后下降再上升的过程。王华（2017）采用了江永宏和孙凤娥（2016）的 R&D 资产折旧率和 R&D 投资系列，估算了 1952—2015 年的 R&D 资本存量。

在行业层面上，吴延兵（2006）、王俊（2009）分别测算了中国 34 个工业部门（1993—2002 年）、28 个制造业（1998—2005 年）的 R&D 资本存量，发现排名前三的行业为电子及通信设备制造业、交通运输设备制造业和电气机械及器材制造业，而排名靠后的行业为黑色金属矿采选业、家具制造业和木材及竹材采运业。李向东（2011）估算了 1995—2006 年高技术产业中 17 个行业的 R&D 资本存量，该产业研发创新效率整体偏低，但提升态势良好。孟卫东和孙广绪（2014）估计了 2000—2011 年中国高技术行业的 R&D 资本存量，发现高技术产业资源配置效率整体在提升，但各行业的稳定性有所差异。郑光豹（2014）用 2005—2012 年物流行业中各企业的新产品开发经费、技术改造经费等来确定 R&D 的值，估计了物流行业的 R&D 资本存量，研究了物流业 R&D 对生产率的影响，结果发现物流行业中企业自身 R&D 与 R&D 溢出是影响生产率的重要因素。王亚菲和王春云（2018）核算了中国八大行业门类 1990—2015 年研究与试验发展的资本存量，研究发现 1990—2015 年中国 R&D 资本存量不到美国 R&D 资本存量的 25%；但是，1994 年后，中国 R&D 资本存量年均增长率达 24.79%，而美国仅为 4.86%，中、美两国 R&D 资本存量差距呈缩小趋势；制造业 R&D 资本存量占全国 R&D 资本存量的比例呈上升趋势，从 1990 年的 17.41% 提高到 2015 年的 68.08%，与中国加快制造业转型升级的事实相符合。

现有文献对于理解 R&D 资本存量及其测量依据具有重要的借鉴意义，但可能仍存在一些不足之处：现有文献估计资本存量时一般是采取固定的折旧率，而在不同的发展时期资本品的折旧是不同的，同时鲜有文献测算到 2018 年的 R&D 资本存量。有鉴于此，本节将作为弥补已有研究中不足之处的一种尝试，根据不同的经济发展时期相应地选取不同的折旧率，合理地确定 R&D 价格指数来进行权重赋值，进而采用永续盘存法测算中国 1978—2018 年的 R&D 资本存量。一方面这样测算的 R&D 资本存量结果将更为可靠，另一方面该测算结果可为研究国家创新能力、R&D 与经济增长关系等具有现实意义的课题提供基础性数据。

二　估算 R&D 资本存量的方法与变量估计

（一）R&D 资本存量的估算方法

对资本存量的估算源于 20 世纪 50 年代经济增长理论研究，一般都是对物质资本的估算。现在运用比较广泛的方法是 Goldsmith 于 1951 年提出的永续盘存法，对于 R&D 资本存量的计算，Griliches 等（1980，1987）认为也可以用此方法进行估算。目前国内外学者大都采取永续盘存法估计 R&D 资本存量，因此本节也采用永续盘存法进行估算，其基本公式为：

$$RK_t = \sum_{k=1}^{n} R_{t-k}\alpha_k + (1 - \delta_t) RK_{t-1} \qquad (3—1)$$

式（3—1）中，RK_t、RK_{t-1} 分别表示第 t 年和第 $t-1$ 年的 R&D 资本存量，R_{t-k} 表示 $t-k$ 期的 R&D 投入（不变价），k 为滞后期，α_k

为 R_{t-k} 支出的滞后贴现系数，δ_t 表示第 t 年的折旧率。由于难以得到 R&D 投入的滞后期，多数学者采取 $\alpha_k = 1$，$n = 1$，即研发投入的平均滞后期为 1 年。[①] 因此 R&D 资本存量核算公式一般采取：

$$RK_t = R_{t-1} + (1 - \delta) RK_{t-1} \qquad (3—2)$$

式（3—2）中可以看出，需要对当期 R&D、基期 R&D、R&D 的价格指数以及折旧率进行确定。

（二）各个指标的确定依据

1. 当期 R&D 投入水平

由于全国 R&D 投入在 1991 年才开始公布，为了能全面估计改革开放以来中国 R&D 资本的存量和创新能力的增长，1978—1989 年的 R&D 投入额根据 1990—1993 年 R&D 投入占国家财政支出的科技经费的平均比例计算而得。本书对 R&D 资本存量的估算以 1978 年为基期，1990—2018 年的 R&D 投入来自 1991—2019 年的《中国科技统计年鉴》和中国科技统计网站，国家财政支出科技经费的数据来自《新中国 50 年统计资料汇编》和中国科技统计网站。

我们将 1978—2018 年中国 R&D 投入数据画于图 3—2 中，从图中可以看出，中国 R&D 投入可以分为三个阶段：第一个阶段（1978—1990 年），R&D 投入出现波动，基本上维持在较低的投入水平，并且与 GDP 相比，明显 R&D 投入速度滞后于经济增长速度；第二阶段（1991—1999 年），R&D 呈现缓慢增长的态势，但是 R&D 投入速度仍然滞后于经济增长速度；第三阶段（进入 21 世纪以来），R&D 经历了高速增长的阶段，尤其在 2008 年以后 R&D 投入近乎直

---

① 无论是物质资本还是 R&D 资本从投入到形成生产能力，都需要经过两个阶段，一是从资本投入到资本形成阶段，二是从资本形成后到生产能力形成阶段。物质资本和 R&D 资本的投入至资本形成均需要一定的时间。但是，比较物质资本和 R&D 资本，有的物质资本投资在部分资本形成后即可投入生产，形成部分生产能力，而 R&D 资本投入一般需要完全形成后才能进入生产阶段。并且，物质资本形成后一般可立即投入生产过程中生产产品，形成现实的生产能力，不存在滞后期的问题，而 R&D 的成果多是论文、著作、专利技术、产品的原型或样机等，众所周知，这些成果的产生过程往往要比物质产品的生产过程时间长，有些成果的转化或发挥生产能力更需要较长的时间，因此 R&D 资本投入到形成生产能力之间往往存在更长的滞后期。

线式增长，R&D 投入速度开始超过 GDP 增长速度。上述三个阶段所对应的时间节点中，1978 年中国 R&D 投入只有 51.98 亿元；1997 年是 1003.60 亿元；2018 年是 2605.62 亿元（1978 年价），约为 1978 年的 50.13 倍，为 1997 年的 2.60 倍，年均实际增长率约为 10.28%。因此，进入 21 世纪后，R&D 投入快速攀升对支撑中国经济快速增长发挥了重要作用。

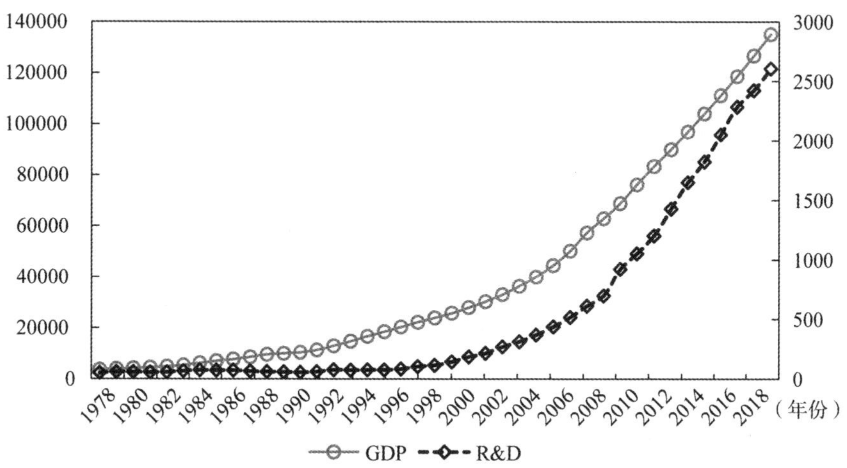

图 3—2　1978—2018 年中国 R&D 投入和 GDP（亿元，1978 年不变价）

2. 基期 R&D 存量

目前有两种常见的使用永续盘存法来估计基年 R&D 资本存量的做法，一种方法是由 Gri11ches 等（1980）提出，假定 R&D 资本存量 RK 的平均增长率等于 R&D 投入 R 的平均增长率，多数学者采取了这种方法。另一种方法是假定稳态经济中 R&D 资本存量与经济总量存在正向相关关系，也即相邻两年的 R&D 资本存量与经济总量的比例几乎一致，基于此求出基年的 R&D 资本存量。为了不失一般性，本书也采取第一种方法，即：

$$\frac{RK_t - RK_{t-1}}{RK_{t-1}} = \frac{R_t - R_{t-1}}{R_{t-1}} = g \tag{3—3}$$

式（3—3）中的 g 是 R&D 投入 R 的增长率。当 $t = 1$ 时，

$$RK_1 = (1 + g) RK_0 \tag{3—4}$$

根据式（3—2），当 $t = 1$ 时，

$$RK_1 = R_0 + (1 - \delta) RK_0 \tag{3—5}$$

根据式（3—4）和式（3—5），可以得到计算基期 R&D 资本存量的公式：

$$RK_0 = R_0/(g + \delta) \tag{3—6}$$

本节通过分析 1978—2018 年的 R&D 流量数据，发现该期间 R&D 投资增长率的波动较大，在 20 世纪 80 年代，R&D 投入实际年均增长率只有 0.68%，90 年代达到 13.56%，进入 21 世纪后达到 16.07%，整个区间的年均增长率是 10.61%。因此，对于采用全跨度区间内的增长率还是采用某一个子样本区间内的增长率，这一选择对测算结果的影响很大，需要进行合理的确定与选择。本书采取美国商务部经济分析局的方法确定 g 的取值（王孟欣，2011）：

$$g = e^m - 1 \tag{3—7}$$

其中，斜率系数 m 由下列回归模型决定：

$$\ln R_t = b + mt + \varepsilon_t \tag{3—8}$$

式（3—8）中，R_t 为 R&D 投资流量，b 为常数项，t 为时间变量，ε_t 为随机误差项。具体的选择标准是，从 1978 年开始，逐年地扩大样本区间对式（3—8）进行回归，选择除前两年之外的样本使得式（3—8）的决定系数 R^2 达到第一次峰值的时间。通过计算发现，决定系数 R^2 所能达到第一次峰值的时间是 1986 年，g 是 0.0429。

由于选取 R&D 投入数据、R&D 投入增长率 g、折旧率 δ 的差异，学者们对基年 R&D 资本存量的测算结果也不尽相同。李小胜（2007）大致采用了国家财政支出中的科技经费数据、1978—2005 年的 R&D 投入增长率和 12% 的折旧率，所计算出基年的资本存量为 243.73 亿元。本节根据 1990—1993 年 R&D 投入数占国家财政支出科技经费的比例来估测中国 1978 年的 R&D 投入数；考虑到 1978—2018 年区间偏长，R&D 投入增长率的波动性较大，本节则选用了美国商务部经济分析局的方法来测算 R&D 投入 g；1978 年中国刚开始

实行改革开放，我们根据该时期中国经济的实际情况，合理地选择10%为折旧率。依据上述推导公式，本节计算出 1978 年的 R&D 初始资本存量为 369.17 亿元。相比之下，本节借鉴国内外文献的方法，更为周到地筛选出 R&D 投入数，更为精确地计算了增长率 g，更为合理地选择了折旧率 δ，延长了 R&D 存量的测算年限，使得本书对 1978—2018 年 R&D 资本存量的测算结果更为合理。

3. R&D 投入价格指数

如何确定 R&D 投入价格指数是创新经济学中一个非常重要的问题。由于物价变动对 R&D 投入影响较大，不同文献构造的 R&D 价格指数不同，随意性较大，没有统一的标准，这也是造成有关 R&D 投入数据存在很大差异的一个重要原因。

关于 R&D 投入价格指数的构造，各国学者采取了不同的方法。Jaffe（1972）将 R&D 投入价格指数表示为非金融企业中工资价格指数（权重为 0.49）和 GNP 价格指数（权重为 0.51）的加权平均值。Loeb 和 Lin（1977）以 R&D 人员的工资价格指数（权重为 0.55）和设备投资的 GNP 价格指数（权重为 0.45）的加权平均值来表示。国内学者大多采取消费物价指数和固定资产投资价格指数的加权平均值来构造 R&D 投入价格指数，例如，朱平芳和徐伟民（2003）将上海工业的 R&D 投入价格指数设定为消费物价指数（权重为 0.55）和固定资产投资价格指数（权重为 0.45）的加权平均值。李向东（2011）选用消费物价指数（权重为 0.54）和固定资产投资价格指数（权重为 0.46）来表示高技术产业 R&D 投入价格指数，两者的权重分别是劳务费和仪器设备支出在 R&D 投入中的比重。朱有为和徐康宁（2006）根据《高技术产业统计年鉴》数据（劳务费用比重均值约为 25%，仪器设备经费比重均值约为 75%，因此工业品出厂价格指数的权重为 0.75，消费者价格指数的权重为 0.25）构造高技术产业的 R&D 投入价格指数。王华（2017）认为 R&D 投资价格指数即为名义（当年价）GDP 修订值与实际（不变价）GDP 修订值的比值。

国家统计局公告称：“不变价核算采用价格指数缩减法，利用工业生产者购进价格指数、人员工资指数、固定资产投资价格指数等加权平均，构建了研发投资价格指数。研发支出核算的主要基础资料为科技统计调查中的研发支出及其分类数据。”据此，本节采用居民消费价格指数、工业生产者购进价格指数和固定资产投资价格指数来构造 R&D 投入的价格指数。另外，由于 2009—2018 年中国 R&D 投入中资产性支出占比平均为 0.26，人员劳务费平均为 0.27，因此，我们确定固定资产投资价格指数的权重为 0.26、居民消费价格指数的权重为 0.27、工业生产者购进价格指数的权重是 0.47。

4. 折旧率

Pakes 和 Schankerman（1984）认为随着时间推移知识在不断扩散，造成知识专用性不断下降，新知识取代旧知识，这使得 R&D 资本的折旧率一般应高于物质资本的折旧率。对于如何确定 R&D 资本的折旧率，目前学者们并没有一致的意见。首先，Bosworth（1978）、Pakes 和 Schankerman（1984）通过计算专利净收益来估计折旧率，其中 Bosworth 估计的折旧率是 10%—15%，而 Pakes 和 Schankerman（1984）得到的数据是 25%。其次，Goto 和 Suzuki（1989）用专利产生收益时间长度的反函数来确定折旧率，不同的行业折旧率不同，折旧率最高的是精密机械业，高达 24.6%，最低的是有色金属业，只有 7.5%。从中国文献来看，更多学者采用 15% 的固定折旧率，比如吴延兵（2006）、谢兰云（2010）等。然而也有学者采用其他数值，例如，王康（2011）认为 15% 是针对发达国家的折旧率，对于发展中国家的合理折旧率应是 12%。而邓明（2009）和蔡虹（2005）估计各省的知识存量时采取的折旧率是 7.14%，其依据是中国技术的平均使用年限为 14 年。江永宏和孙凤娥（2016）根据中国企业所得税法中关于无形资产摊销年限的规定，取 R&D 资产的平均使用寿命为 10 年，残值率为 10%，从而得出 R&D 资产折旧率为 20.6%，王华（2017）的取值是 20%。

从经济发展实际情况来看，在经济发展的不同阶段，无论是一般物质资本还是 R&D 资本，它们的折旧率不应该是一成不变的，尤其是发展中国家更不可能不发生变化。改革开放初期，中国处于技术引进、消化和吸收阶段，属于知识积累阶段，折旧率一般来说会比较低；20 世纪 90 年代以后，随着信息化时代的到来，知识扩散、更新的速度加快，折旧率随之提高；进入 21 世纪，知识经济不仅提高了知识的更新速度，也同时促进了技术的更新换代，使得折旧率也就会更高。从 R&D 增长的趋势看，稳定增长阶段出现在 2000 年，为此，我们可把整个时间区间分为两段，1978—1999 年和 2000—2018 年。[①] 考虑到改革开放初期，中国经济基础薄弱，经济实力落后，我们选取 Bosworth（1978）折旧率区间［10%，15%］的下限值；进入 21 世纪以后，中国加入 WTO 导致国际贸易量大幅增加，经济实力明显增强，R&D 研发投入增幅显著，另考虑到大多数学者采用 15% 为知识折旧率，为了保持研究的一致性，本书也沿用 15% 的做法。有鉴于此，本书设定 1978—1999 年的折旧率为 10%，2000—2018 年为 15%。

三　估算结果和分析

根据前面所确定的变量和方法，我们估算出了中国 1978—2018 年的 R&D 资本存量，列于表 3—5 中。然后，我们根据 R&D 资本存量，计算了 R&D 资本存量占 GDP 的比重，并将其画于图 3—3 中。根据表 3—5 和图 3—3，我们得到以下基本结论。

表 3—5　　1978—2018 年中国的 R&D 资本存量　　（1978 = 1）

年份	R&D 资本存量（亿元）	R&D 资本存量/GDP（%）	年份	R&D 资本存量（亿元）	R&D 资本存量/GDP（%）
1978	369. 17	10. 04	1999	736. 58	2. 86
1979	384. 24	9. 71	2000	770. 44	2. 76

① 参考了王俊（2009）的做法，他测算 1998—2005 年制造业的 R&D 资本存量，分成 1998—2001 年和 2002—2005 年两个时间区间分别取不同的折旧率。

续表

年份	R&D 资本存量（亿元）	R&D 资本存量/GDP（%）	年份	R&D 资本存量（亿元）	R&D 资本存量/GDP（%）
1980	405. 49	9. 50	2001	840. 07	2. 78
1981	423. 73	9. 45	2002	929. 22	2. 82
1982	437. 27	8. 94	2003	1058. 98	2. 92
1983	451. 02	8. 33	2004	1211. 96	3. 03
1984	472. 88	7. 58	2005	1398. 85	3. 14
1985	500. 15	7. 07	2006	1626. 46	3. 24
1986	522. 58	6. 78	2007	1898. 90	3. 31
1987	543. 21	6. 31	2008	2225. 41	3. 54
1988	554. 93	5. 80	2009	2588. 83	3. 76
1989	560. 25	5. 62	2010	3122. 88	4. 10
1990	562. 59	5. 43	2011	3707. 18	4. 45
1991	561. 47	4. 96	2012	4353. 66	4. 84
1992	566. 86	4. 38	2013	5128. 42	5. 29
1993	587. 20	3. 99	2014	6008. 60	5. 78
1994	602. 16	3. 62	2015	6930. 07	6. 23
1995	618. 02	3. 34	2016	7942. 28	6. 70
1996	631. 99	3. 11	2017	9036. 25	7. 13
1997	652. 54	2. 94	2018	10104. 48	7. 48
1998	690. 88	2. 89			

资料来源：笔者计算。

首先，进入 21 世纪，中国 R&D 资本存量呈现出快速攀升趋势。在 2000 年之前，中国 R&D 资本存量增长较为缓慢，1978 年 R&D 资本存量为 369. 17 亿元，经过 22 年的累计，2000 年达到 770. 44 亿元，大约增长了 1. 09 倍。而到 2018 年为 10104. 48 亿元，与 2000 年相比，在 18 年间大约增长了 12. 12 倍。由此可见，进入 21 世纪后中国 R&D 增速非常快，这对于支撑经济增长发挥了重要作用。R&D 资本存量的快速攀升可能主要源于三个方面：一是在 2000 年之后，中国政府开始重视科技创新对经济增长的作用，增加对 R&D 的投

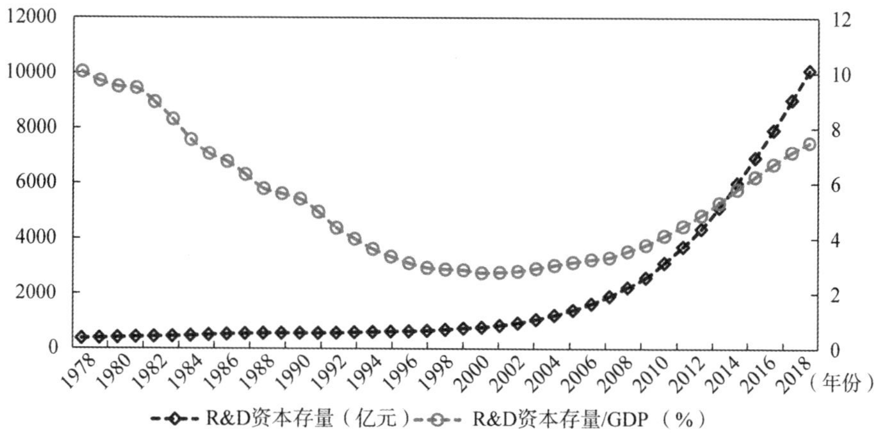

图 3—3　1978—2018 年中国 R&D 资本存量及其占 GDP 比重

入，尤其是 2005 年国务院发布《国家中长期科学和技术发展规划纲要（2006—2020 年）》后，2005 年比 2004 年增加 R&D 投入 483.64 亿元，2006 年比 2005 年增加 553.13 亿元，而 1996 年 R&D 投入只有 404.48 亿元；二是加入 WTO 后，大量外资企业进入中国，外资企业比较重视 R&D 投入，带动了中国 R&D 资本存量的提升；三是国有企业改革后，激发了民营企业和国有企业的活力，企业开始在内部设置研发部门，加大了对 R&D 的投入力度。

其次，在整个周期 R&D 资本存量占 GDP 比重呈现出"U"形趋势。1978—2000 年 R&D 资本存量占 GDP 比重呈现出较快的下降趋势，其中 1978 年 R&D 资本存量占比为 10.04%，但是 2000 年 R&D 资本存量占比下降到 2.86%，大约下降了 7.18 个百分点。这说明在这期间 GDP 增长远远高于 R&D 资本存量的积累速度。其中主要原因在于，改革开放之后，中国企业与发达国家企业的技术前沿差距较大，作为后发国家，中国企业更愿意通过引进、模仿以及消化吸收等手段来加速企业发展，但是并不愿意通过高资金密度、高风险、长周期的 R&D 投入来带动企业发展。因此，这一时期 R&D 资本存量占比较低主要是由于中国的比较优势所决定的。随着中国企业发展，企业技术水平不断接近世界发展前沿，通过传统引进、模仿等模式提升企业绩效的空间越来越小，因此，企业开始自己建设研发中心，而且国家也开始注重对基础研究的投入力度，明显提升了R&D资本存量在国民经济中的比例。2000年R&D资本存量占GDP比重触底后，2014年R&D资本存量占比升至5.78%，与美国2003年的水平相当；2018年快速提高到7.48%，比2000年提高了4.62个百分点。

最后，R&D资本存量对经济增长具有显著的正面影响。我们采用R&D资本存量的数据与中国国内生产总值的数据作相关性分析，相关系数是0.9569，并且保持在1%的显著水平上，这说明R&D资本存量的增加对经济增长具有促进作用。2008年国际金融危机后，中国经济出现了大幅下滑，从过去两位数的经济增长速度，降到目前低于7%的经济增速，而且还面临着经济继续下滑的趋势。从这个结果看出，中国R&D资本存量仍然将保持着快速增长的态势，其对经济增长的贡献将越来越大，技术创新将是驱动中国经济增长的重要力量。

四　与现有结果比较分析及其拓展

为了验证本节计算结果的合理性，我们将计算结果与现有研究结果进行了比较分析。从图3—4和图3—5中可以看出，虽然现有研究计算结果的基期、折旧率等参数不同，但增长趋势都大致相同，在进入21世纪后，R&D资本存量增长迅速，究其原因在于此段时间内的R&D投入增长迅速（见图3—2）。从图3—5可以看出，本节计算的R&D资本存量与江永宏和孙凤娥（2016）的计算结果比较相近。从各个学者的计算内容和过程看，可以看出：一是计算的基期不同，包含的内容有差别，徐国泉和姜照华（2006）计算的R&D资本存量不包括人力资本，而蔡虹和许晓雯（2005）、肖敏和谢富纪（2009）、江永宏和孙凤娥（2016）、王华（2017）、本节计算的R&D资本存量包括人力资本，江永宏和孙凤娥（2016）、王华（2017）

的数据还包括进出口的 R&D，并运用成本核算法进行计算。二是折旧率存在较大差异，徐国泉和姜照华（2006）的折旧率最大是 30%，蔡虹和许晓雯（2005）的折旧率是 7%，肖敏和谢富纪（2009）的折旧率是国际通用的 15%，江永宏和孙凤娥（2016）的是 20.6%，王华（2017）的是 20%，本书采取了两个折旧率分别是 10% 和 15%，其依据是在长时期、不稳定的经济发展中，资本的折旧率不是一成不变的。从经济发展的阶段看，徐国泉和姜照华（2006）的折旧率偏大，蔡虹和许晓雯（2005）的折旧率偏小。[①] 三是肖敏和谢富纪（2009）的 R&D 资本存量是 31 个省区市的加总结果，难免有重复计算的问题，数据可能偏大。四是采取的价格指数不同，虽然多数学者是用 R&D 支出的内容作为权重进行合成，但是江永宏和孙凤娥（2016）以 GDP 平减指数替代 1952—1993 年的价格指数，根据王华（2017）的判断，采用 GDP 平减指数偏高。王华（2017）采取的是名义（当年价）GDP 修订值与实际（不变价）GDP 修订值的比值。五是 1990 年以前的 R&D 支出中国官方并没有公布，江永宏和孙凤娥（2016）用中国财政支出的科学支出作为 R&D 投资，数据难免偏低，本节是根据 1990—1993 年 R&D 投入占国家财政支出的科技经费的平均比例计算而得。本节计算了 1978—2018 年的 R&D 资本存量，并且匹配了 R&D 投入的核算范围，使得本节的测算结果具有较强的连续性，这为研究经济增长与 R&D 投入的关系、技术创新的源泉、经济增长质量等提供了基础数据。

本节的结果与江永宏、孙凤娥（2016）的结果比较接近，原因在于：第一，目前中国企业的研发活动主要用于自用，用于销售目的的研发活动仅占很少一部分，故生产税净额及资本回报处理对 R&D 投资序列测算结果影响不大。并且中国没有公开 R&D 销售的相关数据，以全社会投资的平均回报率估算 R&D 资本回报率，未免造成数据失真。第二，鉴于中国研发产品的进出口规模较小，其对

---

① 徐国泉计量有形资本的比例根据企业调查数据直接采取 70%，折旧率也是根据调查数据取 30%，这是目前计算 R&D 资本存量时使用的最大折旧率。

R&D 投资序列测算结果影响不大。因此这里研发资本化核算过程未考虑研发产品进口和出口的问题。

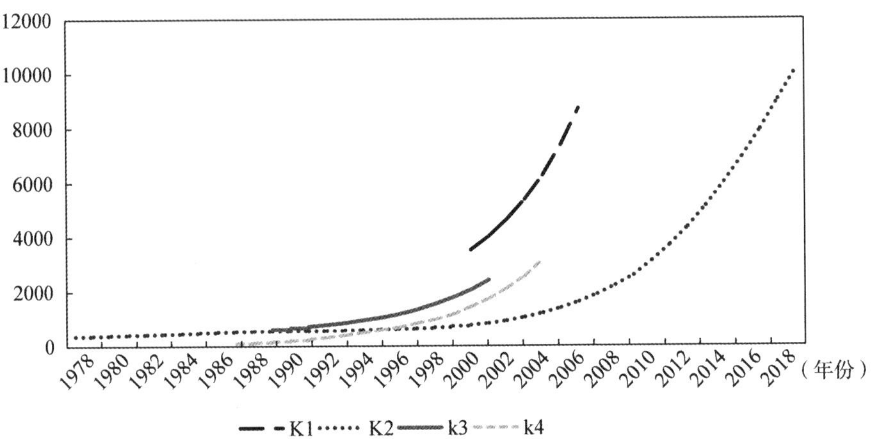

图 3—4　R&D 资本存量的不同计算结果（1978 =1，亿元）

注：K1 是徐国泉和姜照华（2006）的计算结果，K2 是本节的计算结果，K3 是蔡虹和许晓雯（2005）的计算结果，K4 肖敏和谢富纪（2009）的计算结果。

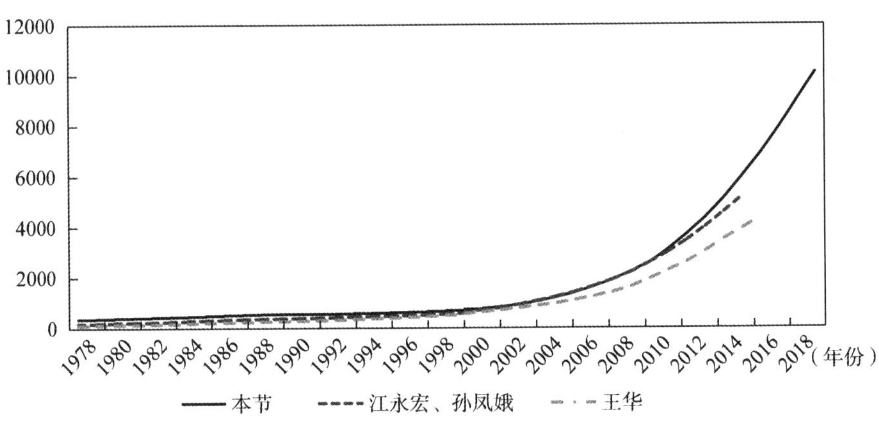

图 3—5　本节与江永宏、孙凤娥、王华的结果比较（1978 =1，亿元）

另外，我们对比了中国与美国在 R&D 资本存量上差距。“二战”以来美国经济总量稳居首位，2011 年中国赶超日本成为世界第二大经济体，表3—6 展示了中美 R&D 资本存量占 GDP 比例的对照情况。中国的 R&D 资本存量占 GDP 的比重远远低于美国，1990 年中国 R&D 资本存量占 GDP 的比重只有 1. 12%，美国是 5. 31%，相差 4. 19 个百分点；1995 年中、美所对应的 R&D 占比数据为 1. 02% 和 5. 23%，相差 4. 21 个百分点，几乎维持了 1990 年的差异表现；2003 年中国和美国对应的数据分别是 2. 19% 和 5. 56%，相差 3. 37 个百分点，差距略有下降。那么，从本书的计算结果来看，中国在 1990 年、1995 年、2003 年的 R&D 资本存量占 GDP 的比重分别为 5. 43%、3. 34% 和 2. 92%，仍然明显低于美国同时期的数据。一定程度上，中、美 R&D 资本存量的巨大差距是导致两国创新能力悬殊的关键。从国际上来看，中国国际竞争力排名徘徊在第 26—29 位，远未达到国际先进水平。[①] 因此，在创新驱动发展战略下，在“大众创新、万众产业”的创新思想指导下，中国作为全球第二大经济体，更应该加大 R&D 投入，为经济增长提供持续的研发成果，转变要素投入驱动的经济发展方式。

表 3—6　　中国和美国 R&D 资本存量占 GDP 的比例　　单位:%

年份	中国	美国
1990	1. 12	5. 31
1995	1. 02	5. 23
2000	1. 50	5. 41
2003	2. 19	5. 56

资料来源：根据徐国泉和姜照华（2006）的研究成果计算得到。

五　小结

本节在重新估计相关参数基础上，运用永续盘存法测算了中国

① 根据世界经济论坛每年发布的《全球竞争力报告》，自 2005 年以来，中国的国际竞争力排名一般处于第 26—29 位，其中最好的名次是第 26 位（2011 年）。

1978—2018 年的 R&D 资本存量。本书的测算结论为：第一，2000 年是中国 R&D 资本存量增长的突破点，实现了从缓慢低位增长到迅速攀升的转变；第二，R&D 资本存量占 GDP 的比重呈现为“U”形走势，经历了先下降后提升的过程；第三，无论是 R&D 资本存量的绝对值还是 R&D 资本存量占 GDP 的份额，中国与美国之间还有较大差距。

研究结果说明，改革开放以后，由于中国技术前沿与发达国家差距较大，中国依靠大规模引进国外先进技术，在短期内有力地推动了产品技术更新换代以及产业结构优化升级，取得了科技投入低、经济快速发展的成就。但进入 21 世纪后，随着中国逐渐接近发达国家技术前沿，技术引进壁垒日益增多，高精尖的技术难以引进，为了建设创新型的国家，中国大幅度提高了 R&D 投入水平。因此，我们认为随着创新驱动发展战略的提出以及“大众创业、万众创新”的实施，中国将会持续加大科技投入力度，R&D 资本存量将会持续高于 GDP 增速，带动中国经济准备迈入创新型国家行列。

本节估算结果为进一步研究 R&D 与经济增长的关系、国家创新能力、知识经济溢出效应等深层次研究提供了重要的基础数据。当然本节研究仍存在不足之处，由于中国的 R&D 统计数据始于 1990 年，在此之前的数据只能采取间接方法估计，难免存在误差，这会直接影响 R&D 资本存量的测算结果。为了进一步核算中国的 R&D 资本存量，本节提出以下建议：一方面，完善 R&D 统计制度，对所有行业的 R&D 投入进行统计；另一方面，加大对 R&D 投入价格指数和折旧率的研究，结合 R&D 活动的特点和中国的统计数据，研究适应中国国情的参数决定方法，以便更加准确地估计 R&D 资本存量。

第四章

中国物质资本存量的核算

资本存量的核算是经济学界的重要课题，也是深入研究中国经济增长、投资效率、生产函数和生产率等问题的基础。本章在介绍核算资本存量文献的基础上，合理选择资本存量核算的指标和计算相关指标的数值，根据现有的数据估算了1978—2018年的两种物质资本存量。

第一节　资本存量研究文献述评

资本数据是基础性的经济数据，尤其是在研究经济增长、技术进步等问题时起着关键作用。资本存量是指一定时点下安装在生产单位中资本资产的数量，一般用来度量生产过程中的资本投入，主要是就固定资产而言的（李治国和唐国兴，2003）。科学核算资本存量是目前技术经济领域面临的重大问题，并且在核算过程中往往因为历史数据缺乏以及各种指标难以确定而面临许多问题。Hicks（1981）也认为资本存量估算是统计学家面临的最困难的任务。

一　国内外资本存量研究简述

截至目前，对资本存量的核算已有半个多世纪的历史，美国的Dension（1967）、Kendrick（1976）、Young和Musgrave（1980）对美国的资本存量核算进行了研究，Kendrick（1976）核算了美国1929—1969年有形资本和无形资本存量，Munnell和Leach（1990）核算了美国各个州的资本存量，至此美国的资本存量核算已比较全面。OECD先后三次（1993年、1999年、2009年）发布关于资本存量核算的理论、方法和依据手册，并得到广泛的借鉴。OECD在1999年公布了12个成员国及地区1970—1996年资本存量数据，但是因为各成员国及地区的统计体系和方法的差别，OECD不再公布各成员国1997年以后的资本存量数据，而是各国根据发布的手册进行核算和调整。

中国资本存量的核算始于20世纪80年代，鉴于数据的缘故，大部分学者核算了行业的资本存量。Chen等（1988a，1988b）分别估计了1953—1985年中国工业和中国国有工业的固定资本存量，Jefferson等（1992，1996）先后估计了中国国有和集体工业、中国工业的资本数据。张军扩（1991）认为净投资额等于积累数，投资转化为资本具有时滞性，把投资按照不同时滞系数进行转化，在此基础上估算了1952—1990年的资本存量。贺菊煌（1992）对中国的生产性资本（即资本存量）以及非生产性资本进行了估算，该方法主要依据当时还在公布的积累指数，但是，随着国家统计部门于1994年对国民收入核算体系进行修订，积累指数序列不再公布，该方法也就不再适用。Chow（1993）利用积累数据估计了中国1952—1980年的农业（包含土地价值）、工业、建筑业、运输业和商业的资本存量。李京文等（1993）度量了1981—1987年34个部门的资本投入，并分析了在此期间的变化。谢千里等（1995）估算了1980—1992年国有工业和集体工业的固定资产。

进入21世纪后，大量学者对生产率的研究兴趣盎然，对资本存量的核算也就进入爆发期。[①] 在国家层面上，李治国和唐国兴（2003）用改进的方法估算了1978—2000年的资本存量，发现改革

① 中国省际物质资本存量的文献综述在第八章。

开放以来资本存量已经翻了不止两番。张军和章元（2003）以上海市的数据为基础估算了1952—2001年中国的资本存量。王益煊和吴优（2003）测算了1981—1998年中国的市政设施、农村住宅、城镇住宅、役畜产品和其他资本存量，各种资本的价值差距较大。何枫等（2003）以历年的资本形成总额作为历年资本存量的增加额，估算了1952—2001年资本存量。黄宗远和宫汝凯（2008）根据新的核算数据估算了1952—2006年的资本存量。单豪杰（2008）根据国家统计局基于经济普查和年度修正的最新数据资料，利用永续盘存法估算了1952—2006年全国和省际的资本存量。雷辉（2009）估算了1952—2007年中国的资本存量。徐杰等（2010）利用投入产出表测算了1987—2002年的折旧率，估算了1987—2007年的资本存量。叶樊妮（2009）从国民经济核算的角度，估算了1952—2007年两种途径下的资本存量。万东华（2009）提出了估计折旧率的新方法，并估计了1952—2006年的资本存量。叶宗裕（2010a）先估算了1952年建筑安装类和机器设备类资本的折旧率，再设定不同时段（1953—1979年，1980—1993年，1994—2008年）的递增率，得到不同年份的折旧率，估算了中国1952—2008年的资本存量。古明明和张勇（2012）估算了中国1978—2008生产性资本和全部资本存量。林仁文和杨熠（2013）采用时变经济折旧率估算了1952—2010年中国资本存量。陈昌兵（2014）利用生产函数采用极大似然法估计了中国不变和可变折旧率，并测算1978—2012年中国资本存量。雷辉和张娟（2014）根据投入产出表测算了1987—2007年的折旧率，并以此为根据测算其他时段的折旧率，在此基础上估算了1952—2012年的资本存量。沈利生和乔红芳（2015）推算出了计算折旧率的公式，并利用投入产出表计算了1987—2012年的实际折旧率，在此基础上估算了1952—2012年资本存量。

在部门层面上，黄勇峰等（2002）估计了中国制造业15个行业1978—1995年的资本存量。徐现祥等（2007）估算了1978—2002年各个省份三次产业的资本存量。薛俊波和王铮（2007）结合《中国投入产出表》中的固定资产折旧数据对中国17个行业的资本存量进行了估算，得到1990—2000年全国17个行业资本存量。曹跃群和刘冀娜（2008）运用PIM方法，采用国家统计局1978—2007年统一口径的时间序列样本数据，对中国分省区市的第三产业资本存量进行了估算。孙琳琳和任若恩（2008）估计了中国行业层次1981—2000年的资本存量。徐杰等（2010）利用投入产出表估算了工业行业1987—2002年的折旧率，而后估算了这些行业的资本存量。陈诗一（2011）估算了38个工业两位数行业1980—2008年的资本存量。金戈（2012）通过永续盘存法分别估算了全国层面1953—2008年以及省际层面1993—2008年各年末的基础设施资本存量。孙川（2013）运用永续存盘法估算了1980—2007年中国ICT资本存量和1997—2007年各地区ICT资本存量。钦晓双和孙成浩（2014）估算了工业38个行业1980—2010年的资本存量。宗振利和廖直东（2014）估算了1978—2011年省际三次产业的固定资本存量。钟廷勇和安烨（2014）在构建了文化产业固定资产投资平减指数和估算了跨期变动的折旧率等工作基础上，采用永续盘存法估计了中国省区市1990—2011年文化产业资本存量。孙琳琳和任若恩（2014）区分了资本财富存量估算和资本服务流量估算的差异，并使用OECD的资本测算框架估算了具有国际可比性的中国行业层面资本存量和资本流量数据。田友春（2016）通过分析投资结构与折旧率的关系，估算出第二、第三产业和总量的时变折旧率，系统地估算出1990—2014年总量、三次产业和细分行业的资本存量。孙琳琳和焦婕（2016）在估计1981—2011年33个行业的固定资本折旧率的基础上，估算了各个行业各年的资本存量。倪泽强和汪本强（2016）估算了各省区市1981—2013年的公共物质资本存量。余泳泽等（2017）估算了工业行业1985—2014年的资本存量。柏培文和许捷（2018）基于收入法GDP核算公式中提供的固定资产折旧数据，估算了中国各省区市2003—2013年三次产业资本存量。

由于2016年中国国家统计局公布了新的核算数据，R&D支出作为资本核算而不再作为中间投入，GDP和固定资本的数额都发生了变化，在此基础上，王华（2017）估算了1952—2015年的资本存量；王维等（2017）估计了中国1978—2016年十大类的资本存量。

根据上面的介绍可知，目前学者们对中国的资本存量从不同的层面进行了多角度的核算，因为测算目的不同，指导理论不同，采取的数据系列和处理方法不同，采取的计算方法不同，即使同一年份的结果也存在较大差距。李宾（2011）在对比了目前资本存量估算的主要方法和指标选择后，发现：折旧率的设定对估算结果影响最大；基期资本存量的影响很小；价格指数则基本可达成共识；从长期来看，固定资本形成总额与全社会固定资产投资的表现很相近，前者稍优；对投资流量的选取是一个难题。从定义上来说，固定资本形成总额作为投资流量是有瑕疵的。正是因为这些原因，目前没有有权威的资本存量计算结果。

因此在资本存量的核算中，折旧率的估算是关键，目前比较有代表性的折旧率计算方法包括：①根据财政部规定的设备和建筑使用年限用几何方法计算折旧率；②根据投入产出表中各行业固定资产折旧推导折旧率。第一种方法相对简单，使用最多，第二种方法比较接近实际情况，但计算烦琐。在估算资本存量的过程中，多数学者自始至终使用一个折旧率，与现实情况差距较大。在长期的经济发展中，折旧率并不是一成不变的，应该分段处理。

从全国层面看，学者们在进行估算时都有其相应的依据，要想判断哪一个版本更为合理似乎颇有难度。目前官方没有公布核算的标准也没有公布资本存量的系列数据，只有历年中国投入产出表第三象限中的固定资产折旧数可以参考。迄今为止，国家统计局已经先后公布了13个年份的中国投入产出表和延长表，分别是1987年、1990年、1992年、1995年、1997年、2000年、2002年、2005年、2007年、2010年、2012年、2015年、2017年，每张表中都有当年价的固定资产折旧额。把这些年份的折旧额换算成基年价（例如1978年价），把众多版本中这13个年份的折旧额拿来作对比，就可知道哪些较为合理。

本章在以上文献的基础上，根据投入产出表测算相关的折旧率，合理选择指标，核算了1978—2018年的资本存量。

二 小结

本节首先介绍了国外学者对美国和欧洲资本存量的核算情况；其次，从全国层面上介绍了不同学者对不同时段的资本存量核算情况；再次，从部门层面上介绍了学者对三次产业、工业、制造业、服务业、文化产业等不同行业的资本存量核算情况；最后，指出了目前核算资本存量存在的问题，提出了解决问题的可行方法。

第二节 资本存量核算方法和指标选择

一 资本存量的核算方法

从统计核算的角度看，资本存量的核算方法有三种：直接调查法、基准年份盘存法和永续盘存法（Perpetual Inventory Method，PIM）。[①] 顾名思义，直接调查法是对一个国家或地区所拥有的资本存量等指标直接进行调查（包括全面调查和抽样调查），从而获得有关统计数据，这是最贴近实际的资本存量数据。但是现实中难以对一个国家的资产进行年度调查，可操作性不强。

基准年份盘存法是在确定某一基准年份资本存量 CV_0 的基础和每年报废（退役）的固定资产，利用以下公式来推算各年的总资本存量 CV_t：

$$CV_t = CV_0 + \sum_{j=1}^{t-1} (INV_j - R_j) \tag{4—1}$$

① 曾五一、任涛：《关于资本存量核算的若干基本问题研究》，《统计研究》2016年第9期。

式（4—1）中，INV_j 是第 j 期的投资，R_j 是第 j 期报废（退役）的固定资产额。这种方法仍然难以确定每年报废（退役）的固定资产额。

永续盘存法（Goldsmith，1951）是目前核算资本存量常用的方法，是各期的资本流量积累而得，计算公式如下：

$$CV_t = CV_0 + \sum_{\mu=0}^{T} h_\mu INV_{t-\mu} \tag{4—2}$$

式（4—2）中，CV_t 为第 t 年期末不变价的资本存量，$INV_{t-\mu}$ 为 $t-\mu$ 年的不变价固定资产投资，T 是固定资产的耐用年数（又称服役寿命），CV_0 是基准期的资本存量。对于总资本存量而言，h_μ 反映（$t-\mu$）投资的资产至 t 年仍未退役的比例。①

根据现有的条件，每个国家难以进行固定资产年度调查，因此无法直接得到资本存量的数据，但是对投资的统计则相对比较健全，其数据也比较容易获得。故目前多数学者用 PIM 法估算资本存量，在实际操作中，h_μ 难以获得具体的数据，为了简化计算，多数学者采取简化的永续盘存法公式进行计算，即：

$$CV_t = (1-\delta) CV_{t-1} + INV_t \tag{4—3}$$

式（4—3）中，CV_t 和CV_{t-1} 为第 t 、$t-1$ 年以基年不变价格计价的资本存量；INV_t 是以不变价计价的投资额；参数 δ 是折旧率。基于式（4—3）展开的估算工作包括四个方面的内容：对 CV_0 的估算、历年投资流量 INV 的选取、价格指数 P 的构造、折旧率 δ 的设定。

从各文献采取的数据和方法看，折旧率设定的差异最大，低的有 0 和 5%，高的超过 10%，复杂的则根据建筑和设备的折旧率进行加权合成；价格指数上的差异相对最小；投资流量指标的候选者超过了 5 个；基年 CV_0 的选择差异也较大，高者是低者的数倍。表 4—1列出了目前具有代表性的文献对资本存量的处理方法。

---

① 曾五一、任涛：《关于资本存量核算的若干基本问题研究》，《统计研究》2016 年第 9 期。

表 4—1　各文献在资本存量中所用处理方法

文献	基期资本存量	投资流量指标	价格指数指标	折旧率
张军扩（1991）	2000 亿元（1952 年价）	积累额	（无须）	0
Chow（1993）	1750 亿元（1952 年价）	总积累额	（无须）	0
王小鲁（2000）	1600 亿元（1952 年价）	新增固定资产，固定资本形成	固定资产投资价格指数	5%
Chow 和 Li（2002）	2213 亿元（1952 年价）	积累额；推算	（无须）	0，5.4%，折旧额①
何枫等（2003）	5428.26 亿元（1990 年价）	固定资本形成总额	资本形成价格指数	0
Wang 和 Yao（2003）	1750 亿元（1952 年价）	Hsueh 和 Li（1999）的投资额；固定资本形成总额	Hsueh 和 Li（1999）的隐含投资价格指数；固定资产投资价格指数	5%
王益煊、吴优（2003）	—	国有经济固定资产投资；固定资本形成总额	固定资产投资价格指数；自行推算	分类：0.8%—12%
张军、章元（2003）	800 亿元（1952 年价）	生产性积累额、固定资产投资	上海市固定资产投资价格指数	0
张军等（2004）	1750 亿元（1952 年价）	固定资本形成总额	固定资本形成价格指数；固定资产投资价格指数	9.6%
Bai 等（2006）	推算	固定资本形成总额	结合 Hsueh 和 Li（1999）和自行推算	建筑：8%；设备：24%
Holz（2006）	2087.54 亿元（2000 年价）	新增固定资产	固定资本形成价格指数；固定资产投资价格指数	推算；在 27% 左右

① Chow 和 Li（2002）对折旧的处理是分时段的：1978 年前不需考虑折旧，因积累额是已经扣除了折旧的净投资；1978—1993 年，使用 5.4% 的折旧率；1994 年后，根据分省份的折旧额，加总出全国的总折旧额。

续表

文献	基期资本存量	投资流量指标	价格指数指标	折旧率
单豪杰（2008）	342 亿元（1952 年价）	固定资本形成总额	固定资本形成价格指数；固定资产投资价格指数	10.96%
万东华（2009）	615.3 亿元（1952 年价）	固定资本形成总额	固定资本形成总额指数计算隐含的投资价格指数	1952—1978 年：4.1%；1979—2006 年：7.3%
叶宗裕（2010a）	610 亿元（1952 年价）	固定资本形成总额	固定资本形成价格指数；固定资产投资价格指数	分类计算，折旧率是变化的
林仁文、杨熠（2013）	739 亿元（1952 年价）	固定资本形成总额	固定资本形成平减指数；固定资产投资价格指数	推算；4.8%—9.7%
沈利生、乔红芳（2015）	1836.5 亿元（1978 年价）	固定资本形成总额	推算得到固定资本形成平减指数	推算
王华（2017）	800 亿元（1952 年价）	固定资本形成总额*	固定资本形成平减指数；固定资产投资价格指数	5% 和 10%

注：* 是 2016 年国家统计局按照 SNA2008 修订后的数据，与以前的数据不可比 。

二　资本存量核算指标的选择

（一）当年投资的选择

根据表 4—1 可知，投资流量有四个可供选择的指标：积累额、新增固定资产、全社会固定资产投资总额和固定资本形成总额。徐杰等（2017）对这四个指标的优缺点做了详细的述评，这里不再详细介绍。根据表4—1以及徐杰等（2017）的研究可知，全社会固定资产投资总额和固定资本形成总额是目前学者们常用的投资流量指标。

按照《中国统计年鉴》的解释，全社会固定资产投资是以货币形式表现的在一定时期内全社会建造和购置固定资产的工作量以及与此有关的费用的总称。固定资本形成总额指常住单位在一定时期内获得的固定资产减处置的固定资产的价值总额。固定资产是通过生产活动生产出来的，且其使用年限在一年以上、单位价值在规定标准以上的资产，不包括自然资产、耐用消费品、小型工器具。固定资本形成总额包括住宅、其他建筑和构筑物、机器和设备、培育性生物资源、知识产权产品（研发支出、矿藏的勘探、计算机软件）的价值获得减处置。全社会固定资产投资额是在MPS和SNA体系下都公布的一个投资指标，有较长的时序数据，而且主要采用全面统计报表，数据较为全面可信。根据许宪春（1998，2002）对固定资本形成额和全社会固定资产投资的解释，固定资本形成总额指常住单位在一定时期内购买、转入和自产自用的固定资产价值，扣除销售和转出的固定资产价值，即固定资本形成总额=固定资产投资完成额-土地购置费-旧建筑物和旧设备购置费+50万元以下零星固定资产投资完成额+商品房销售增值+商品房所有权转移费用+生产性无形固定资产增加+土地改良支出。从固定资本形成额和全社会固定资产投资的关系看，固定资本形成额数值应该大于全社会固定资产投资额数值。根据《中国统计年鉴》的数据，1978—2002年的数据也确实如此，从2003年开始固定资本形成额数值小于全社会固定资产投资额数值，尤其是2008年开始的4万亿元投资更是加大了两者的差距，见图4—1。同时，李宾（2011）通过估计几个投资流量后，认为："固定资本形成总额与全社会固定资产投资在输出结果上相近，前者表现稍优，不过不能由此得出前者优于后者的结论，因为固定资本形成总额在概念上是有缺陷的。"根据这一点，王小鲁（2000）、黄永峰等（2002）、王益煊和吴优（2003）、孙琳琳和任若恩（2008）的研究均采用全社会固定资产投资。但是对于基础设施投资来说因为转化固定资产时期长，在此情况下，固定资本形成额优于全社会固定资产投资，何枫等（2003）、张军（2004）、单豪杰（2008）、孙琳琳和任若恩（2014）均认为在SNA体系下，固定资本形成额是比较合理的投资指标，OECD也建议使用固定资本形成总额作为投资流量。当然，固定资本形成额也有缺陷，即剔除了退役资本品的价值，低估了当年的投资流量。

为了能清楚地辨析固定资本形成额和全社会固定资产投资作为投资流量为计算生产率带来的影响，本章分别以固定资本形成额和全社会固定资产投资作为投资流量核算了物质资本存量。因为第三章已经核算了R&D的资本存量，用固定资本形成额作为投资时，使用的原始数据是修订前的固定资本形成额，因为数据截至2014年，2015—2018年的数据根据2014年的修订率进行调整，得出不包含R&D投资的物质指标投资数据；用全社会固定资产投资额作为投资时，原始数据用全社会固定资产投资额减去R&D投入中的固定资产投资部分。

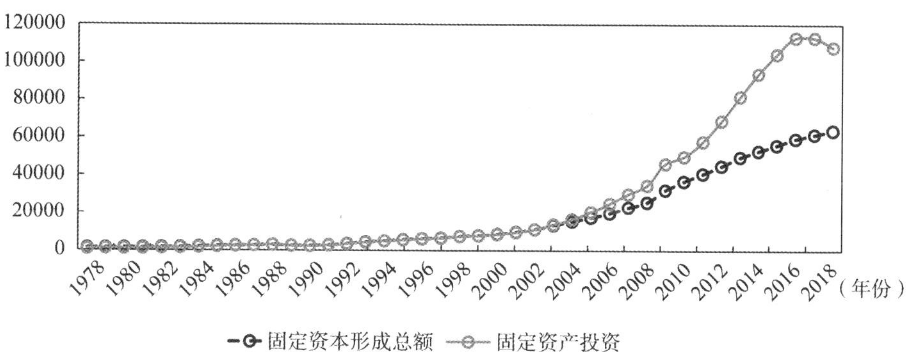

图4—1　1978—2018年固定资本形成总额和固定资产投资（1978年价，亿元）

（二）固定资产投资价格指数的确定

中国固定资产投资价格指数的公布始于1991年，1990年及以前的数据在《中国统计年鉴》上不可得，并且《中国物价年鉴》《中国固定资产投资年鉴》等相关年鉴也都没有这一信息。因此，多数采用推算的方法来获得 1990 年以前的数据。

对于 1990 年及以前年份的固定资产投资价格指数，多数研究者构造相应的指数来平减投资。对于 1978 年以前的数据，大部分研究借用 Chow（1993）估计的积累隐含平减指数（the implicit deflator for accumulation），少数不考虑价格因素；1978 年以后，Chen 等（1988a，1988b）采用建筑安装平减指数和设备安装购置平减指数的加权平均来计算；黄永峰等（2002）直接利用零售物价指数替代；Young（2003）构造了一个隐含的固定资本形成指数；宋海岩等（2003）用全国建筑材料价格指数来代替；李治国和唐国兴（2003）用上海市的固定资产投资价格指数回归出全国的固定资产投资价格指数；张军和章元（2003）则直接采用上海市的这一指数作为全国的相应指数；龚飞鸿等（2008）用 1990—2005 年的建筑业平减指数和工业品出厂价格指数拟合了 1978—1991 年的固定资产价格指数；孙琳琳和焦婕（2016）用 1981—1991 年的建筑行业价格指数代替建筑投资价格指数，选用工业价格指数代替设备投资价格指数。

随着中国统计体系的不断完善，两次历史数据的重大补充和一次历史数据的重大调整，以及《中国国内生产总值核算历史资料 1952—2004》的发布，公布了历年固定资本形成总额的当年价格数据和以不变价格计算的发展速度，相应计算出 1978—2004 年隐含的固定资本形成价格平减指数，部分学者开始用这部分数据代替 1991 年以前的价格指数，本章也采取这种方法，笔者还发现用这种方法计算的价格指数与龚飞鸿等（2008）拟合的价格指数相差无几。

（三）折旧率的确定

目前中国折旧率的测算方法主要有以下几种。

1. 利用官方的折旧额和折旧率进行估算，如李治国和唐兴国（2003）、徐现祥等（2007）、陈诗一（2011）、李宾（2011）等。徐现祥等（2007）依照收入核算公式（国内生产总值 = 劳动者报酬 +

固定资产折旧 + 生产税净额 + 营业盈余）推算得到固定资产折旧额；宋海岩等（2003）则是在官方公布的名义折旧率的基础上加上经济增长率作为实际折旧率；薛俊波和王铮（2007）、徐杰等（2010）利用投入产出表提供的固定资产折旧数据推算出折旧率；孙琳琳和焦婕（2016）利用生产函数推算出了折旧率；沈利生和乔红芳（2015）根据投入产出表计算了 1986—2012 年的折旧率。

2. 自行设定折旧率或忽略折旧，王小鲁（2000）、Wang 和 Yao（2003）假定的折旧率为5%，Young（2003）假定6%的折旧率，龚六堂和谢丹阳（2004）假定折旧率为 10%，王华（2017）设定折旧率为 5% 和 10%，何枫等（2003）直接忽略了折旧问题。由此可以看出这种方法主观性较强。

3. 利用各类资本品的残值率和寿命期推算折旧率，黄勇峰等（2002）把资本分为建筑和设备两类，然后利用 Jorgenson 等（1973）的模型计算出折旧率；王益煊和吴优（2003）依据财政部 1994 年制定的财务制度对住宅、机器设备等固定资产使用年限的规定，测算了各类资产的折旧率；单豪杰（2008）和张军等（2004）均是在设定建筑和机器设备年限的基础上，只是年限不同，分别计算出建筑与设备的折旧率，再根据《中国统计年鉴》提供的二者固定资产投资的结构比重对折旧率进行加权平均，最后得出每年的折旧率；林仁文和杨熠（2013）在估算历年固定资产的实际会计折旧率的基础上，推算最大资本品的役龄，从而推算出其经济折旧率。即使用同一种方法，因为参考的标准和依据不同，计算的折旧率结果也存在较大差异。

为了更接近实际情况，对于 1987—2017 年的折旧率，根据投入产出表的数据来计算，对于 1978—1986 年的折旧率，采取官方数据，2018 年的折旧率参考 2017 年的数据。因为在采用 C – D 生产函数计算生产率时，生产函数的相关参数值对折旧率具体数值的选取并不敏感，这隐含了生产率增长率对折旧率大小选择不敏感，Selin（2009）也证明了这一点。

（四）基期资本存量的确定

在永续盘存法下，选择的基期越早，基期资本存量估计的误差对后续年份的影响就会越小。李宾和曾志雄（2009）按照不同的资本产出比估算1952年的资本存量，不同资本产出比之间的估算结果之间差距较大，但到1978年后差距极小，到1992年以后更是相差无几，这表明基期资本存量的估算结果对长时间序列的影响较小，不甚重要。

本章核算的时期是1978—2018年，故选用的基期是1978年。对初始资本存量的取值，目前学者们常用的是增长率法。增长率法假设经济增长稳态下，经济增长与资本存量增长是相等的（Harberger，1978），由此可以估算基期的资本存量：

$$CV_0 = INV_0/(g+\delta) \tag{4—4}$$

式（4—4）中，INV_0为初始年的投资，δ表示折旧率，g表示在初始年份之前的平均经济增长率。张军等（2004）直接以0.10代替式（4—4）中的分母（$g+\delta$）计算得出1952年的固定资本存量。

Reinsdorf与Cover（2005）在研究中美洲国家资本存量时，将式（4—4）修正为：

$$CV_0 = INV_0(g+1)/(g+\delta) \tag{4—5}$$

式（4—5）中的字母含义与式（4—4）相同。

也有部分学者采用资本产出比法，即假设某年的资本与产出的比例、已知产出的数值从而推算资本的数值。张军扩（1991）、何枫等（2003）、李宾和曾志雄（2009）等均采用此法估计1952年的资本存量。Chow（1993）利用固定资产净值数据推算了1952年中国非农业部门资本存量；张军和章元（2003）利用上海固定资产原值、工业固定资产净值和农业资本存量的数据，推算1952年全国资本存量。黄勇峰和任若恩（2002）、孙琳琳和任若恩（2005）利用PIM法估计资本存量。

有少数学者（陈昌兵，2014）采用经济计量法来估算基期资本存量，其假设基期资本存量为过去所有投资的总和，即：

$$CV_0 = \int_{-\infty}^{0} INV(t)\,dt = INV(0)\, e^{\theta t} \tag{4—6}$$

其中 θ 为投资增长率。由式（4—6）可以得到：

$$\ln INV(t) = \ln INV(0) + \theta t \tag{4—7}$$

根据式（4—6）和式（4—7）以及投资系列可以回归得到基期资本存量，但是因为没有扣除折旧，得到的资本存量数值会偏高。

本章基于新的核算数据，根据 GDP 的增长情况，用 1978—1982 年的 GDP 平均增长数据作为 g 、1978 年的折旧率作为 δ ，计算得到 1978 年的物质资本存量是 5749. 26 亿元，与 R&D 资本存量合计是 6118. 43 亿元，黄勇峰和任若恩（2002）测算的资本存量合计是 5821. 66 亿元（1978 年价），两者非常接近。[①]

三　小结

本节首先介绍了测算物质资本存量的方法；其次，结合现有文献对测算物质资本存量的四个参数进行了分析，指出了它们的优缺点，提出应采用合理的参数；最后，根据新的修订数据，采用 2 组数据系列测算了中国 1978 – 2018 年的物质资本存量。

第三节　物质资本存量的核算

一　物质资本存量核算结果分析

利用《中国统计年鉴 2017》和《中国国内生产总值核算历史资料 1952—2004》的数据，根据以上四个指标的确定方法，

① 因黄勇峰和任若恩（2002）的测算不包括 R&D 资本存量，所以本章的资本存量数据略大于二者计算的结果，是合理的。

式（4—3）用PIM法估算了1978—2018年中国资本存量，见表4—2和图4—2。

表4—2　　　　　　1978—2018年中国资本存量情况　单位：亿元，1978年价

年份	GDP	GK	IK	R&D资本存量	资本产出比1	资本产出比2
1978	3678.70	5749.26	5749.26	369.17	1.66	1.66
1979	3957.28	6669.09	6363.06	384.24	1.78	1.71
1980	4267.59	7647.27	6954.69	405.49	1.89	1.72
1981	4485.24	8572.50	7547.94	423.73	2.01	1.78
1982	4888.91	9571.38	8333.36	437.27	2.05	1.79
1983	5416.91	10667.89	9215.17	451.02	2.05	1.78
1984	6240.28	11924.25	10269.56	472.88	1.99	1.72
1985	7076.48	13297.35	11625.63	500.15	1.95	1.71
1986	7706.29	14689.43	13099.92	522.58	1.97	1.77
1987	8607.92	15973.33	14499.50	543.21	1.92	1.75
1988	9572.01	17399.14	16067.02	554.93	1.88	1.74
1989	9974.03	18253.52	17016.95	560.25	1.89	1.76
1990	10363.02	19109.47	17813.04	562.59	1.90	1.77
1991	11326.78	20312.40	18893.85	561.47	1.84	1.72
1992	12935.18	22019.34	20532.38	566.86	1.75	1.63
1993	14733.18	24458.65	23002.53	587.20	1.70	1.60
1994	16648.49	27451.10	26019.54	602.16	1.69	1.60
1995	18479.82	30892.57	29326.70	618.02	1.71	1.62
1996	20309.32	34663.08	32911.18	631.99	1.74	1.65
1997	22177.78	38517.58	36623.58	652.54	1.77	1.68
1998	23907.65	42269.37	40485.37	690.88	1.80	1.72
1999	25748.54	46207.46	44387.23	736.58	1.82	1.75
2000	27937.16	50539.30	48615.14	770.44	1.84	1.77
2001	30255.95	55425.98	53499.96	840.07	1.86	1.80
2002	33009.24	61325.40	59491.17	929.22	1.89	1.83
2003	36310.16	70078.40	68827.83	1058.98	1.96	1.92
2004	39977.49	80213.59	80231.21	1211.96	2.04	2.04

续表

年份	GDP	GK	IK	R&D 资本存量	资本产出比 1	资本产出比 2
2005	44534. 92	91471. 10	94738. 49	1398. 85	2. 09	2. 16
2006	50190. 86	104768. 78	112681. 51	1626. 46	2. 12	2. 28
2007	57317. 96	119842. 63	134325. 84	1898. 90	2. 12	2. 38
2008	62877. 80	139106. 12	161624. 88	2225. 41	2. 25	2. 61
2009	68788. 32	163838. 33	198893. 15	2588. 83	2. 42	2. 93
2010	76079. 88	191470. 94	237908. 21	3122. 88	2. 56	3. 17
2011	83307. 47	221339. 08	282842. 76	3707. 18	2. 70	3. 44
2012	89888. 76	253973. 02	336344. 74	4353. 66	2. 87	3. 79
2013	96900. 08	289742. 07	399874. 03	5128. 42	3. 04	4. 18
2014	103973. 79	325655. 04	472124. 66	6008. 60	3. 19	4. 60
2015	111147. 98	363941. 12	550950. 36	6930. 07	3. 34	5. 02
2016	118594. 89	403600. 65	634491. 90	7942. 28	3. 47	5. 42
2017	126659. 34	440048. 31	711719. 15	9036. 25	3. 55	5. 69
2018	135018. 86	476432. 57	778005. 22	10104. 48	3. 60	5. 84

注：GK 是固定资本形成总额形成的物质资本存量，IK 是全社会固定资产投资形成的物质资本存量，资本产出比是物质资本存量和 R&D 资本存量的合计；资本产出比 1 是 GK 和 R&D 资本存量之和与 GDP 的比值，资本产出比 2 是 IK 和 R&D 资本存量之和与 GDP 的比值。

根据表 4—2，截至 2003 年，固定资本形成总额形成的物质资本存量（GK）大于全社会固定资产投资形成的物质资本存量（IK），因为根据《中国统计年鉴》的数据在 2003 年以前，固定资本形成总额数据大于全社会固定资产投资；2004 年开始全社会固定资产投资形成的物质资本存量大于固定资本形成总额形成的物质资本存量，且差距越来越大，2018 年前者是后者的 1. 63 倍。从每个年份的增长情况看，固定资本形成总额形成的物质资本存量增长率波动较小，全社会固定资产投资形成的物质资本存量增长率波动较大，见图 4—3。从这一点来看，为了生产率计算结果的稳定，使用固定资本形成总额形成的物质资本存量似乎更合理。从资本产出比看，固定资本形成总额形成的物质资本存量增长比较稳定，资本产出比增长较慢，即使如此，2018 年也达到 3. 60；全社会固定资产投资形成的物质资本存量因为前期增长慢，资本产出比在2004年前低于固定资本形成总额形成的物质资本存量的资本产出比，但在后期增长迅速，资本产出比迅速增长，2018年达到5.84。国际上认为资本产出比一般在2—3比较合理，资本产出比越高说明单位经济产出所用的资本越来越多，从一个方面说明产出效率在下降，即资本存在严重浪费现象，没有得到有效的利用。

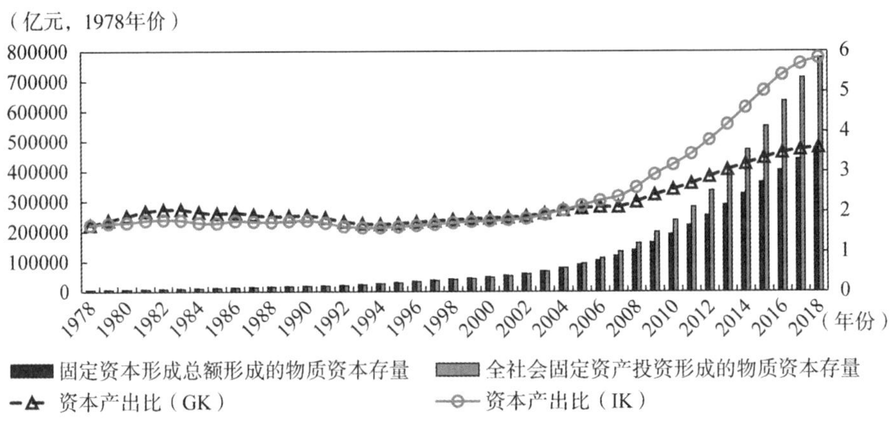

图4—2　1978—2018年两种投资形成的资本存量和资本产出比

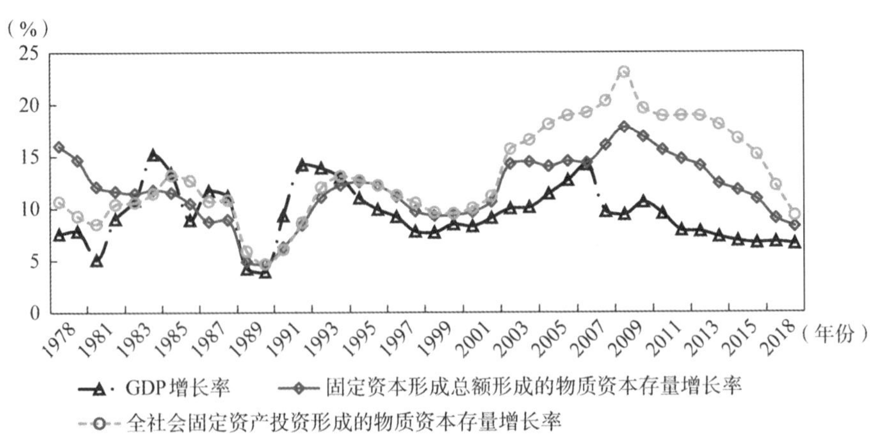

图4—3　1978—2018年中国GDP增长率和物质资本存量增长率

图 4—3 揭示，中国 GDP 增长曲线与全社会固定资产投资形成的物质资本存量增长曲线非常相似，全社会固定资产投资形成的物质资本存量增长曲线比经济增长曲线滞后 1—2 年，尤其是 20 世纪 80 年代中期以后。伴随着经济的高增长，按照全社会固定资产投资计算的物质资本存量的增长有三个快速增长期，第一次是 1986—1989 年，增长速度第一次达到两位数，位于第一次经济增长过热期后，是城市改革促进了经济的快速发展，进而刺激了投资的迅速增长。第二次是 1993—1994 年，1992 年是实现第二步发展战略的起步年，经济进入快速发展阶段，投资也迅速增长，1992 年的投资增长率达到 21.21%，第一次达到 20% 以上，经过两年的快速增长，进入平稳期。第三次是从 2002 年开始持续到现在，2003—2007 年也是经济快速增长时期，2007 年达到 14.2%，这也是资本存量的快速增长期。2008 年开始的 4 万亿元投资使得资本存量快速增长，2008 年和 2009 年分别达到 20.32% 和 23.06%，随后开始缓慢下降，2017 年、2018 年分别是 8.27% 和 9.31%，均低于 10%。从这里也可以看出中国经济增长是投资驱动型的。

二　与其他测算结果的比较分析

根据查到的文献，只有王华（2017）是利用新的数据测算了中国的物质资本存量，为了比较结果更合理，本节用固定资本形成总额形成的物质资本存量与王华（2017）的测算结果比较，如图 4—4 和图 4—5 所示。从物质资本存量看，在 5% 的折旧率下，王华（2017）的测算结果均高于本节测算结果；在 10% 的折旧率下，王华（2017）的测算结果从 1982 年开始低于本节测算结果。从资本产出比看①，在 5% 的折旧率下，从 1990 年开始，王华（2017）的资本产出比曲线走势与本节的计算结果极为相似；在 10% 的折旧率下，

① 王华（2017）的资本产出比重的资本是采取其文章中的方法进行修订并与 R&D 资本存量的合计。

本节的资本产出比曲线走势与王华（2017）计算结果有差距。原因在于，改革开放初期中国的资本折旧率远没有达到10%的高度，根据中国投入产出表计算所得折旧率，中国目前任何一个时期的折旧率没有超过10%，假设建筑物和设备的使用年限，据此测算折旧率在理论上是可行的，但不具有实际意义。

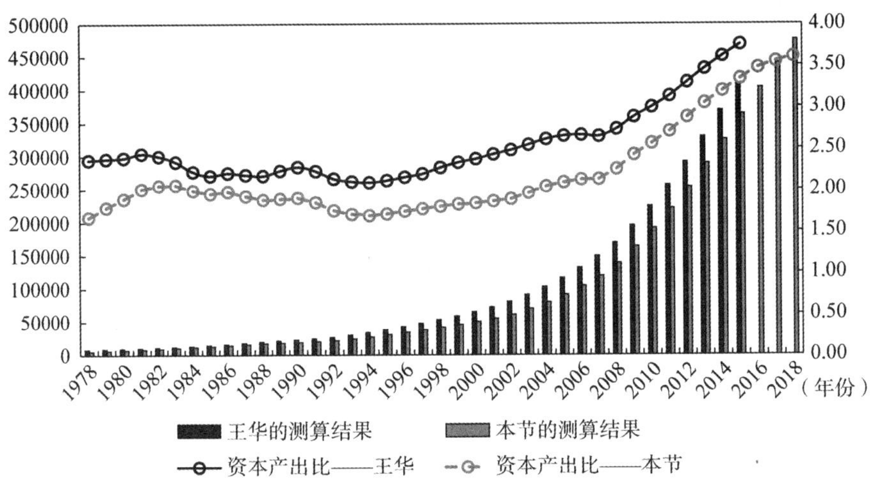

图4—4　本节结果与王华（2017）测算结果的比较

（单位：亿元，王华的折旧率是5%，1978年价）

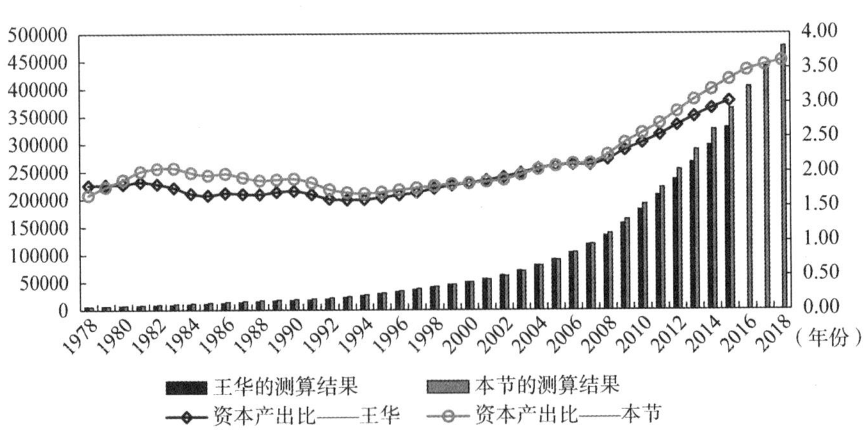

图4—5　本节结果与王华（2017）测算结果的比较

（单位：亿元，王华的折旧率是10%，1978年价）

本节与王华（2017）测算结果的不同，原因有两点：一是折旧率不同，王华（2017）采用5%和10%的折旧率，本章参考官方数据以及利用投入产出表测算的数据，更接近实际情况，更具有合理性；二是关于价格指数的选择，王华（2017）的价格指数在2005年之前采取《中国国内生产总值核算历史资料1952—2004》的数据，2005年开始采取固定资产投资价格指数，本书在1991年以前采取《中国国内生产总值核算历史资料1952—2004》的数据，1991年开始采取固定资产投资价格指数。本书比较了两者的数值，1978—1990年几乎一致，1991年以后的价格指数差距越来越大，原因就是王华（2017）在1991—2004年采取的价格指数是根据《中国国内生产总值核算历史资料1952—2004》计算所得。

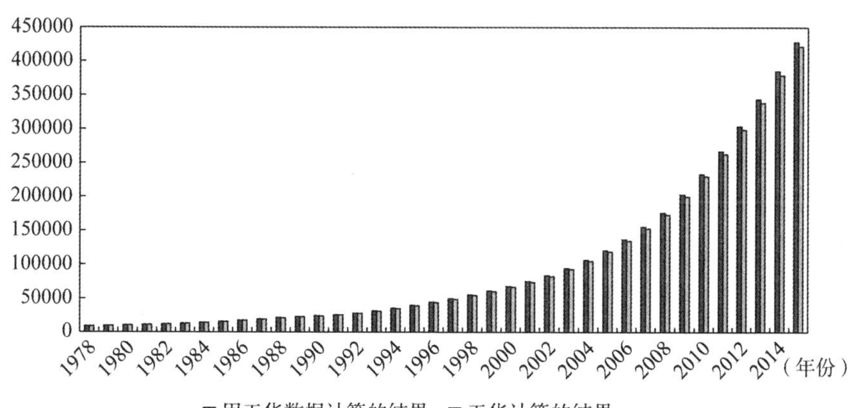

图4—6　不同的计算结果（亿元，1978年价）

为了探究本节测算结果的合理性，笔者用王华（2017）的价格指数、1978年的资本存量、《中国统计年鉴2017》的固定资本形成额数据，采取5%的折旧率，测算1978年价的资本存量，结果高于王华（2017）折算成1978年价格的物质资本存量，见图4—6。本节采取以上数据计算的物质资本存量，1979年高于王华（2017）计算的同期结果是19亿元，以后逐步提高，2015年达到6735亿元，占物质资本存量的1.60%，虽然占的比重较小，或许对生产率的计算结果影响较小，但总是有影响的，在实证研究中认真和细心还是必须的。

三　小结

资本核算问题一直是经济学界关注的话题，更是关注经济增长质量话题的核心。如何测算资本存量是半个多世纪以来国内外学者们关注的焦点。随着中国统计制度的不断完善，学者们测算的依据、采取的方法将会更加合理。

本章在总结核算资本存量文献的基础上，对基期资本存量、投资系列、折旧率和价格指数做了诠释，并选了合适的指标值，采用永续盘存法核算了中国1978—2018年的物质资本存量。根据与已有结果的比较，发现本章计算的资本存量更加合理和真实；如果不考虑时滞问题，中国的GDP增长曲线与全社会固定资产投资形成的物质资本存量增长曲线极为相似，从一个侧面说明中国经济增长是投资驱动型；因为资本存量的增长速度远远大于经济增长速度，资本产出比迅速上升。根据投入产出比的变化，中国的资本产出效率在下降，意味着单位产出需要的资本在增长，即资本的浪费在增加，或存在大量闲置资本。改善投资结构，提高投资质量，是当务之急。

第 五 章

中国生产率变化与经济增长源泉

生产率研究是经济增长理论中的核心话题，经济增长是来自要素投入还是生产率贡献，是研究经济增长方式的主体内容。本章在拓展生产函数的基础上，把 R&D 资本存量纳入生产函数，测算中国改革开放以来生产率变动情况，并研究探析了中国经济增长源泉。

第一节　生产率研究文献综述

自从 20 世纪 50 年代罗伯特·索洛（R. Solow）开创用生产率测算技术进步的方法以来，对生产率的研究是层出不穷，不仅研究的范围不断拓展，研究方法也是不断完善，实证结果更是层出不穷。

一　生产率研究方法简介

根据函数中参数估计的方法，生产率的主要测度方法可以分为参数估计方法、非参数估计方法和半参数方法。参数估计方法主要包括索洛余值法、超越对数生产函数、柯布 – 道格拉斯生产函数（C – D 生产函数）、随机前沿分析（Stochastic Frontier Analysis，SFA），数据包络法（Data Envelopment Analysis，DEA）属于非参数估计方法，OP 法和 LP 法是半参数方法。

（一）参数估计方法

1. 增长核算法

索洛（1957）通过对美国1909—1949年的增长源泉研究，利用理论生产函数推导出经济增长方程，扩展了一般生产函数的概念，使其能容纳技术进步的作用，进而建立了生产率增长率的可操作模型，从数量上确定了产出增长率、生产率增长率与各要素投入增长率的产出效益之间的联系（李京文等，1993），进而从增长方程中可以确定各种生产要素投入对经济增长的贡献。

增长核算法的总量生产函数是：

$$Y = F(K,L,T) \tag{5—1}$$

式（5—1）中，Y、K、L分别是产出、资本投入和劳动投入，T是除了劳动和资本以外的所有影响产出的要素投入（包括不可度量的且难以分离的）。

总量生产函数反映了产出和投入的依存关系，因投入变化导致产出的变化，并由此产生的索洛增长方程：

$$\dot{y} = \alpha \dot{k} + \beta \dot{l} + \varphi \tag{5—2}$$

式（5—2）中，$\dot{y}$是产出增长率，$\dot{k}$是资本投入增长率，$\dot{l}$是劳动投入增长率，φ是生产率增长率。在规模报酬不变假设下，α、β分别是资本和劳动的产出弹性，且满足$\alpha > 0$，$\beta > 0$，$\alpha + \beta = 1$，那么φ可以反映基期和计算期区间中科技进步对产出增长的贡献或拉动。

增长核算法的优点在于此方法基于严格的经济理论与数理推导，不存在逻辑错误。也正是由于这个原因，OECD赞成发达国家使用增长核算法，而不是计量估计法来核算经济增长。索洛余值法的缺陷在于其前提假设条件过于苛刻，特别是对于发展中国家，其市场一般都不是充分竞争的，因而在索洛余值法的实际运用中存在较大困难。

2. 柯布－道格拉斯生产函数（C－D生产函数）

C－D生产函数是柯布和道格拉斯（Cobb和Douglass）于1928

年提出的。C－D 生产函数是现在生产函数研究的一个基准函数，是一种适用性极广的描述投入产出间数量关系的生产函数，对不同的部门、产业、地区或国家都可以应用，与社会制度无关，是迄今为止运用最广泛的一类生产函数。成邦文等（2001）证明了 C－D 生产函数是唯一能使均方估计误差达到最小的生产函数。

C－D 生产函数的一般形式是：

$$Y = A K^{\alpha} L^{\beta} \tag{5—3}$$

式（5—3）中，Y 是产出，K 是资本投入，L 是劳动投入，A 是生产率。α 、β 的含义与增长核算法的相同。

增长核算法和生产函数测算生产率增长的特点如下：（1）通常假定技术进步为希克斯中性的，完全市场竞争和市场均衡。（2）不变弹性。函数中资本、劳动力的产出弹性一般根据经验数据通过一定方式计算得出，且一旦计算得出，在生产率增长测算过程中就是固定不变的，即不变弹性。（3）规模报酬由 $\alpha+\beta$ 确定。当 $\alpha+\beta>1$ 时，规模报酬递增；$\alpha+\beta=1$ 时，规模报酬不变；$\alpha+\beta<1$ 时，规模报酬递减。实际进行生产率增长测算时，常假设规模报酬不变。（4）替代弹性为 1。替代弹性反映生产要素之间的相互替代能力。C－D 生产函数具有生产要素之间的替代弹性恒为 1 的特点。

3. 超越对数生产函数

超越对数生产函数是 Jorgenson 等（1973，1981，1984）在核算美国部门的生产率时所提出的。在部门层次上，Jorgenson 等基于部门总产出和中间投入、资本投入、劳动投入以及时间因素构造了部门超越对数生产函数，建立了生产者行为经济计量模型。时间和其他投入要素被对称地处理。生产者均衡作为具体测算的假设条件引入推导过程之中。

Jorgenson 方法度量生产率方法的第二个特点是把资本投入和劳动投入的增长分解为数量增长和质量增长。他把投入分成各种类别，如劳动就按年龄、性别、教育程度、就业状况等分组，当效率高的组别在投入中的比例（或份额）提高时，投入表现为质量增长。劳动力投入的增长是工时数和劳动质量两者变动的综合。这是 Jorgenson 测算投入指数时与别人所使用的方法的不同之处，也是增长核算在进入 20 世纪 60 年代之后的重要发展之一。迄今为止，Jorgenson 的方法论仍代表着生产率研究的世界先进水平之一。

Jorgenson 方法假定部门的生产函数是：

$$\Delta \ln Y = \bar{\alpha}_K \Delta \ln K + \bar{\alpha}_L \Delta \ln L + \bar{\alpha}_X \Delta \ln X + v_T \qquad (5—4)$$

式（5—4）中，$\Delta \ln Y$ 是产出增长率，$\Delta \ln K$ 是资本增长率，$\Delta \ln L$ 是劳动增长率，$\Delta \ln X$ 是中间投入增长率，v_T 是生产率增长率；$\bar{\alpha}_K$、$\bar{\alpha}_L$ 和 $\bar{\alpha}_X$ 分别是资本份额、劳动份额和中间投入份额。

测算生产率增长率 v_T 的公式是：

$$v_T = \Delta \ln Y - \bar{\alpha}_K \Delta \ln K - \bar{\alpha}_L \Delta \ln L - \bar{\alpha}_X \Delta \ln X \qquad (5—5)$$

式（5—5）中，$\bar{\alpha}_K = \frac{\alpha_K(T)}{2} + \frac{\alpha_K(T-1)}{2}$；$\bar{\alpha}_L = \frac{\alpha_L(T)}{2} + \frac{\alpha_L(T-1)}{2}$；$\bar{\alpha}_X = \frac{\alpha_X(T)}{2} + \frac{\alpha_X(T-1)}{2}$

超越对数生产函数测算生产率增长的特点：（1）无须预先假定技术进步希克斯中性，但仍要求完全市场竞争和市场均衡；（2）超越对数生产函数的替代弹性是可变的，且两两要素的替代弹性各不相同；（3）超越对数生产函数具有广泛性和包容性的特点，即它可以被认为是任何形式的生产函数的近似。

4. 随机前沿分析

考虑到现实生活中生产单位（如企业、农户等）无效性的普遍存在，在 Farrell（1957）等人提出的技术效率概念的启发下，Meeusen 和 Van denBroeck（1977），Aigner、Lovell 和 Schmidt（1977），Battese 和 Corra（1977）等人相继独立地提出了测算技术效率的随机边界理论框架和计量方法，并将它们应用于实践。他们提出的模型最初设定用于截面数据，其误差项由两部分构成，一部分代表随机因素的影响，另一部分用于度量生产单位的技术无效性。

当时他们提出的模型一般可表示如下：

$$Y_i = f(X_i, \beta)\, e^{v_i - u_i} \quad (i = 1,\ 2,\ \cdots,\ n) \tag{5—6}$$

式（5—6）中，Y_i 表示第 i 个单位的产出，X_i 表示第 i 个单位的投入向量；f（·）是一待定函数（如 C－D 生产函数，超越对数生产函数）；β 为待估参数向量；v_i 为反映外部因素对生产影响的随机变量，假定其为独立同分布，并且有 $v_i - N(0, \sigma_v^2)$；而 u_i 是由于技术非效率所引起的误差，独立同分布，且 $u_i - N(0, \sigma_u^2)$，u_i 与 v_i 互独立。

因此，个体 i 的技术效率用 $TE = exp(-u_i)$ 来表示。这样的话，当 $u_i = 0$ 时，厂商就恰好处于生产前沿上；若 $u_i > 0$，厂商就处于生产前沿下方，也就是处于非技术效率状态。

随机前沿生产函数将生产率至少分解为技术进步和技术效率改进本身就是很大进步；通过“干中学”、管理水平提高、体制改革、经济政策等因素对非效率项的影响，这样可以讨论外界因素对生产率的作用，这对于处于发展中国家的中国意义尤其重大。与确定性前沿生产函数比较，随机前沿生产函数法从一定程度上消除了随机因素对前沿生产函数部分的影响，因此具有一定的优越性。

虽然随机前沿分析考虑到随机因素，更符合实际情况，但同时也有不利的一面，即对 u 与 v 需假定概率分布 $v_i - N(0, \sigma_v^2)$ 和 $u_i - N(0, \sigma_u^2)$，而许多情况下这种分布假设与客观情况并不一致。因此这种方法更适合大样本的情况下（例如企业调查的数据，几百或上千个样本），以便于估计技术效率。

（二）非参数估计方法——数据包络法

数据包络分析（DEA）是以相对效率概念和边界理论、线性规划理论为基础发展起来的，是评价同类部门或单位间相对有效性的重要决策方法，可用于各行各业，是一种重要的生产率增长测算方法。它是由数学、经济学和管理学交叉形成的研究领域，是运筹学的一个分支。1978 年，运筹学家 Charnes 和 Cooper 等人首先建立了第一个 DEA 模型/CCR 模型。此后，学者对这个模型不断地改进，创造了诸多的 DEA 模型。中国学者从事 DEA 的研究始于 1986 年。1988 年魏权龄出版了国内关于 DEA 研究方面的第一本专著《评价相对有效性的 DEA 方法——运筹学的新领域》，严格系统地介绍了 DEA 方法与模型；此后国内关于 DEA 问题的研究迅速发展和崛起，众多学者迅速应用到相关的领域。

DEA 将经济系统中的生产过程看作一个实体（生产单元）在一定可能的范围内，通过投入一定数量的生产要素产出一定数量的“产品”的活动。其中的实体（生产单元）被称为决策单元（Decision Making Units，DMU）。经济系统内具有相同的目标和任务、外部环境、输入和输出指标的同类型 DMU 可以构成一个 DMU 集合。若某 DMU 在一项经济活动中的投入向量为 $X = (X_1, X_2, \cdots, X_i, \cdots, X_m)^T$，$X_i$ 表示第 i 种投入；产出（输出）向量为 $Y = (Y_{1,} Y_2, \cdots Y_r, \cdots, Y_n)$，其中 Y_r 表示第 r 种产出（输出）；则（X_j, Y_j）对应第 j 个决策单元的投入、产出向量，（X_0, Y_0）对应被评价决策单元的相应指标。于是可以用（X, Y）表示这个 DMU 的整个生产活动，n 个 DMU 的投入集就可以构成一个 $n \times m$ 阶的投入矩阵，其产出集可以构成一个 $n \times 1$ 阶的产出矩阵。

在以上各种假定下，数据包络分析基于单目标线性规划，在所定义的生产可能集内，或固定投入将产出尽量扩大，或固定产出将投入尽量缩小。产出的最大扩大比率的倒数或投入的最小缩小比率被定义为决策单元的相对效率，其中前者称为产出 DEA，后者称为投入 DEA。

用 DEA 方法来测量生产率的增长情况，目前用的较多的是 DEA - Malmquist 指数法。Malmquist 指数法是瑞典经济学家和统计学家 Sten Malmquist 在 1953 年用来分析不同时期的消费变化时提出的。1982 年，Caves、Christensen 和 Diewert 分别构造了产出角度（Output - o-riented）和投入角度（Input - oriented）的 Malmquist 生产率指数（Malmquist Productivity Index），将该指数用于生产率分析；此后与 Charnes 等（1978）建立的 DEA 理论结合，广泛应用到生产率测算中；随后，Färe 等（1994）建立了用来考察生产率增长（Total Factor Productivity Change，TFPCH）的 Malmquist 生产率指数，进而应用 Shephard（1953，1970）距离函数（Distance Function）将 TFPCH 分解为不变规模报酬下的技术变动（Technical Change，TECH）与技术效率变动（Technical Efficiency Change，EFFCH）两部分。该方法可以度量生产率逐期的变化动态，并把变化动态分解为技术进步、纯技术效率和规模效率变动。

对于一个投入产出系统，假设有 m 个生产要素投入、n 个产出，投入集合为 $x \in R_+^m$，产出集合为 $y \in R_+^n$，S 为生产技术，θ 为达到生产前沿面时产出要素的增加比率，按照 Shephard（1970）可定义产出距离函数为：

$$M_0^t(x^t, y^t) = \min\{\theta : (y^t/\theta) \in p^t(x^t)\} \tag{5—7}$$

用 (x^t, y^t) 和 (x^{t+1}, y^{t+1}) 分别表示时期 t、$t+1$ 的投入产出向量，用 d_0^t 和 d_0^{t+1} 分别表示以 t 时期和 $t+1$ 时期的技术 S^t 和 S^{t+1} 为参照的距离函数，则从 t 时期到 $t+1$ 时期，生产率变动的 Malmquist 指数可以表示成：

$$M_0^{t+1}(x^{t+1}, y^{t+1}, x^t, y^t) = \begin{bmatrix} d_0^t(x^{t+1}, y^{t+1}) / d_0^t(x^t, y^t) \times \\ d_0^{t+1}(x^{t+1}, y^{t+1}) / d_0^{t+1}(x^t, y^t) \end{bmatrix}^{1/2} \tag{5—8}$$

式（5—8）可进一步分解为不变规模报酬假定下技术效率变化与技术变动的乘积：

$$M_0^{t+1}(x^{t+1}, y^{t+1}, x^t, y^t) = d_0^{t+1}(x^{t+1}, y^{t+1}) / d_0^t(x^t, y^t)$$
$$[d_0^t(x^{t+1}, y^{t+1}) / d_0^{t+1}(x^{t+1}, y^{t+1}) \times d_0^t(x^t, y^t) / d_0^{t+1}(x^t, y^t)]^{1/2} \tag{5—9}$$

式（5—9）中，方括号外的项表示技术效率的变化（$EFFCH$），$EFFCH > 1$ 表明前沿面下的决策单元向前沿面的趋近，效率改善，而 $EFFCH < 1$ 则表明远离前沿面，效率退步；方括号里的项表示技术变动（$TECH$），它是前沿面在区间 t 和 $t+1$ 变化的几何平均值，$TECH > 1$ 表示生产可能性边界的向外移动，生产边界提升，即技术进步；反之，则技术退步。如果上述数值都等于1，则表明相应指标无变化。其中技术效率变动还可进一步分解为变动规模报酬假定下纯技术效率变化（*PECH*）和规模效率变化（*SECH*）：

$$d_0^{t+1}(x^{t+1},y^{t+1}\mid C)/d_0^t(x^t,y^t\mid C)=d_0^{t+1}(x^{t+1},y^{t+1}\mid V)/d_0^t(x^t,y^t\mid V)$$

$$[d_0^{t+1}(x^{t+1},y^{t+1}\mid C)/d_0^t(x^t,y^t\mid C)\times d_0^t(x^t,y^t\mid V)/d_0^{t+1}(x^{t+1},y^{t+1}\mid V)] \tag{5—10}$$

式（5—10）右边，第一项表示纯技术效率变化（*PECH*），第二项表示规模效率变化（*SECH*）。$PECH>1$ 表明变动规模报酬下效率改善，反之则效率退步，表示其未能以较有效率的方式生产；$SECH>1$ 表示相对于第 t 期，第 $t+1$ 期更接近固定规模报酬，反之则表示远离固定规模报酬。规模效率是衡量决策单元是否处于最适规模状态。在经济学意义上，所谓最适规模就是指经济体处于平均成本曲线最低点时的生产状态，经济体在规模效率下，能够实现利润或经营绩效的最佳水平。

根据式（5—8）、式（5—9）、式（5—10），构造 Malmquist 指数需测算4个距离函数。假设 H 个 DMU，则第 h 个 DMU 的距离函数 $D_0^t(x_h^t,y_h^t)$ 可由如式（5—11）所示的线性规划求得，其他3个距离函数可同理得到。

$$\begin{aligned}&[D_0^t(x_h^t,y_h^t)]^{-1}=\max\theta_h\\ \text{s. t. }&\sum\lambda_h^t x_{h,n}^t\leqslant x_{h,n}^t,\ \mathrm{n}=1,\ \cdots,\ \mathrm{N}\\ &\sum\lambda_h^t y_{h,n}^t\geqslant\theta y_{h,n}^t,\ \mathrm{m}=1,\ \cdots,\ \mathrm{M}\\ &\sum\lambda_h^t\leqslant1,\lambda_h^t\geqslant0\end{aligned} \tag{5—11}$$

DEA 方法的优点：

（1）DEA 方法在评价多投入多产出的复杂经济系统方面，具有其他任何生产率增长测算方法都不具有的优势。它在分析过程中不要求投入量和产出量量纲的一致，只要获得数量指标，不要求价格信息，避免了寻求各指标量纲的一致，而不得不寻求同度量因素所带来的诸多困难，避免了各子系统指标之间难以比较的问题。

（2）DEA 方法具有很强的客观性。这一客观性源于以下几个方面：①DEA 方法以投入产出指标的权重为变量，无须事先确定各指标的权重，避免了评价者的主观意愿；②DEA 方法中的生产边界是客观存在的相对有效性前沿面，对它的估计一般建立在实际输入输出数据的基础上，排除了主观因素对测算结果的干扰；③DEA 方法可以在不给出函数具体表达式的前提下，正确测定各种投入产出的数量关系，避开了函数形式设定所导致的主观性问题。

（3）方法简单灵活，方便实用。DEA 方法无须对生产系统输入输出之间的关系进行任何形式的生产函数假定，仅仅应用线性规划理论，依靠分析实际观测数据实现对生产单元相对有效性的评价，所需指标较少，不仅操作简单方便，而且具有较大的灵活性。

（4）估计结果的有效性和最优性。DEA 从大量样本数据中分析出样本集合中处于相对最优情况的样本个体，估计出有效的生产前沿面，估计结果满足有效性和“最优性”。

DEA 的内在缺陷和不足：

（1）DEA 的边界分析方法不能够对单一孤立的决策单元进行测算，它必须对包含多个对象和指标的样本才能进行测算，测算的是相对效率，不是绝对生产率增长。

（2）估计结果的稳定性差。常用的 DEA 方法没有考虑到样本数据的随机性，分析结果对于离群点很敏感；由于每个观测都与所有其他的观测进行比较，一个单个单元的测算误差能够影响所有的生产率估计；虽然最近已经发展了随机 DEA 方法，但这一方法在生产率增长测算方面的应用较少。

（3）有时会遇到评价结果难以判断的情况。实践中常常会遇到对同一生产单元应用投入型 DEA 和产出型 DEA 进行测算的结果不一致的情形。此时对生产单元相对有效性的判断必须借助其他方法才能实现。

DEA 方法在实践中的应用相当广泛。它不仅使投入和产出的测算比较简单方便，测算相对比较容易的生产性单位的效率评价，而且可用于投入和产出不太好度量的产业（如银行和保险等行业）的效率评价和生产率增长测算，以及公共事业部门和单位（如医院、学校等）的效率估算。

应用 DEA 模型进行经济评价时，生产单元的选取应注意满足以下几个基本特征，以保证生产单元之间的可比性：(1) 具有相同的目标和任务；(2) 具有相同的外部环境；(3) 具有相同的输入和输出指标；(4) 生产单元要有一定的代表性。

（三）半参数方法

半参数方法最早由 Stone（1977）提出，建立以下回归模型：

$$Y = X\beta + g(Z) + \varepsilon \tag{5—12}$$

式（5—12）中，X 和 Z 为取值 R^m 和［0，1］上的向量和变量，β 是 m 维未知参数向量，$g(Z)$ 是定义于［0，1］上的未知函数，ε 是随机误差，满足 $E(\varepsilon) = 0, E(\varepsilon^2) = \sigma^2$。模型主要是根据观测数据 $y_i, x_i, z_i (i = 1,2,\cdots,n)$，估计未知函数 $g(Z)$、未知参数 β 和分布参数 σ^2。

实际生产活动中，影响生产率的因素众多，参数方法和非参数方法测算生产率受到固有方法的局限，总是有不符合实际情况的地方，当较大样本和异质性存在数据中时，会面临样本选择误差和模型内生性等问题，半参数方法能克服内生性和有效信息量损失等问题（夏杰长等，2019）。

设半参数估计的生产率增长核算的一般模型是：

$$Y = \varphi X + \theta(t) + \epsilon \tag{5—13}$$

式（5—13）中，φ 是包含了生产率在内的所有影响因素变量，而 X 为回归系数向量，非参数部分 $\theta(t)$ 是未知函数，ϵ 为随机误差项。

在这种情况下，只要根据已知的观测数据，测算出回归系数向量 X、$\theta(t)$ 和 $E(\epsilon^2)$，则可测算出生产率。

Olley 和 Pakes（1996）首先用半参数方法估计了生产率（简称 OP 法），生产函数设定为：

$$y_{it} = \alpha_0 + \alpha k_{it} + \beta l_{it} + \mu_{it} + \epsilon_{it};$$
$$l_{it} = h(l_{i,t-1}, k_{it}, \mu_{it}, w_{it})$$
$$i_{it} = g(l_{i,t-1}, k_{it}, \mu_{it}, w_{it}) \quad (5—14)$$

式（5—14）中，y_{it} 表示第 i 个企业在 t 年的总产出；k_{it} 和 l_{it} 分别是资本和劳动的投入量；μ_{it} 是目前的生产率。方程 $l_{it} = h(l_{i,t-1}, k_{it}, \mu_{it}, w_{it})$ 和 $i_{it} = g(l_{i,t-1}, k_{it}, \mu_{it}, w_{it})$ 是企业在给定状态 $(l_{i,t-1}, k_{it}, \mu_{it}, w_{it})$ 下的最优投资和劳动力选择，w_{it} 是投入价格或其他影响投入需求的变量。

Olley 和 Pakes（1996）认为企业的目前生产率水平与新增投资存在正相关关系，目前生产率水平越高，企业会加大投资，反之亦然，因而生产率 $\mu_{it} = d_t(I_{it}, k_{it})$。因此，式（5—14）变为：

$$y_{it} = \alpha_0 + \alpha k_{it} + \beta l_{it} + d_t(I_{it}, k_{it}) + \epsilon_{it}$$
$$= \beta l_{it} + \varphi(l_{i.t-1}, I_{i,t}, k_{i,t}) + \epsilon_{it} \quad (5—15)$$

式（5—15）就是半参数回归方程，解决了联立性问题。于是，第一步是对 y_{it} 和 l_{it} 多项式函数 $\varphi(l_{i.t-1}, I_{i,t}, k_{i,t})$ 进行回归，即可得到 β 和反映资本与效率水平共同作用下的 φ 函数的一致性估计值；第二步，对资本系数进行估计，则式（5—15）修正为：

$$y_{it} - \hat{\beta} l_{it} = \alpha k_{it} + \varphi(\widehat{\varphi_{i,t-1}} - \alpha k_{i,t-1}, \widehat{T_{i,t-1}}) + \epsilon_{it} \quad (5—16)$$

式（5—16）中，$\widehat{T_{i,t-1}}$ 表示滞后一期的生存概率，$\varphi(\widehat{\varphi_{i,t-1}} - \alpha k_{i,t-1}, \widehat{T_{i,t-1}})$ 为滞后一期的多项式函数。

对式（5—16）中 $y_{it} - \hat{\beta} l_{it}$、资本 y_{it} 和多项式 φ 进行回归，就可估算出生产函数的各未知参数，最后采用余值法，得到生产率。

OP 法测算时生产率有 4 个假定：（1）μ_{it} 服从一阶马尔科夫过程；（2）k_{it} 在 $t-1$ 期确定；（3）$g(l_{i,t-1}, k_{it}, \mu_{it}, w_{it})$ 关于 μ_{it} 是可逆的；（4）w_{it} 不存在横截面变异，即 $w_{it} = w_t$（金剑和蒋萍，2006）。

由以上可知，OP 法的核心思想是把企业的投资作为生产率的工具变量，假定投资和产出之间存在严格单调的关系（聂辉华和贾瑞雪，2011）。但是当企业不增加投资时则会遗漏这些企业，对此 Levinsohn 和 Petrin（2003）进行了修正，提出了用中间品投入代替投资额，称为 LP 法。研究者利用 LP 法可以根据获得的数据和指标进行灵活选择，但是没有改变 OP 法存在的缺陷。

OP 法第 4 个假定存在重要缺陷，除了影响投资的生产率外，其他未观测变量不存在横截面变异性有关。事实上，劳动 l_{it} 与资本 k_{it} 难以独立，Ackerberg、Caves 和 Frazer（2015）认为 OP 法的第一步会存在严重的共线性，提出了修正方法，即把 $l_{it} = h(l_{i,t-1}, k_{it}, \mu_{it}, w_{it})$ 修改为 $l_{it} = h(l_{i,t-1}, k_{it}, \mu_{it}, w_{it}^{L})$；把 $i_{it} = g(l_{i,t-1}, k_{it}, \mu_{it}, w_{it})$ 修改为 $i_{it} = g(l_{i,t-1}, k_{it}, \mu_{it}, w_{it}^{K})$，并假定在劳动力市场，横截面变异性反映在劳动力价格上以及在竞争性市场上，资本价格对于每一个企业是相同的。

半参数方法是参数方法和非参数方法的有机结合，具有很大的灵活性和适应性，在面临大样本时能够有效克服联立性和样本选择问题。

（四）各种测算方法的比较

从以上介绍的各种方法中，可以看出：

第一，从应用范围看，生产函数法和 DEA 方法的应用都比较广泛。随机前沿分析适用于超大样本的情况，样本少时则不适用。半参数方法同样适用于大样本。

第二，从计算的复杂程度看，增长核算法和 C－D 生产函数比较容易估计和进行数学处理，可以容纳若干变量，而超越对数生产函数则估计和计算过程比较复杂，一般只能容纳两个变量，最多三个变量，再多则计算极其复杂。半参数方法的计算则需要高等经济计量学理论，相对而言，难度更大。

第三，从基础理论看，生产函数法是生产率增长测算的其他经济计量学方法的基础，其他各种经济计量学方法都是在生产函数法基础上发展起来的，是生产函数法的深入或扩展，其历史相对较长，发展比较完善，方法相对简单。当实际观察数据是大量的且具有一定分布规律时，常采用生产函数法测算生产率增长。

DEA 方法发展相对较晚，其理论基础是线性规划理论，常用来处理多产出的情况。当某些观察数据不易获取，或评价对象结构比较复杂时，DEA 方法优于生产函数法。DEA 方法的优势在于同类单位间相对有效性的比较和排序，一般不能够测算出具体的生产率增长数值，这种方法所得到的狭义技术进步率和生产率指标都只具有比较意义，而不是通常绝对意义上的技术进步率和生产率指标，因此在评价效率有效性方面具有优势。

第四，与确定性前沿分析相比，随机前沿分析对于经济现实的描述更接近真实；与非参数方法 DEA 相比较，它最大的特点和优点在于能够测算技术效率。随机边界分析的适用范围较广，尤其对于数据常常受到外界因素干扰从而存在较大测算误差的情况，比许多其他方法更适用。

第五，半参数方法在描述实际问题时，更能接近事实，测算生产率比其他方法有更强的适应性，适合大样本的企业生产率测算，能更好地解决内生性和样本选择问题（鲁晓东和连玉君，2012）。但同时，因为半参数分量一般来说是未知的、不易控制和难以掌握，会影响实际测算问题的准确度（金剑和蒋萍，2006）。比较而言，半参数方法发展时间短，基础理论发展还不完善，限制了实证应用（金剑，2007）。

从以上比较可以看出，各种方法各有优劣，应该从研究目的需要以及获取的资料情况、方法的适用性方面，选择最合适的方法。

二　生产率研究实证结果分析

测算生产率不仅仅是研究生产率变化的快慢，更是探求经济增长源泉以及经济增长质量。面对中国经济奇迹，国内外大量学者展开了对中国生产率变化的研究，探求经济增长源泉。

（一）实证研究结果简介

因为研究中国生产率的文献非常多，本章研究的是生产率与经济增长源泉，这里选择与本书有关的比较有代表性的文献介绍。

张军扩（1991）运用柯布－道格拉斯生产函数，计算得到1953—1977年生产率增长对经济增长的贡献率只有0.16%，1978—1989年是28.73%，1953—1989年是9.63%。支道隆（1992）采用索洛增长核算公式，测算了1953—1978年中国总和要素生产率变化，在此期间，生产率增长对经济增长的贡献率是16%。Chow（1993）研究了1952—1980年中国总量经济以及农业、工业、建筑业、交通运输业和商业的资本形成对经济增长的贡献。他是唯一一个在20世纪90年代研究中国的生产率时把土地作为资本来考虑的学者。研究结果表明，无论是总量经济还是部门经济，资本形成对经济增长起了决定性作用，中国缺乏技术进步。原因在于在中央计划体制下，缺乏私有企业创新的动机，没有创新也就没有技术进步。李京文等（1993）运用超越对数生产函数法测算的结果表明，1953—1977年生产率增长的贡献率是负数，1979—1990年中国生产率增长对经济增长的贡献率为30.3%。李京文等（1996）用增长核算法计算的结果是，1978—1995年生产率增长对经济增长的贡献率为39.85%。支道隆（1997）的研究结论是1978—1994年生产率增长的贡献率是32.3%。李京文和钟学义（1998）用第三次经济普查的数据计算得出，改革前的生产率增长对经济增长的是负数，1978—1995年为36.23%。沈坤荣（1997）认为1954—1979年生产率增长对经济增长的贡献率为10.60%，1979—1994年是43.81%。Ezaki和Sun（1999）运用增长核算法计算了1981—1995年中国总量、地区和省的生产率增长情况。他们的测算结果认为中国的生产率增长率是呈现上升的趋势，保持在3%—4%的增长趋势，对经济增长的贡献率大约在40%。

Young（2003）通过重组数据，运用超越对数生产函数方法，将劳动质量纳入其分析之中，发现 1978—1998 年中国的生产率增长率是年均 1.4%，认为用中国官方数据得到的生产率增长率一般在 3%—4%，是过高估计。他没有过多地考虑将中国生产率增长率的下降与中国改革后阶段的技术进步联系在一起。Chow 和 Li（2002）应用与 Chow（1993）近似的办法将生产率的分析扩展到 1998 年。他们认为与改革前相比，中国改革后的增长主要是生产率的增长驱动的。根据他们的估计结果，1978—1998 年的生产率增长率大约年均增长 2.6%。叶裕民（2002）在应用索洛经济增长核算模型进行分析的基础上，运用政府统计部门国民经济核算的新成果，对全国及各省区市生产率变动进行了测算，并得出中国经济结构显著变动是生产率提高的重要原因；中国的经济增长是属于资本和技术双推动型的；资本深化速度的差异是东、中、西部生产率水平差异的重要原因。王小鲁（2000）测算得出 1979—1999 年资本、劳动、人力资本和生产率增长对经济增长的贡献率分别为 61.45%、9.76%、11.20% 和 17.59%。张军（2002）应用增长核算法计算得出，改革后的 1977—1998 年的生产率增长率大约为 2.81%，生产率增长对产出增长的贡献率大约为 31%，与李京文等（1996）的计算结果一致。张军和施少华（2003）的计算结果是，1979—1998 年生产率增长对产出增长的贡献率是 28.9%。Wang 和 Yao（2003）得出的结论是在改革期间生产率增长率约为 2.32%。

王小鲁和樊纲（2004）采用索洛余值方法，通过对各地区生产率变动的测度，得出 1982—1999 年中国 46%—49% 的 GDP 增长来自生产率的增长。赵国庆（2005）采用索洛余值方法的研究表明，1978—2002 年中国的技术进步对经济增长的贡献率超过 40%。郭庆旺和贾俊雪（2005）采用索洛余值、隐性变量法和潜在的产出法分别测算中国的生产率变动，研究结果表明，1979—1993 年中国的生产率总体上呈现涨跌互现的波动情形，且波动较剧烈。他们认为，中国经济的增长主要依赖于要素投入的增长，是一种典型的投入型增长方式。孙琳琳和任若恩（2005）的测算结果表明，1984—1988

年、1988—1994 年和 1994—2002 年这三个时期的资本投入是经济增长的主要来源，而 1981—1984 年的生产率增长是首要的经济增长来源。

Islam 等（2006）应用可以使价格信息独立起作用的双重方法进行估算，结论是近年来中国的生产率增长率略有下降。李静等（2006）通过对函数进行变换后，计算得出 1978—2002 年生产率增长对经济增长的贡献是 45.5%。孙新雷和钟培武（2006）运用索洛的经济增长因素分析法，测算 1978 年以来中国生产率增长的变动，发现生产率增长对经济增长的贡献较低，1978—2004 年平均是 13.74%，1998 年后呈现下降趋势，中国的经济增长仍属于要素投入型增长模式。徐瑛等（2006）研究认为，1987—2003 年生产率的增加对中国经济增长的贡献率为 22.24%，中国技术进步贡献率已开始出现稳步增长的趋势。邱晓华等（2006）认为 1980—2004 年技术进步对经济增长的贡献是 35.7%。

曹吉云（2007）认为 1979—2005 年技术进步贡献率是 28.95%，并且技术进步率和技术进步贡献率在 1979—2005 年的波动与中国经济体制改革的进程存在惊人的一致性。龚飞鸿等（2008）采用索洛余值方法，认为 1981—2005 年中国生产率增长的贡献达到 37%，资本投入的贡献是经济增长最重要的源泉。胡鞍钢等（2008）认为 1987—2005 年生产率增长对经济增长的贡献是 34.01%。吴延瑞（2008）采用随机前沿方法估计中国近期的经济增长，发现中国的增长大部分由要素投入来推动；生产率的增长在经济增长中扮演了一个重要的角色，解释了 1993—2004 年经济增长的 26.61%。Cao 等（2009）运用超越随机前沿生产函数进行测算，发现中国经济的增长主要是由资本投入的积累和适度的生产率增长驱动的，他们认为未来的生产率增长趋势在下降。王小鲁等（2009）运用卢卡斯（1988）的内生增长模型，测算了 1953—2007 年生产率变化对经济增长的贡献，1953—1978 年、1979—1988 年、1989—1998 年、1999—2007 年生产率的贡献率分别是 28.46%、26.52%、39.45%

和37.73%，生产率进步的作用正在变得越来越重要。[①] 李宾和曾志雄（2009）运用要素收入份额可变的增长核算法，重新测算了中国改革开放以来的生产率变动，发现研究结果高于其他文献的结果，其原因在于前期的文献采用了不合适的投资流量指标，高估了资本存量的增长率，进而低估了生产率增长率。这一结果将有助于理解中国经济增长的可持续性。刘丹鹤等（2009）运用增长核算方法分析了中国经济增长的源泉，研究发现，中国经济增长主要来自要素投入增长；技术进步对中国经济增长的促进作用较小；生产率年均增长率是2.57%，对经济增长的贡献是27.51%，并在2000年以后增幅有所回落。Ozyurt（2009）估算了1952—2005年中国产业生产率的变动，发现资本积累是产业产出增长的主要源泉；改革开放后生产率增长对产业产出的增长贡献显著。徐现祥和舒元（2009）采用对偶法核算出中国生产率在1979—2004年的增长率为2.5%，对中国经济增长的贡献约为25%。张雄辉和范爱军（2009）运用C－D生产函数计算得到，1978—2006年生产率增长对经济增长的贡献只有1.73%，该结果明显低于其他文献的结果。而陈娟（2009）认为1978—2006年生产率增长的贡献平均维持在35.75%的水平。

陈彦斌和姚一旻（2010）采用增长核算方法研究1978—2007年中国经济增长的源泉，研究结果表明，中国经济增长主要依靠资本的投入强力推动，资本贡献率达到53.5%；生产率增长对经济增长的平均贡献率是21.2%；进入21世纪之后，生产率增长率和贡献率出现明显的下降。Wu（2011）根据投入产出表调整了中国GDP数据，并重新估计了人力资本，据此得出1978—2008年中国的生产率年均增长是0.3%，对经济增长的贡献是4.17%，同期根据官方数据测算的生产率增长率是3.1%，对经济增长的贡献是33.70%，可见基础数据不同测算结果差异巨大。赵志耘和杨朝峰（2011）利用索洛残差法对改革开放以来中国生产率进行了估算，发现生产率变

---

① 王小鲁等（2009）的原文是：四个时间段生产率贡献点分别是1.81、2.66、3.74和3.63，为了便于与其他文献比较，这里换算为贡献率。

化趋势与郭庆旺和贾俊雪（2005）测算出来的生产率增长率大体趋势是一致的。张健华和王鹏（2012）计算的1979—2010年中国生产率对经济增长的贡献为24.9%。

李平等（2013）运用纯要素生产率法和索洛余值法分别测算了1978—2010年中国生产率变化及其对经济增长的贡献率，生产率分别为4.18%和4.11%，相应贡献率分别是40.81%和40.09%，并且2000—2010年中国生产率增长呈下降趋势，出现高资本投入、低生产率和高增长的现象。吴建宁和王选华（2013）运用索洛增长模型测算了1978—2011年的生产率变动，发现1978—2011年科技进步对经济增长的年均贡献率约为25.10%；分阶段看，1990—1999年和2000—2009年的科技进步贡献分别是47.1%和40.23%，与王小鲁等（2009）的计算结果差距较小。董敏杰和梁泳梅（2013）的研究结果显示，1978—2010年生产率、劳动和资本增长对中国经济增长的贡献份额分别约为10.9%、3.7%和85.4%。范志勇等（2013）采用指数核算法分析了1981年以来的生产率贡献情况，1981—1990年、1991—2000年、2001—2010年生产率变化对经济增长的贡献分别是26.6%、38.0%和36.9%。张少华和蒋伟杰（2014）采用基于投入冗余的生产率指数（ISP）测度中国1985—2009年的生产率变化，研究结果是生产率增长解释了中国经济增长35.08%，劳动是促进经济增长的主要源泉。叶宗裕（2014）采用C—D生产函数分析了1978—2010年的生产率变动，研究结果是生产率增长对经济增长的贡献是41.4%，高于其他文献的计算结果。

蔡跃洲和张钧南（2015）运用增长核算法得到1977—2012年生产率年均增长3.57%，对中国经济增长的平均贡献为38.3%。曾光（2015）采用索洛余值法计算了1953—2013年的生产率，研究结果是科学技术进步对经济增长的贡献率达到39.22%，1953—1978年、1978—1992年、1992—2000年、2000—2008年、2008—2013年生产率增长的贡献率分别是28.4%、41.7%、52.9%、36.0%和26.9%，与王小鲁（2009）的测算结果接近。郑世林等（2015）采用包含人力资本的索洛余值法测算了 1953—2013 年的生产率，发现 1953—1977 年生产率变化对经济增长的贡献是负值，这与大多研究结果相同，1978—2013 年生产率增长对经济增长的贡献是 24.46%，主要是 2008 年国际金融危机后，中国经济“粗放特征”明显加快。余泳泽（2015b）采用超越对数生产函数测算出 1978—2012 年生产率变化对经济增长的贡献只有 10%—20%，该结果明显低于其他文献的测算结果。杨万平和杜行（2015）根据索洛增长理论，将人力资本、能源消费与环境污染引入柯布－道格拉斯生产函数中，测算中国 1981—2012 年生产率、物质资本、人力资本和生态损耗变动对中国经济增长的贡献分别是 2.98%、59.59%、26.76% 和 10.67%，纳入生态损耗后，生产率增长更低了，对经济增长贡献更少了。

蔡跃洲和付一夫（2017）认为 1978—2014 年生产率增长对 GDP 增长平均贡献度是 39.4%，2000 年以前生产率增长贡献度波动较大，2005 年以后则呈明显的下降趋势。肖宏伟和王庆华（2017）采用计量经济模型计算得到 1978—2015 年生产率变化对经济增长的贡献是 40.52%，与蔡跃洲和付一夫（2017）的结果接近。张豪等（2017）运用索洛余值法计算得到 1978—2015 年生产率变化对经济增长的贡献只有 19.95%，1953—2015 年的贡献是负值，此结果低于同期的其他研究结果。钟世川和毛艳华（2017）用 CES 生产函数证明中国生产率的下降是因为技术进步偏向资本，并且偏向非公共资本的程度大于公共资本，而公共资本与非公共资本的生产效率是下降的。郑世林和张美晨（2019）在考虑 R&D 资本的情况下，估算了 1990—2017 年中国科技进步贡献率，研究发现：R&D 资本深化对经济增长的年均贡献是 9.02%，生产率增长对经济增长的年均贡献是 39.96%，科技进步成为中国经济增长的动力源泉。常远和吴鹏（2019）研究了技术进步偏向和要素配置偏向对生产率增长的影响，发现中国 1978—2015 年生产率的增长来自要素配置而不是技术进步。

（二）研究述评

从以上的研究结果综述中，可以看到国内外学者对中国生产率研究所得出的结论，改革开放前的结论基本一致，生产率变化对经济增长的贡献较小甚至是负值，改革开放初期和中期的结论比较一致，后期的结论差异较大，尤其是2008年以后的结论差异更大，其差异产生的原因主要是对资本的计量存在差异。

首先，前期的学者对中国资本存量的定义一般有三种观点：（1）固定资产原值加上流动资产净值就是资本存量；（2）固定资产原值或固定资产净值即是资本存量；（3）固定资产净值加上流动资金即是资本存量。后期的学者一般在计量投资时是从固定资本形成额和全社会固定资产投资中选择一种。

其次，从投入到产出具有时滞问题。如若资本投入数据是由投资数据利用永续盘存法得到时，产出与投入之间会存在一定的时间差。当年度投资总额、投资结构在不同时段变化较大时，会导致年度投资产生效益的时间存在较大差异，会对生产率的结果产生影响。而中国恰恰存在年度间的投资总额、投资结构经常发生较大波动的情况。

是否能够较为准确地计算中国资本存量一直是困扰许多研究者的难题。对此，研究者们的一般做法是尽量使用各种替代方法，其中比较有代表性的是李京文等（1993）的交叉分类估算资本存量。由于大家对资本存量的估算方法不尽相同，从而在测算中国生产率等问题上产生了很多分歧。

最后，价值的计算依据不同。改革开放初期，中国经济处于由计划经济向市场经济的过渡时期。在这个时期，由于实行了一段时期的价格双轨制，相当多的产品、服务和生产要素的价格还不是由市场决定的，也有相当多的产品、服务和生产要素（如土地）在改革初期由于不是商品而没有市场价值，这些因素都会对计算生产率所需要的投入产出数据的一致性产生影响。

最后应该指出的是，研究中国改革开放以后生产率的趋势，对于理解中国经济存在的问题，改进中国经济增长的质量，转变经济发展方式，具有很强的现实意义。生产率作为一个内涵含混的概念和指标在经济理论和政策的研究中都具有很大局限性。除了产出、要素投入、技术进步外，制度变迁、政策的变化、分析期的差异等也都会影响到“余值”。在中国这样一个正在经历体制改革的国家，制度因素对“余值”的影响不容忽视，另外，中国的城乡差别、地区差别、收入差别也比较大，仅靠一个平均化的生产率指标是难以很好地描述中国经济的绩效。因而，对生产率指标的重要性不应过度夸大。我们在使用生产率作经济分析、政策分析时应对此有清醒的认识（郑玉歆，2005）。

三　小结

自从研究生产率的方法以及相关研究成果引入中国以来，国内学者借鉴国外的研究方法对中国总量、各行业、各领域的经济效率进行深入细致的研究，取得了可喜的成果。同时也应看到，尽管有关中国生产率的研究文献非常丰富，但学者们的研究还没有达成共识。并且随着 R&D 投入的资本化，如何合理地测算资本对经济增长的作用带来的新问题。由于产出数据与资本投入和劳动投入数据的测算、生产率测算方法的选择、测算周期等方面存在较大的差异，目前有关中国技术进步及其贡献率的测算结果差异较大。

选择正确的测算方法和计量依据应根据中国发展的实际、研究对象和样本数据的特点来确定。因为测算生产率的方法均是国外学者根据发达国家的数据和发展理论推理而出，中国作为一个转轨国家，市场体制没有完全建立，并不适合这些方法模型的严格条件。

改革开放前，中国技术落后，人均资本存量低。改革开放后，中国大量引进先进技术设备，放松了对劳动力流动的限制，通过国企改革等措施促进了要素的优化配置，中国的发展也存在规模报酬递增的现象。Ozyurt（2009）也认为深化经济体制改革依然对于提高中国生产率、促进经济增长具有较大空间，改革红利始终存在。

易纲等（2003）的研究表明，新兴经济在测算生产率上要与发达国家不同，探讨适合中国特殊国情的生产率测度新方法十分重要。因此，目前对中国生产率的研究重点，应体现在开发适合中国发展实际的模型和方法。

第二节　中国生产率增长和经济增长源泉探析

一　测算生产率的方法

创新活动是知识成果商业化的过程，也是知识扩散的过程，把R&D资本纳入生产函数，测算其对经济增长的贡献。因此本节使用拓展的C－D生产函数，将R&D资本纳入生产函数，测算中国生产率增长和科技进步贡献率。假定扩展后的总量生产函数为：

$$Y_t = A_t K_t^{\alpha} L_t^{\beta} R_t^{\gamma} \tag{5—17}$$

式（5—17）中，Y、K、L 和 R 分别代表国内生产总值（GDP）、物质资本投入、劳动投入和R&D资本，A 代表生产率，α 、β 和 γ 分别表示物质资本投入、劳动力投入和R&D资本投入的产出弹性。对式（5—17）进行变换得到：

$$\ln Y_t = \ln A_t + \alpha \ln K_t + \beta \ln L_t + \gamma \ln R_t + \varepsilon_t \tag{5—18}$$

式（5—18）中，$\ln Y$ 是产出增长率，$\ln K$ 资本投入增长率，$\ln L$ 是劳动投入增长率，$\ln R$ 是R&D资本投入增长率，$\ln A$ 是全要素增长率，ε 是随机扰动项。

为了计算生产率增长率 $\ln A$ 和分析经济增长的源泉，需要先确定系数 α 、β 和 γ。目前，确定产出弹性 α 和 β 的方法主要有三种：一是经验法，根据经验来确定，α 的取值在0.2—0.4，β 的取值在0.6—0.8（Wang 和 Yao，2003）；二是比值法或份额法，根据劳动报酬占GDP 的比例来确定 β，[①] 进而通过 $\alpha=1-\beta$ 得到资本产出弹性；三是用最小二乘（OLS）法通过回归得到（张军等，2003；郭庆旺和贾俊雪，2005；朱钟棣和李小平，2005）。在规模报酬不变的情况下，考虑到有三个产出弹性需要估计，先用 OLS 法来估计 α 和 γ，根据 $\beta=1-\alpha-\gamma$ 得到 β。计算 α 和 γ 的公式如下：

$$\ln(Y_t/L_t)=\ln A_t+\alpha\ln(K_t/L_t)+\gamma\ln(R_t/L_t)+\varepsilon_t \quad (5—19)$$

式（5—19）中，ε_t 是随机扰动项。

利用式（5—19）计算出产出弹性，再利用式（5—18）就可以计算出生产率变化率和各要素对经济增长的贡献率，进而分析经济增长源泉。

研发活动不仅创造知识和积累知识，还促进知识的传播和扩散，促进产品创新和工艺创新（吴延兵，2006）。分析经济增长源泉主要是分析经济增长是依赖要素投入还是依赖技术进步，技术进步是指广义的技术进步；研发活动是创新的过程，属于典型的技术进步；这里用科技进步贡献表示 R&D 资本增长对经济增长的贡献和生产率增长对经济增长的贡献之和。

二　数据说明和测算周期的划分

本章投入产出数据包括四个指标，即经济总量 GDP、物质资本存量、R&D 资本存量和劳动投入。

1. 总产出数据

总产出数据来自《中国统计年鉴 2019》修订后的数据，涵盖1978—2018 年，并平减为 1978 年不变价。

---

① 一般认为，劳动的产出弹性＝劳动者报酬/（劳动者报酬＋固定资产折旧＋营业盈余）。白重恩和张琼（2015）认为在生产环节所征收的税为资本和劳动要素共同创造的收入，修订了产出弹性的计算公式，$\alpha=$（固定资产折旧＋营业盈余）/（劳动者报酬＋固定资产折旧＋营业盈余）。

2. 投入数据

要素投入为物质资本存量、R&D资本存量和劳动投入。R&D资本存量来自第三章；两种投资流量下的物质资本存量数据来自第四章。

1978年以来，中国经济处于快速增长期，多数行业的市场需求旺盛。由于用工制度不完善，许多行业存在加班时间，但是没有统计数据，并且在薪酬计量方面存在众多问题。因此劳动投入数据采用从业人员数量，而不是劳动时间或劳动报酬。本节采用全社会劳动从业人员平均数，即年初从业人员数和年末从业人员数的平均数。田友春等（2017）认为劳动投入数据采用全社会劳动从业人员数量是最合适的。

3. 测算周期说明

因为经济增长是波动的，若计算每年的生产率增长以及各因素投入增长对经济增长的贡献率，如果投入保持均衡增长的情况下，在经济快速增长的年份，生产率的贡献将较高；在经济增长较慢的情况下，生产率的贡献会较低，但并非技术进步慢。因此在计算科技进步的贡献时，一般选择多年的平均值，从而减弱经济增长波动带来的影响，以能更准确地反映科技进步的贡献情况。为了能准确地反映科技进步的贡献情况，一般根据经济增长率来选择周期的长短，比如从谷底到谷底，或从峰顶到峰顶，或者是从一个周期的中间部分到另一个周期的中间部分，或者干脆按照国家五年计划来划分周期（龚飞鸿等，2008）。本章按照第二章经济增长情况，将1978—2018年划分为四个周期，第一个周期是1978—1984年，第二个周期是1985—1992年，第三个周期是1993—2007年，第四个周期是2008年至今（尚未完成）。鉴于中国的经济周期与宏观经济调控政策有较大的关联，按经济周期划分测算的生产率变化及其贡献，也包含了政策因素的影响（李平等，2013）。

三　实证结果分析

（一）弹性的计算

因为有两种物质资本（用固定资本形成额计算的资本存量简称GK，用全社会固定资产投资计算的资本存量简称资本 IK，下文同），因此测算两种物质资本存量下的产出弹性。

根据式（5—19），两种资本情况下物质资本和研发资本的产出弹性 α 和 γ 的回归结果见表 5—1。

表 5—1　　两种资本情况下物质资本和 R&D 资本的产出弹性

	常数	α	γ	Adj R - squared
GK	-1.880* （1.277）	0.451** （0.177）	0.197** （0.158）	0.7856
IK	-1.635** （1.331）	0.445** （0.811）	0.189** （0.198）	0.7246

注：括号中的数值是标准差，** 表示在 5% 的置信水平上统计显著，* 表示在 10% 的置信水平上统计显著。

在规模报酬不变的情况下，GK 下物质资本和 R&D 资本的产出弹性系数分别为0.451 和0.197，那么劳动投入的产出弹性为0.352；IK 下物质资本和 R&D 资本的产出弹性系数分别为 0.445 和 0.189，那么劳动投入的产出弹性为 0.366。

（二）中国生产率变化和经济增长源泉分析

第四章用两种投资系列计算了物质资本存量，本章分别用 GK 和 IK 测算了生产率增长率以及各因素对经济增长的贡献率、科技进步贡献率，测算结果如图 5—1、图 5—2、图 5—3 和表 5—2、表 5—3、表 5—4 所示。

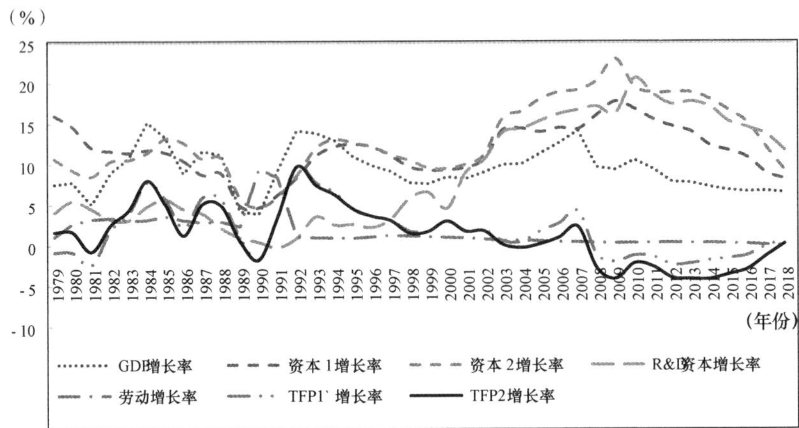

图5—1　1979—2018年要素投入、生产率和GDP变化情况

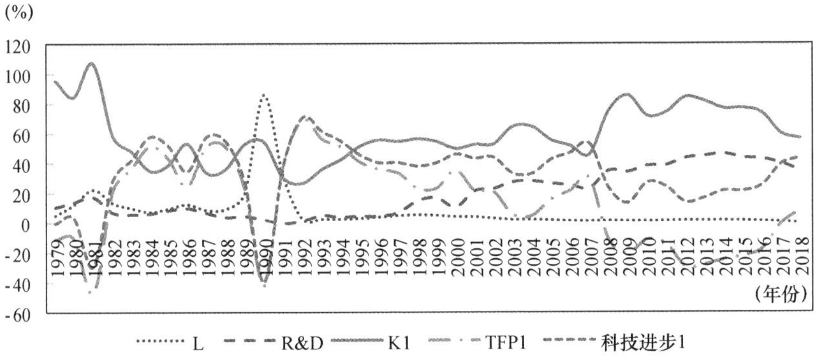

图5—2　1979—2018年GK下中国经济增长源泉

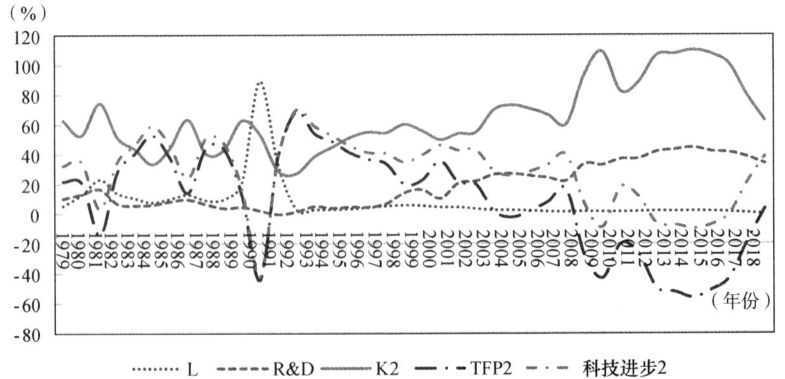

图5—3　1979—2018年IK下中国经济增长源泉

表5—2　　1979—2018年中国产出、投入和生产率的增长率　　单位:%

年份	GDP	GK	IK	R&D	L	TFP1	TFP2
1979	7.57	16.00	10.68	4.08	1.09	-0.83	1.65
1980	7.84	14.67	9.30	5.53	2.72	-0.82	1.66
1981	5.10	12.10	8.53	4.50	3.24	-2.38	-0.73
1982	9.00	11.65	10.41	3.20	3.41	1.92	2.52
1983	10.80	11.46	10.58	3.14	3.05	3.94	4.38
1984	15.20	11.78	11.44	4.85	3.16	7.82	8.03
1985	13.40	11.52	13.20	5.77	3.63	5.79	5.10
1986	8.90	10.47	12.68	4.49	3.15	2.19	1.26
1987	11.70	8.74	10.68	3.95	2.88	5.97	5.15
1988	11.20	8.93	10.81	2.16	2.93	5.72	4.91
1989	4.20	4.91	5.91	0.96	2.38	0.96	0.52
1990	3.90	4.69	4.68	0.42	9.50	-1.64	-1.74
1991	9.30	6.29	6.07	-0.20	8.46	3.52	3.54
1992	14.20	8.40	8.67	0.96	1.08	9.84	9.77
1993	13.90	11.08	12.03	3.59	1.00	7.84	7.50
1994	13.00	12.23	13.12	2.55	0.98	6.64	6.32
1995	11.00	12.54	12.71	2.64	0.94	4.50	4.50
1996	9.90	12.21	12.22	2.26	1.10	3.56	3.63
1997	9.20	11.12	11.28	3.25	1.28	3.09	3.10
1998	7.80	9.74	10.54	5.88	1.22	1.82	1.55
1999	7.70	9.32	9.64	6.61	1.12	1.80	1.75
2000	8.50	9.37	9.53	4.60	1.02	3.01	3.02
2001	8.30	9.67	10.05	9.04	0.98	1.81	1.76
2002	9.10	10.64	11.20	10.61	0.82	1.92	1.81
2003	10.00	14.27	15.69	13.96	0.64	0.59	0.14
2004	10.10	14.46	16.57	14.45	0.67	0.50	-0.25
2005	11.40	14.03	18.08	15.42	0.62	1.82	0.21
2006	12.70	14.54	18.94	16.27	0.48	2.77	1.02
2007	14.20	14.39	19.21	16.75	0.45	4.25	2.32
2008	9.70	16.07	20.32	17.19	0.39	-1.07	-2.74
2009	9.40	17.78	23.06	16.33	0.34	-1.95	-4.07

续表

年份	GDP	GK	IK	R&D	L	TFP1	TFP2
2010	10.60	16.87	19.62	20.63	0.36	-1.20	-2.16
2011	9.50	15.60	18.89	18.71	0.39	-1.36	-2.58
2012	7.90	14.74	18.92	17.44	0.39	-2.32	-3.96
2013	7.80	14.08	18.89	17.80	0.36	-2.19	-4.10
2014	7.30	12.39	18.07	17.16	0.36	-1.80	-4.11
2015	6.90	11.76	16.70	15.34	0.31	-1.53	-3.54
2016	6.70	10.90	15.16	14.61	0.23	-1.17	-2.89
2017	6.80	9.03	12.17	13.77	0.12	-0.03	-1.26
2018	6.60	8.27	9.31	11.82	-0.01	0.55	0.23

注：计算 TFP1 所用物质资本存量是 GK，计算 TFP2 所用物质资本存量是 IK。

表 5—3　　GK 下 1979—2018 年要素投入和生产率增长对产出增长贡献

单位：%

年份	L	R&D	GK	TFP1	科技进步 1
1979	5.05	10.62	95.28	-10.95	-0.33
1980	12.22	13.90	84.36	-10.47	3.43
1981	22.36	17.38	106.99	-46.72	-29.35
1982	13.33	6.99	58.39	21.29	28.28
1983	9.93	5.74	47.84	36.50	42.23
1984	7.33	6.28	34.94	51.45	57.73
1985	9.54	8.48	38.76	43.22	51.70
1986	12.44	9.93	53.05	24.58	34.51
1987	8.65	6.65	33.69	51.01	57.65
1988	9.22	3.80	35.94	51.04	54.84
1989	19.92	4.50	52.73	22.85	27.35
1990	85.72	2.11	54.23	-42.05	-39.95
1991	32.03	-0.42	30.53	37.86	37.44
1992	2.67	1.33	26.69	69.31	70.64
1993	2.53	5.09	35.94	56.44	61.52
1994	2.65	3.86	42.45	51.04	54.90

续表

年份	L	R&D	GK	TFP1	科技进步 1
1995	3. 00	4. 72	51. 40	40. 88	45. 60
1996	3. 92	4. 50	55. 60	35. 98	40. 48
1997	4. 90	6. 96	54. 51	33. 63	40. 59
1998	5. 49	14. 84	56. 32	23. 35	38. 19
1999	5. 12	16. 92	54. 57	23. 39	40. 31
2000	4. 22	10. 66	49. 74	35. 38	46. 04
2001	4. 15	21. 45	52. 54	21. 86	43. 31
2002	3. 19	22. 97	52. 75	21. 08	44. 06
2003	2. 26	27. 51	64. 37	5. 86	33. 37
2004	2. 33	28. 18	64. 58	4. 91	33. 09
2005	1. 90	26. 65	55. 52	15. 93	42. 58
2006	1. 33	25. 24	51. 63	21. 81	47. 05
2007	1. 12	23. 24	45. 70	29. 95	53. 19
2008	1. 41	34. 92	74. 74	-11. 07	23. 85
2009	1. 26	34. 22	85. 30	-20. 79	13. 44
2010	1. 19	38. 34	71. 76	-11. 28	27. 05
2011	1. 44	38. 80	74. 06	-14. 30	24. 50
2012	1. 75	43. 49	84. 17	-29. 41	14. 08
2013	1. 64	44. 94	81. 43	-28. 02	16. 93
2014	1. 72	46. 32	76. 58	-24. 62	21. 70
2015	1. 57	43. 78	76. 84	-22. 20	21. 59
2016	1. 19	42. 95	73. 35	-17. 49	25. 46
2017	0. 63	39. 90	59. 89	-0. 43	39. 47
2018	-0. 06	35. 29	56. 50	8. 27	43. 56

注：同表 5—2，科技进步 1 是 R&D 贡献与生产率 1 贡献之和。

表 5—4　　IK 下 1979—2018 年要素投入和生产率增长对产出增长贡献

单位:%

年份	L	R&D	IK	TFP2	科技进步 2
1979	5. 25	10. 19	62. 74	21. 83	32. 45

续表

年份	L	R&D	IK	TFP2	科技进步 2
1980	12.70	13.33	52.77	21.20	35.10
1981	23.25	16.67	74.43	-14.35	3.03
1982	13.86	6.71	51.45	27.98	34.97
1983	10.32	5.50	43.60	40.58	46.31
1984	7.62	6.02	33.50	52.86	59.14
1985	9.92	8.13	43.85	38.09	46.57
1986	12.94	9.52	63.41	14.13	24.06
1987	9.00	6.38	40.64	43.99	50.64
1988	9.58	3.64	42.95	43.82	47.62
1989	20.71	4.32	62.64	12.33	16.83
1990	89.13	2.02	53.38	-44.53	-42.42
1991	33.31	-0.40	29.03	38.06	37.64
1992	2.78	1.28	27.18	68.77	70.10
1993	2.63	4.88	38.51	53.97	59.06
1994	2.76	3.70	44.90	48.64	52.50
1995	3.12	4.53	51.42	40.94	45.66
1996	4.08	4.31	54.94	36.67	41.16
1997	5.10	6.68	54.56	33.66	40.63
1998	5.70	14.24	60.16	19.90	34.74
1999	5.33	16.23	55.70	22.74	39.66
2000	4.39	10.22	49.87	35.52	46.18
2001	4.31	20.58	53.87	21.24	42.69
2002	3.32	22.04	54.76	19.88	42.85
2003	2.35	26.39	69.84	1.42	28.93
2004	2.43	27.03	73.00	-2.46	25.72
2005	1.98	25.57	70.58	1.88	28.52
2006	1.38	24.21	66.36	8.04	33.28
2007	1.16	22.29	60.20	16.35	39.59
2008	1.47	33.50	93.23	-28.21	6.71
2009	1.31	32.83	109.16	-43.30	-9.08
2010	1.23	36.78	82.35	-20.37	17.97

续表

年份	L	R&D	IK	TFP2	科技进步 2
2011	1.50	37.22	88.47	-27.20	11.60
2012	1.82	41.72	106.55	-50.09	-6.60
2013	1.71	43.12	107.76	-52.59	-7.64
2014	1.79	44.44	110.14	-56.37	-10.05
2015	1.63	42.01	107.68	-51.31	-7.53
2016	1.24	41.20	100.71	-43.15	-0.20
2017	0.66	38.28	79.65	-18.59	21.31
2018	-0.06	33.85	62.80	3.41	38.70

注：同表 5—2，科技进步 2 是 R&D 贡献与生产率 2 贡献之和。

1. 全周期要素投入变化和经济增长源泉分析

第一，从经济增长情况看，1978—2018 年中国经济年均增长率是 9.43%，但是年度之间波动较大，增长率的波动区间是［3.9%，15.2%］，相差 11.3 个百分点。其间中国经过农村改革（20 世纪 70 年代末 80 年代初）、城市改革（1984 年）确立社会主义市场经济体制（1992 年）、亚洲金融危机（1997 年）、加入世界贸易组织（2001 年）、国际金融危机（2008 年），这些改革或事件既有促进中国经济增长也有迫使中国经济降低增长速度的，中国经济呈现“三上三下”状态。随着经济新常态的到来，中国工业产能出现严重过剩，2010 年以后中国经济增速开始迅速下降，2018 年经济增长率只有 6.60%，为了保持经济中高速发展，需要继续加深供给侧结构性改革，大力发展新动能、新产业、新业态等新经济。

第二，中国经济呈现物质资本驱动特征。1978—2018 年，GK 和 IK 的增长率均高于经济增长率，除了个别年份对经济增长的贡献低于 30%，物质资本对经济增长的贡献均居高不下。因为 2008 年受国际金融危机的影响，国际需求减弱，出口减少，国内企业订单大幅减少，产能利用效率低下，经济增长开始下滑（刘建翠和郑世林，2017）。为了保持经济稳定增长，政府采取经济刺激计划使得投资迅速增长，物质资本对经济增长的贡献也超过 50%，IK 对经济增长的贡献在 2014 年高达 110.14%。1978—2018 年，GK 和 IK 的年均增长率分别是 11.68% 和 13.05%，对经济增长的贡献分别是 55.87% 和 61.63%，经济增长是资本驱动型的。

第三，劳动投入“红利”萎缩，对经济增长贡献普遍较低。1978—2018 年，2018 年是负增长，除此以外劳动投入增长率在 1.67%—0.48%，对经济增长的贡献在 17.01%—1.56%，劳动投入增长率呈下降态势，“人口红利”正逐步消失。1978 年以来，劳动投入对经济增长的贡献大于 10% 的只有 1980—1983 年和 1989—1991 年，其他年份基本在 10% 以下。20 世纪 80 年代中国实施独生子女政策的直接后果是劳动人口增长率迅速下降，根据《中国统计年鉴 2017》的数据，中国人口自然增长率从 1987 年开始下降，1987 年是 16.61‰，2000 年是 7.58‰，2018 年是 3.81‰，下降幅度较大；1990—2000 年、2001—2010 年、2011—2016 年 15—64 岁人口年均增长率分别是 1.54%、1.18% 和 0.05%，呈快速下降趋势，2017 年和 2018 年的人口数均低于上一年；就业人员增长率也迅速下降，1990—2000 年、2001—2010 年、2011—2018 年就业人员年均增长率分别是 1.08%、0.54% 和 0.19%，2018 年就业人数低于 2017 年，首次出现负增长，劳动投入对经济增长的贡献趋于零。唯有通过提高劳动人员的素质，才能再次产生“人口红利”。

第四，R&D 资本增长率呈上升趋势，对经济增长的贡献越来越大。2002 年以前 R&D 投入慢，R&D 资本增长率较慢，2002 年开始中国政府加大了 R&D 投入，尤其是随着《国家中长期科技规划纲要（2006—2020）》以及创新驱动发展战略的实施，R&D 资本存量增长迅速，从一位数的增长变成两位数，2010 年达到 20.63%。R&D 资本的快速增长，使得其成为支撑科技进步的关键因素，2008 年开始其对经济增长的贡献超过 30%，2014 年更是高达 46.32%。

第五，1978—2018 年，利用 GK 计算的生产率变化有 14 年是负值，利用 IK 计算的生产率变化有 13 年是负值，说明这些年份投入的综合增长大于产出的增长，生产效益较差。从生产率增长对经济增长的贡献情况看，生产率增长的贡献大于资本增长的贡献在改革开放初期的1984—1985年、1987—1988年，以及改革第二个阶段开始的1991—1994年，都是经济上升的峰谷阶段，体现了改革开放以来，通过引进技术和我国生产部门的更新改进与创新，生产手段、工艺、产品等方面的技术进步以及管理科学、政策、决策等不可度量的要素在经济增长中的良性影响（李京文等，1996）。

纵观整个经济周期，1978—2018年，用GK和IK计算的生产率变化分别是1.88%和1.38%，对经济增长的贡献分别是19.90%和14.63%，R&D资本的贡献分别是18.03%和17.30%，科技进步贡献率分别是37.93%和31.93%，物质资本平均贡献分别是55.87%和61.63%，中国经济具有资本驱动的特征。这也印证了李宾（2011）的结论，即用固定资本形成额计算的生产率贡献率优于用全社会固定资产投资计算的生产率贡献率。

Jorgenson和Griliches（1967）认为合理的理论模型和正确的投入测量将会使生产率变化趋近于零。Denison（1974）对投入要素做了细致的分类，估算出不同要素增长对经济增长的贡献，索洛“余值”大大缩小。也就是说，对投入要素分类越细致，不仅考虑数量还考虑质量后，生产率变化也会减少。本节考虑了R&D资本的贡献，从而计算所得出的生产率增长率低于其他结果，是合理的。

2. 子周期要素投入变化和经济增长源泉分析

在不同的子周期内，经济、各要素投入增长率存在明显的不同，对经济增长的贡献存在较大差距（见表5—5至表5—7）。

第一个子周期（1978—1984年），在改革开放初期，中国经济开始出现第一个增长期。经过以中国农村家庭联产承包为主的责任制和统分结合的双重经营体制改革，激活了农村的潜力，调动了农民的积极性，经济开始焕发生机，1984年达到第一个增速最高点，全社会固定资产投资迅速增长，年均增长率达到14.30%；在此期间GDP年均增长率是9.21%，GK和IK的年均增长率分别是12.93%

和 10. 15%，对经济增长的贡献分别是 63. 33% 和 49. 06%；劳动年均增长率是 3. 09%，对经济增长的贡献分别是 11. 82% 和 12. 29%；R&D 资本存量的增长率只有 4. 21%，对经济增长的贡献分别是 9. 01% 和 8. 65%；用 GK 和 IK 测算的生产率增长率分别是 1. 46% 和 2. 76%，对经济增长的贡献分别是 15. 84% 和 30. 00%，科技进步贡献率分别是 24. 86% 和 38. 65%，在 GK 下中国经济是投资驱动型的；在 IK 下，中国经济是科技与资本双轮驱动。

第二个子周期（1985—1992 年），1985 年城市经济体制改革全面展开，扩大企业自主权，转换企业经营机制和转变政府职能的改革措施开始实施，企业开始增强活力，个体经济、集体经济、私营经济、外资经济开始蓬勃发展，这些制度创新调动了群众的积极性，提高了资源的配置效率和技术效率，促进了生产率的提高，是生产率提高最快的时期。在此期间，GDP 年均增长率是 9. 54%，GK 和 IK 的年均增长率分别是 7. 97% 和 9. 05%，对经济增长的贡献分别是 37. 67% 和 42. 20%；劳动年均增长率是 4. 04%，对经济增长的贡献分别是 14. 90% 和 15. 49%，是所有子周期中最高的；R&D 资本存量的增长率只有 2. 29%，对经济增长的贡献分别是 4. 73% 和 4. 54%，是所有子周期中最低的；用 GK 和 IK 测算的生产率增长率分别是 4. 07% 和 3. 60%，对经济增长的贡献分别是 42. 70% 和 37. 77%，科技进步贡献率分别是 47. 43% 和 42. 31%，中国经济体现为科技与资本双轮驱动。

第三个子周期（1993—2007 年），中国改革初见成效，市场机制开始发挥作用。1992 年党的十四大确定建立社会主义市场经济体制，国有企业改革步伐加快，竞争性行业完全实现市场开放，垄断性行业也开始进行大规模的市场化改革，这些改革使得企业技术进步和效率得到较大提升（李平等，2013）。2001 年，中国加入世界贸易组织，对外开放步伐加快，大量国外先进技术成果被引进，大量外资公司和外资进入中国，国内企业的管理水平和技术水平不断提高，生产率继续提高。在此期间，GDP 年均增长率是 10. 19%，是四个子周期内增长最高的，GK 和 IK 的年均增长率分别是 11. 18% 和 13. 34%，对经济增长的贡献分别是 49. 46% 和 58. 25%；劳动年均增长率是 0. 86%，对经济增长的贡献分别是 2. 97% 和 3. 09%；R&D 资本存量的增长率是 8. 74%，对经济增长的贡献分别是 16. 91% 和 16. 22%；用 GK 和 IK 测算的生产率增长率分别是 3. 12% 和 2. 29%，对经济增长的贡献分别是 30. 66% 和 22. 44%，科技进步贡献率分别是 47. 56% 和 38. 66%，中国经济依然是科技与资本双轮驱动。

第四个子周期（2008—2018 年），GDP 年均增长率是 8. 10%，是最低的一个时期，GK 和 IK 的年均增长率分别是 13. 37% 和 17. 31%，对经济增长的贡献分别达到 74. 43% 和 95. 11%；劳动年均增长率是 0. 27%，对经济增长的贡献分别是 1. 17% 和 1. 22%，是所有子周期中最低的，劳动对经济增长的贡献空间日益变小；R&D 资本存量的增长率是 16. 41%，对经济增长的贡献分别是 39. 92% 和 38. 29%，是所有子周期中最高的，R&D 投入对经济增长的贡献愈来愈大；因为投资迅速增长，生产率变化均出现负值，用 GK 和 IK 测算的生产率增长率分别是 -1. 26% 和 -2. 80%，科技进步贡献率分别是 24. 40% 和 3. 67%，中国经济呈现投资驱动型特征。

根据以上分析可以看出，在长周期内，用两种投资的资本存量测算的生产率变化及其对经济增长贡献的具体数值有小的差异，测算结果比较接近，说明在长周期下，固定资本形成额和全社会固定资产投资作为投资指标计算资本存量，对测度生产率的变化影响较小，这与李宾（2011）的结论相互印证。在四个子周期内，测算的生产率变化结果差异较大，尤其是有大规模的投资时，说明在计算短周期的生产率变化时，需要慎重选择投资指标，因为不同的投资系列计算的资本存量，对生产率测算结果影响较人。根据 1993—2007 年的计算结果可知，在经济社会比较稳定状态下，用两种资本存量测算的生产率变化率比较接近，也就是说，在稳态情况下，没有大规模的投资情况下，即使测算短周期的生产率变化，采用的投资系列是全社会固定资产投资还是固定资本形成额，对计算结果影响较小。

表5—5　　1978—2018年GDP、要素投入和生产率增长率　　单位：%

年份	GDP	GK	IK	R&D	L	生产率1	生产率2
1978—1984	9.21	12.93	10.15	4.21	3.09	1.46	2.76
1985—1992	9.54	7.97	9.05	2.29	4.04	4.07	3.60
1993—2007	10.19	11.18	13.34	8.74	0.86	3.12	2.29
2008—2018	8.10	13.37	17.31	16.41	0.27	-1.26	-2.80
1978—2018	9.43	11.68	13.05	8.63	1.66	1.88	1.38

注：同表5—2。

表5—6　　1978—2018年GK、R&D资本、劳动和生产率的贡献率　　单位：%

年份	L	R&D	GK	生产率1	科技进步
1978—1984	11.82	9.01	63.33	15.84	24.86
1985—1992	14.90	4.73	37.67	42.70	47.43
1993—2007	2.97	16.91	49.46	30.66	47.56
2008—2018	1.17	39.92	74.43	-15.51	24.40
1978—2018	6.20	18.03	55.87	19.90	37.93

注：同表5—3。

表5—7　　1978—2018年IK、R&D资本、劳动和生产率的贡献率　　单位：%

年份	L	R&D	IK	生产率2	科技进步
1978—1984	12.29	8.65	49.06	30.00	38.65
1985—1992	15.49	4.54	42.20	37.77	42.31
1993—2007	3.09	16.22	58.25	22.44	38.66
2008—2018	1.22	38.29	95.11	-34.62	3.67
1978—2018	6.45	17.30	61.63	14.63	31.92

注：同表5—3。

四　小结

本章用扩展的 C－D 生产函数测算了 1978—2018 年长周期以及四个子周期的生产率变化，得出如下结论。

第一，改革开放以来，中国生产率变化与经济增长变化趋势一致，科技进步是经济增长的重要源泉之一。1978—2018 年，中国经济年均增长率是 9.43%，资本投入增长对经济增长的贡献份额是 55.87%—61.63%，生产率增长对经济增长的贡献达到了 14.63%—19.90%，科技进步贡献率是 31.92%—37.93%，高于美国 1947—1985 年平均生产率增长贡献份额 21.60%，高于日本 1960—1985 年平均生产率增长贡献份额 28.65%。美国经济"黄金时期"（1960—1966 年），生产率增长的贡献是 37.9%；日本经济高增长时期（1980—1985 年），生产率变化的贡献是 51.15%；中国 1985—1992 年生产率的贡献是 37.77%—42.70%，科技进步贡献率是 42.31%—47.43%，高于美国的贡献，与日本的贡献相近（李京文等，1993）。

第二，研发投入对经济增长的贡献越来越大，在 21 世纪成为中国经济增长的重要助力之一，使得中国经济增长呈现投资和科技进步双轮驱动的特征。多国的实践证明，创新是推动经济发展、社会进步的强大驱动力，是生产力的源泉，提高创新投入、优化创新投入结构是提高经济增长质量、转变经济发展方式的重要手段之一。

第三，21 世纪以来中国科技进步贡献率下降，主要是因为生产率的下降。究其原因：（1）投资过快导致生产率下降，改革初期处于短缺时代，为了满足市场需求，许多行业投资热情高涨，固定资产投资增长率居高不下，1982 年和 1984 年的投资增长率分别是 25.55% 和 24.75%，高投资为经济发展积累了大量资本；随着开放政策的进一步实施，中国劳动密集型的加工贸易发展迅速，经过十余年的发展，中国的资本市场资金不再是稀缺资源。但是，进入 21

世纪以来，中国仍然是处于高投资状态，一方面是因为大环境使然，国际金融危机迫使中国政府实施经济刺激计划，促使经济走出低谷；另一方面，大部分中国企业家缺乏对市场的充分了解，缺乏长远的眼光，满足于国内大市场，重复建设、技术含量低的加工厂大量存在，降低了经济增长的质量。（2）制度创新不足。中国作为转轨国家，社会稳定、制度变迁、结构调整都会影响经济的增长和生产率的提高。目前，随着改革的深入，制度改革难度加大，农村制度改革、金融制度改革等进入“深水区”，技术效率有待提高，同时供给侧结构性改革还有待深入实施，其成效短期内不显著。

第六章

中国地区经济增长变化

本章在分析中国31个省区市经济增长变化的基础上，分析了各地区在国民经济中地位的变化以及劳动生产率的变化，计算了各地区经济增长对国民经济增长的贡献，根据分析结果发现西部大开发战略和中部崛起战略还需要精准实施。

第一节　地区经济增长现状分析

一　各地区的经济增长简介

改革开放以来，国家针对不同时期的社会经济发展态势，先后制定并实施了以经济特区为重心的沿海地区优先发展政策，以浦东开发为龙头的沿江、沿边重点发展政策，以缩小区域差距为导向的西部大开发政策，以及振兴东北老工业基地、促进中部崛起、鼓励东部地区率先发展的系列政策，有效地改变了一些地区低水平发展的格局，推动了各地区经济社会快速发展。伴随着改革开放的深入，各地区的经济发展都取得了显著的成就，东部地区竞争力进一步增强，中西部地区发展能力逐步提高。

20世纪90年代初，上海浦东的开发开放是中国深化改革、扩大开放做出的又一区域重大战略部署。1992年10月，党的十四大做出了“以浦东开发开放为龙头，进一步开放长江沿岸城市，尽快把上海建成国际经济、金融、贸易中心城市之一，带动长江三角洲和整个长江流域地区经济的飞跃”的战略决策。以上海浦东开发开放为龙头的区域政策旨在通过上海的经济增长来带动整个长江流域的联动发展，使长三角成为中国经济发展的新的增长极，同时由此带动中西部地区的经济发展。在此之后，增设一批经济技术开发区，扩大外商投资领域，使我国区域经济发展的沿海、沿江、沿边的经济格局逐步形成，区域政策的重心由东部沿海地区的带状式发展演变为“以东部带中部及西部”的轴线式发展模式。

1999 年 9 月，党的十五届四中全会正式提出了西部大开发战略，以此为标志，中国区域政策的重心实现了又一次转移。西部大开发的前 5 年，中央政府对西部地区投入了巨额的基础设施建设资金，并带动了社会投入，西部地区全社会固定资产投资年均增长 20% 左右。在西部大开发推进的同时，东北地区等老工业基地的“萧条病”、沿海城市的“滞胀病”、中部地区的“迟滞病”不同程度地凸显出来。中央政府审时度势，作出了建设和谐社会、统筹区域发展的重大战略部署，提出：“继续推进西部大开发，振兴东北地区等老工业基地，促进中部地区崛起，鼓励东部地区率先发展，形成分工合理、特色明显、优势互补的区域产业结构，推动各地区共同发展。”2003 年，国务院发布《关于实施东北地区等老工业基地振兴战略的若干意见》，东北振兴战略正式提出；2007 年，《东北地区振兴规划》得到国务院批复，但东北地区进一步扩大，包括了内蒙古东部地区的 5 个盟市。2006 年 4 月《中共中央、国务院关于促进中部地区崛起的若干意见》正式出台，包括以推进新型工业化为突破口，加快改革开放和发展步伐；增强中心城市辐射功能，以城市群战略规划发展蓝图；因地制宜实施特色战略等。随着一系列促进各地区协调发展政策的相继出台，欠发达地区的基础条件得到了明显改善，部分欠发达地区发展活力竞相迸发，自我发展能力明显增强。东、中、西和东北四大板块优势互补、相互促进、协调发展的局面基本形成。党的十九大报告也强调了区域协调发展战略。

由于地区的资源禀赋差距、地方政策的制定和实施存在差异，各个地区在发展经济的同时，省际差异日益扩大，区域发展差距已经成为制约改革开放向更高水平迈进的关键因素（王志远，2018）。尤其是“十二五”以来世界经济形势发生深刻变化，世界经济发展对中国的带动力减弱，中国经济进入高质量发展的新常态阶段，动能转换、多极点引领发展成为重点，京津冀协同发展、长江经济带发展、“一带一路”建设加快了区域发展和与世界的联动，长三角区域经济一体化、粤港澳大湾区等成为区域经济发展的样本。

随着研究发展（R&D）对经济的影响越来越大，2009 年联合国统计委员会把 R&D 纳入资本核算，中国国家统计局以此为依据在 2017 年的《中国统计年鉴》中对经济数据进行了修改，随后各个省区市分别修改了各自的经济数据，且修改数据始于 1990 年后。因为省际的 R&D 投入数据从 1998 年开始公布，本书的 R&D 资本存量从 1990 年开始核算，同时因为 2019 年的统计年鉴（经济年鉴）没有公布 2018 年省份的固定资产投资数据，故本书地区部分的分析周期是 1990—2017 年。

二 1990—2017 年 31 个省区市地区生产总值的变化

1990 年以来，各省区市按照中央发展战略，根据自己本地区的特点，制定、实施各自的经济增长计划，生产总值有了极大的提高。本部分根据历年《中国统计年鉴》、省区市统计年鉴（经济年鉴）提供的数据，分析 31 个省区市，按统计分类的华北、东北、华东、中南、西南、西北 6 个行政区和东、中、西部三大区域地区生产总值（GRP）的增长，以及各自在国民经济中地位的变化和劳动生产率的变化情况。

（一）地区生产总值的增长情况

1. 省际地区生产总值的增长

1992 年党的十四大确定实施市场经济体制、1999 年实施西部大开发战略，以及2001年中国加入WTO，这些都加速了各省区市的经济发展和工业化过程。但是，由于各地区的基础、资源禀赋不同，各地政府采取的措施不同，其发展速度也就不同。因此，各省区市在27年间的发展也是不均衡的。为了便于清楚地看到各省区市的发展速度，本节把整个周期分为五个短周期和一个整周期，即1991—1995年、1996—2000年、2001—2005年、2006—2010年、2011—2017年和1991—2017年，并把31个省区市的地区生产总值按照各自的平减系数（1990 = 1.0）换算成可比值来计算各地区经济实际增长率。表6—1显示了不同时段31个省区市的地区生产总值（GRP）年均增长率。

表6—1　　31个省区市各周期GRP年均增长率 单位:%（1990年价）

地区	1991—1995年	1996—2000年	2001—2005年	2006—2010年	2011—2017年	1991—2017年
北京	11.83	10.52	12.25	11.69	7.37	10.47
天津	11.73	11.29	14.07	16.26	10.69	12.63
河北	14.62	11.18	11.22	11.69	7.96	11.06
山西	10.37	9.93	13.31	11.26	7.34	10.19
内蒙古	10.29	11.09	17.12	17.59	8.74	12.59
辽宁	10.23	8.58	11.23	13.87	5.73	9.58
吉林	10.01	9.78	10.65	14.90	8.40	10.55
黑龙江	7.61	8.83	10.60	12.00	7.70	9.21
上海	13.12	11.51	11.99	11.23	7.36	10.75
江苏	16.97	11.17	12.93	13.51	9.01	12.41
浙江	19.09	11.00	13.03	11.88	8.03	12.20
安徽	12.43	10.04	10.42	13.37	10.15	11.19
福建	18.35	11.44	10.75	13.83	10.00	12.63
江西	10.41	9.36	11.67	13.20	10.01	10.85
山东	16.39	10.85	13.08	13.11	8.87	12.16
河南	12.96	10.12	11.42	12.89	9.18	11.14
湖北	12.08	9.69	10.21	13.90	9.94	11.06
湖南	10.45	9.71	10.37	14.10	9.74	10.78

续表

地区	1991—1995 年	1996—2000 年	2001—2005 年	2006—2010 年	2011—2017 年	1991—2017 年
广东	19. 57	10. 97	13. 31	12. 43	8. 21	12. 49
广西	15. 15	8. 44	10. 81	14. 02	9. 27	11. 34
海南	17. 77	7. 49	10. 10	13. 38	8. 82	11. 25
重庆	13. 39	9. 53	11. 09	14. 95	12. 01	12. 17
四川	11. 36	9. 17	11. 17	13. 71	9. 94	10. 97
贵州	8. 72	8. 72	10. 41	12. 61	11. 94	10. 58
云南	10. 48	8. 74	8. 96	11. 76	10. 52	10. 12
西藏	11. 12	11. 96	12. 36	12. 41	11. 21	11. 77
陕西	9. 31	10. 78	11. 85	14. 85	10. 12	11. 27
甘肃	9. 82	9. 89	10. 74	11. 20	9. 10	10. 07
青海	8. 62	10. 30	13. 01	13. 45	10. 72	11. 17
宁夏	8. 16	9. 37	11. 02	12. 68	9. 32	10. 04
新疆	10. 68	7. 70	10. 05	10. 57	9. 88	9. 78

资料来源：根据历年各省区市统计年鉴（经济年鉴）和历年《中国统计年鉴》数据计算。

表6—1 显示，在不同的周期，各个省区市的发展速度是不同的。在五个子周期中，天津等 19 个省区市的 GRP 增长速度呈“高—低—高—高—低”的状态，其余省份之间存在较大差异。

第一个子周期（1991—1995 年）是大多数省区市增长最快的一个周期，也是国内生产总值增长最快和地区增长差异越来越大的一个时期，31 个省区市中 GRP 年均增长率在两位数以上的有 25 个，占总数的 80. 65%，并且各省区市的增长率也较高。其中增长最快的是广东，GRP 年均增长率是 19. 57%，其次是浙江，为 19. 09%，最低的是黑龙江，只有 7. 61%。广东和黑龙江的 GRP 增长率之差是 11. 96 个百分点，广东的增长速度是黑龙江的 2. 57 倍，可以说是历史之最。在这个周期中，有 12 个省份的 GRP 年均增长率大于国内生产总值的增长速度，占总数的 38. 71%。

经历了第一个周期的高速增长，绝大多数省区市 GRP 增长在第二个子周期（1996—2000 年）陷入了低迷。GRP 增长率在两位数以上的省市只有15个，占总数的48.39%。其中，增长最快的是西藏，GRP年均增长率是11.96%，其次是上海，为11.51%，海南因为20世纪90年代房地产泡沫的影响，GRP增长处于最慢的时期，GRP年均增长率只有7.49%，也是海南五个周期中年均增长率最慢的一个周期，西藏和海南的GRP年均增长率之差是4.47个百分点，是五个子周期中差距最小的。在这个周期中，有28个省份的GRP年均增长率大于国内生产总值的增长速度，比上个周期多了16个地区。

进入21世纪的前10年，各个省区市的经济基本都是高速增长。第三个子周期（2001—2005年）各个省区市的增长趋于平稳，科技兴国战略的实施促进了各个省区市加大研发投入力度，绝大多数省区市的年均GRP增长率相差无几，因此这是平衡发展的时期。只有云南的GRP年均增长率是8.96%，不是两位数，低于全国平均水平。内蒙古异军突起，是个例外，2003—2005年的GRP增长率分别为17.9%、20.5%和23.8%，因此这个子周期内蒙古的GRP年均增长率也就达到了17.12%，比位居第二（天津）的GRP年均增长率高了3.05个百分点。内蒙古和云南的GRP年均增长率的差值是8.16个百分点，而天津和云南的增长率的差值只有5.11个百分点。所有的省份和国民经济都在高速发展，30个省份的GRP年均增长率大于国内生产总值的增长速度，是最多的一个周期。

第四个子周期（2006—2010年）仍然持续第三个子周期的经济高速发展状态。2006年创新驱动发展战略的实施，促使大部分省份提高研发投入力度，2006年上海和天津的研发投入强度分别是2.45%和2.13%，2010年达到了2.81%和2.49%。本周期所有省份的GRP增长率均是两位数，内蒙古仍然保持高速增长，在本周期最高，为17.59%，其次是天津，为16.26%，最低的是新疆，为10.57%，内蒙古和新疆相差7.02个百分点。在这个周期中，有26个省份的GRP年均增长率大于国内生产总值的增长速度，比上个周期少了4个地区。

第五个子周期（2011—2017年）是中国进入新常态的时期，既是三期叠加期也是深化供给侧结构性改革的时期，大部分省份的经济增长进入中高速时期，只有10个省份的GRP年均增长率是两位数，最高的是重庆，为12.01%，其次是贵州，11.94%，最低的是辽宁，只有5.73%，重庆和辽宁相差6.28个百分点。

从全周期（1991—2017年）来看，GRP年均增长率最高的是福建和天津，达到12.63%，最低的是黑龙江，只有9.21%，两者相差3.42个百分点。与全国平均水平相比，只有辽宁和黑龙江的GRP年均增长率低于国内生产总值的增长速度。

从各个省区市来看，东部区域大部分省份的经济在第一个子周期（1991—1995年）增长最快，主要是源于20世纪90年代初的社会主义市场经济体制的建立；在第四个子周期（2006—2010年）东北区域的省份、中部区域和西部区域的大部分省份的经济增长最快，源于西部大开发、中部崛起和东北振兴战略的深入实施。

2. 六大行政区生产总值的增长

六大行政区在5个子周期的经济增长也是呈现“高—低—高—高—低”的趋势。由表6—2可见，在第一个子周期，增长最快的是华东地区，其次是中南地区，最慢的是东北地区；在第二个子周期，增长最快的是华北地区，其次是华东地区，最慢的还是东北地区；在第三个子周期，增长最快的是华北地区，其次是华东地区，最慢的是西南地区；在第四个子周期，增长最快的还是华北地区，其次是东北地区，最慢的是西北地区，区域之间的差距较小；在第五个子周期，增长最快的是西南地区，其次是西北地区，最慢的是东北地区。从以上各个子周期的发展快慢来看，可以得知，在全周期内，增长率最高的是华东地区，其次是华北地区，最慢的是东北地区。

表6—2　　　　六大行政区各周期GRP年均增长率　单位:%（1990年价）

地区	1991—1995年	1996—2000年	2001—2005年	2006—2010年	2011—2017年	1991—2017年
华北	11.77	10.80	13.60	13.70	11.37	11.39
东北	9.29	9.07	10.83	13.59	10.34	9.78
华东	15.25	10.77	11.98	12.88	12.91	11.74
中南	14.66	9.40	11.04	13.45	13.10	11.34
西南	11.01	9.62	10.80	13.09	15.91	11.12
西北	9.32	9.61	11.33	12.55	14.03	10.47

资料来源：同表6—1。

3. 三大区域地区生产总值的增长

为了便于比较和分析不同区域之间的增长情况，本书采用1999年国家进行西部大开发时的划分方式，把31个省区市分为三大区域,[①] 东部包括北京、天津、河北、辽宁、上海、江苏、浙江、福建、山东、广东和海南11个省市；中部包括山西、吉林、黑龙江、安徽、江西、河南、湖北和湖南8个省；西部包括内蒙古、广西、重庆、四川、贵州、云南、西藏、陕西、甘肃、青海、宁夏和新疆12个省区市。

三大区域的经济增长也是呈现“高—低—高—高—低”的趋势，见表6—3。东部区域在前三个子周期发展最快，西部区域在后两个子周期发展最快，中部区域在第一、第二和第五子周期发展次快。从全周期看，东部区域增长最快，中部区域增长最慢。

① 为了充分反映我国不同区域的经济社会发展状况，根据《国务院发布关于西部大开发若干政策措施的实施意见》《中共中央、国务院关于促进中部地区崛起的若干意见》以及党的十六大报告的精神，根据国家统计局2011年6月13日的划分办法，将我国的经济区域划分为东部、中部、西部和东北四大区域。东部包括北京、天津、河北、上海、江苏、浙江、福建、山东、广东和海南10个省市；东北包括辽宁、吉林和黑龙江3个省；中部包括山西、安徽、江西、河南、湖北和湖南6个省；西部包括内蒙古、广西、重庆、四川、贵州、云南、西藏、陕西、甘肃、青海、宁夏和新疆12个省区市。但是东北只有3个省，在进行区域比较分析时，会面临因为样本少不能进行定量分析的局面，因此仍分为3个区域。

表 6—3　　　　三大区域各周期 GRP 年均增长率　单位:%（1990 年价）

区域	1991—1995 年	1996—2000 年	2001—2005 年	2006—2010 年	2011—2017 年	1991—2017 年
东部	15. 43	10. 55	12. 18	12. 99	11. 63	11. 60
中部	10. 79	9. 68	11. 08	13. 20	12. 91	10. 62
西部	10. 59	9. 64	11. 55	13. 32	14. 61	10. 99

资料来源：根据历年各省区市统计年鉴和历年《中国统计年鉴》数据计算。

（二）各地区生产总值在国民经济中地位的变化

1. 省际地区生产总值在国民经济中地位的变化

经过 27 年的发展，各省区市的地区生产总值均有显著提高，因为发展基础和增长速度的不同，排名也有所变动（见表 6—4）。广东在 6 个时点均是第 1 名；江苏在 1990 年是第 3 名，后 5 个时点均是第 2 名；山东在 1990 年是第 2 名，后 5 个时点均是第 3 名；浙江在 1990 年是第 6 名，后 5 个时点均是第 4 名；河南在 6 个时点均是第 5 名。也就是说，前 5 名的排名已经固定，是广东、江苏、山东、浙江、河南。

从 1990 年和 2017 年的排名比较来看，有 7 个省区市的排名相同，12 个省区市的排名变化了一个或两个位置，这说明随着我国经济体制改革的深入和区域发展政策的完善，各省区市的发展趋于稳定。11 个省份的位置变化较大，其中 6 个省份排名有较大提高，6 个省份排名有较大降低，北京从 1990 年的第 15 名上升到 2017 年的第 11 名，天津、福建、重庆、陕西、湖南分别从第 24 名、第 14 名、第 22 名、第 21 名、第 11 名上升到第 19 名、第 9 名、第 18 名、第 15 名、第 8 名；山西、辽宁、吉林、黑龙江、湖北、云南分别从第 18 名、第 4 名、第 20 名、第 12 名、第 9 名和第 16 名下降到第 23 名、第 13 名、第 24 名、第 22 名、第 14 名和第 20 名。

表 6—4　　31 个省区市各时点地区生产总值　单位：亿元（当年价）

地区	1990 年		1995 年		2000 年		2005 年		2010 年		2017 年	
	GRP	排名	GRP	排名	GRP	排名	GRP	排名	GRP	排名	GRP	排名
北京	501	15	1508	15	3213	12	7141	10	14442	12	28015	11
天津	311	24	932	23	1702	23	3698	21	9344	19	18549	19
河北	896	7	2853	6	5044	6	10078	6	20494	6	34016	7
山西	429	18	1076	21	1846	20	4247	16	9241	20	15528	23
内蒙古	319	23	857	24	1539	24	3905	20	11672	14	16096	21
辽宁	1063	4	2793	7	4669	8	8123	8	18529	7	23409	13
吉林	425	20	1137	19	1952	19	3620	22	8668	21	14945	24
黑龙江	715	12	1991	13	3151	13	5543	14	10442	15	15903	22
上海	782	10	2518	8	4812	7	9366	7	17437	8	30633	10
江苏	1417	3	5155	2	8554	2	18769	2	41971	2	85901	2
浙江	905	6	3558	4	6141	4	13418	4	27748	4	51768	4
安徽	658	13	1811	14	2902	14	5375	15	12359	13	27018	12
福建	522	14	2095	12	3765	10	6555	13	14737	11	32182	9
江西	429	19	1170	18	2003	18	4073	18	9502	18	20006	17
山东	1511	2	4953	3	8337	3	18497	3	39571	3	72634	3
河南	935	5	2988	5	5053	5	10622	5	23158	5	44553	5
湖北	396	9	2109	11	2109	15	6590	12	6590	24	22250	14
湖南	744	11	2132	10	3551	11	6623	11	15978	10	33903	8
广东	1559	1	5940	1	10810	1	22723	1	46545	1	89705	1
广西	449	17	1498	16	2080	16	4076	17	9604	17	20396	16
海南	102	28	363	28	527	28	919	28	2065	28	4463	28
重庆	328	22	1123	20	1791	22	3486	23	7984	22	19500	18
四川	891	8	2443	9	3928	9	7385	9	17185	9	36980	6
贵州	260	26	636	26	1030	27	2005	26	4603	26	13541	25
云南	452	16	1222	17	2011	17	3463	24	7224	23	16376	20
西藏	28	31	56	31	118	31	250	31	507	31	1311	31
陕西	404	21	1037	22	1804	21	3934	19	10123	16	21899	15
甘肃	243	27	558	27	1053	26	1934	27	4023	27	7460	27
青海	70	29	168	30	264	30	543	30	1350	30	2625	30
宁夏	65	30	175	29	295	29	606	29	1696	29	3444	29

续表

地区	1990年		1995年		2000年		2005年		2010年		2017年	
	GRP	排名	GRP	排名	GRP	排名	GRP	排名	GRP	排名	GRP	排名
新疆	274	25	815	25	1364	25	2604	25	5437	25	10882	26

注：同表6—1。

1990—2017年，各省区市地区生产总值在国内生产总值（GDP）中的比重已发生了重要变化（见表6—5）。辽宁是持续下跌，从5.88%下降到2.80%，降低3.08个百分点。同样的情况还有黑龙江、河北，分别降低2.06个、0.89个百分点。江苏、浙江、福建、广东则持续上升，分别上升了2.45个、1.19个、0.96个、2.11个百分点。其余的地区则有升有降，但幅度变化较小。虽然重庆和陕西地区生产总值占GDP的比重有所上升，但西南和西北地区生产总值占GDP的比重合计2017年比1990年下降了0.64个百分点，西部大开发战略还需要精准实施。

表6—5　　31个省区市各时点地区生产总值在GDP中的比重

单位:%（当年价）

地区	1990年	1995年	2000年	2005年	2010年	2017年
北京	2.77	2.67	3.30	3.62	3.36	3.35
天津	1.72	1.65	1.75	2.00	2.17	2.22
河北	4.96	5.05	5.18	5.09	4.76	4.07
山西	2.37	1.91	1.89	2.15	2.15	1.86
内蒙古	1.77	1.52	1.58	1.98	2.71	1.93
辽宁	5.88	4.95	4.79	4.12	4.31	2.80
吉林	2.35	2.02	2.00	1.83	2.01	1.79
黑龙江	3.96	3.53	3.23	2.81	2.43	1.90
上海	4.32	4.47	4.94	4.75	4.05	3.66
江苏	7.83	9.14	8.78	9.51	9.76	10.28
浙江	5.00	6.31	6.30	6.80	6.45	6.19
安徽	3.64	3.21	2.98	2.72	2.87	3.23
福建	2.89	3.72	3.86	3.32	3.43	3.85

续表

地区	1990 年	1995 年	2000 年	2005 年	2010 年	2017 年
江西	2. 37	2. 07	2. 06	2. 06	2. 21	2. 39
山东	8. 36	8. 79	8. 56	9. 37	9. 20	8. 69
河南	5. 17	5. 30	5. 19	5. 38	5. 38	5. 33
湖北	2. 19	1. 46	2. 17	1. 80	1. 53	2. 66
湖南	4. 12	3. 78	3. 65	3. 36	3. 71	4. 06
广东	8. 62	10. 54	11. 10	11. 51	10. 82	10. 73
广西	2. 48	2. 66	2. 14	2. 07	2. 23	2. 44
海南	0. 57	0. 64	0. 54	0. 47	0. 48	0. 53
重庆	1. 81	1. 99	1. 84	1. 77	1. 86	2. 33
四川	4. 93	4. 33	4. 03	3. 74	3. 99	4. 42
贵州	1. 44	1. 13	1. 06	1. 02	1. 07	1. 62
云南	2. 50	2. 17	2. 06	1. 75	1. 68	1. 96
西藏	0. 15	0. 10	0. 12	0. 13	0. 12	0. 16
陕西	2. 24	1. 84	1. 85	1. 99	2. 35	2. 62
甘肃	1. 34	0. 99	1. 08	0. 98	0. 94	0. 89
青海	0. 39	0. 30	0. 27	0. 28	0. 31	0. 31
宁夏	0. 36	0. 31	0. 30	0. 31	0. 39	0. 41
新疆	1. 52	1. 45	1. 40	1. 32	1. 26	1. 30

注：同表 6—1。

为了更加直观地看到各地区生产总值 27 年来在国民经济中地位的变化，用表 6—5 的 1990 年和 2017 年的数据作曲线图，如图 6—1 所示。

1990 年，GRP 占 GDP 份额最大的前 5 名是广东、山东、江苏、辽宁和河南，份额合计是 35. 86%；2017 年，占 GDP 份额最大的前 5 名是广东、江苏、山东、浙江和河南，份额合计是 41. 22%，比 1990 年多 5. 36 个百分点，广东和江苏占 GDP 的份额分别达到了 10. 73% 和 10. 28%，合计占 21. 01%。

2. 六大行政区地区生产总值在国民经济中地位的变化

华北、东北、华东、中南、西南、西北六大行政区在 6 个时点的

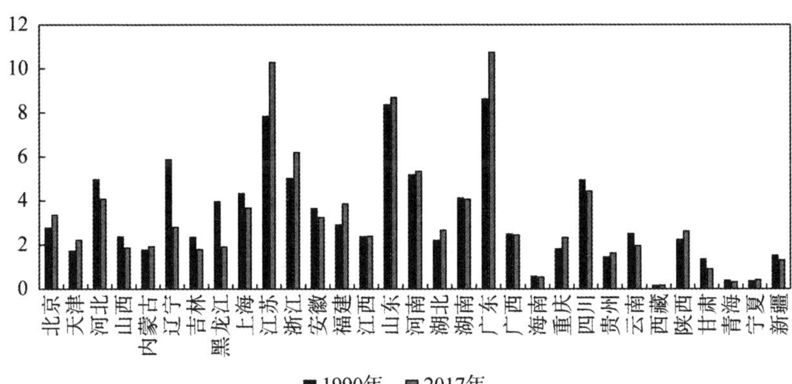

图6—1　各省区市占GDP比重的变化（%，当年价）

地区生产总值占国内生产总值的比重见表6—6。各个区的变化态势有较大区别，华北区的比重是先下降再连续上升又下降的趋势，2017年比1990年降低了0.17个百分点；东北区的比重是节节降低，2017年比1990年降低了5.69个百分点；华东区的比重是呈“上升—下降—上升—下降—上升”态势，2017年比1990年上升3.89个百分点；中南区是呈先连续上升后下降又上升的态势，2017年比1990年上升2.60个百分点；西南区是先连续下降后连续上升，即使如此，2017年仍比1990年降低0.34个百分点；西北区是呈“下降—上升—下降—上升—上升”态势，即使如此，2017年仍比1990年降低0.30个百分点。华东和中南两个区11个省市1990年占国内生产总值的比重是57.56%，2017年是64.05%，接近2/3的份额，提高了6.49个百分点，原因在于华东和中南的省份经济发展速度高于其他省份。

表6—6　　六大行政区各时点地区生产总值在GDP中的比重　　单位:%（当年价）

地区	1990年	1995年	2000年	2005年	2010年	2017年
华北	13.59	12.81	13.70	14.84	15.15	13.42
东北	12.18	10.50	10.03	8.76	8.75	6.49

续表

地区	1990 年	1995 年	2000 年	2005 年	2010 年	2017 年
华东	34. 41	37. 71	37. 48	38. 54	37. 96	38. 30
中南	23. 15	24. 38	24. 77	24. 58	24. 16	25. 75
西南	10. 83	9. 72	9. 11	8. 41	8. 72	10. 49
西北	5. 84	4. 88	4. 91	4. 88	5. 26	5. 54

注：同表 6—1。

3. 三大区域地区生产总值在国民经济中地位的变化

我国东、中、西三大区域地区生产总值占 GDP 的比重，列于表 6—7中。根据表 6—7，三大区域在国民经济中的地位变化差异相对不大，东部区域经济占 GDP 的比重先是连续上升后连续下降，即使如此，2017 年比 1990 年也上升了 3. 46 个百分点；中部和西部区域均是先连续下降后连续上升，中部区域 2017 年比 1990 年下降 2. 95 个百分点，西部下降 0. 52 个百分点。从中部和西部区域变化态势看，西部大开发和中部崛起战略的作用已经显现，但仍需要精耕细作、精准实施。

表 6—7　　　　三大区域各时点地区生产总值在 GDP 中的比重

单位:%（当年价）

地域	1990 年	1995 年	2000 年	2005 年	2010 年	2017 年
东部	52. 92	57. 93	59. 10	60. 56	58. 78	56. 38
中部	26. 17	23. 29	23. 17	22. 12	22. 30	23. 22
西部	20. 92	18. 78	17. 73	17. 33	18. 92	20. 40

（三）地区劳动生产率的变化

因为各个地区的人口规模不同，劳动力就业人数有较大的差异，所创造的价值总量也就有较大的差异。下面从劳动者创造的地区生产总值（劳动生产率）来看各个地区的产出增长情况，结果列于表 6—8 中。

1990年，劳动生产率最高的是上海，为10234元，最低的是贵州，只有1575元，上海是贵州的6.50倍。全国平均数是3644元，在平均数以上的有11个省份，属于西部区域的新疆，属于中部区域的辽宁、吉林和黑龙江，其余7个省份属于东部区域。2017年，劳动生产率最高的仍然是上海，为89673元，最低的还是贵州，只有19414元，上海与贵州的差距有所缩小，上海是贵州的4.62倍。全国平均数是40462元，在平均数以上的有11个省份，与1990年相同，除了吉林，其余均属于东部区域，排名上升的有内蒙古、浙江，下降的有黑龙江。从各个地区的增长倍数来看，虽然部分中、西部区域的省份高于部分东部区域的省份，但因为基数较低，劳动生产率仍较低。这也从一个方面说明了为什么中、西部区域的GRP在国民经济中的地位下降。

表6—8 1990年和2017年31个省区市劳动生产率

单位：元/人（1990年价）

省份	1990年	2017年	增长倍数
北京	7986	59032	6.39
天津	6752	89327	12.23
河北	2961	36216	11.23
山西	3208	30806	8.60
内蒙古	3453	55114	14.96
辽宁	5622	55014	8.79
吉林	3662	42898	10.71
黑龙江	5000	38403	6.68
上海	10234	89673	7.76
江苏	3838	70100	17.26
浙江	3561	53391	13.99
安徽	2327	26349	10.32
福建	3873	46138	10.91
江西	2374	26165	10.02
山东	3653	51107	12.99

续表

省份	1990 年	2017 年	增长倍数
河南	2252	23948	9.63
湖北	3270	38813	10.87
湖南	2340	30937	12.22
广东	4847	58961	11.16
广西	2130	28714	12.48
海南	3372	31218	8.26
重庆	1910	38814	19.32
四川	2089	30421	13.56
贵州	1575	19414	11.33
云南	2313	20381	7.81
西藏	2551	21036	7.25
陕西	2529	34910	12.80
甘肃	2288	20849	8.11
青海	3390	37302	10.00
宁夏	3074	22839	6.43
新疆	4524	26022	4.75

注：同表6—1。

三　小结

本节利用《中国统计年鉴》和各地区统计年鉴（经济年鉴）的数据，测算了各地区地区生产总值在不同周期的增长率，反映了各地区的经济增长情况，以及各地区在国民经济中地位的变化。

表6—1、表6—2和表6—3显示，东部地区在27年中GRP年均增长最快，西部地区次之，中部地区最慢。表6—5表明，1990年，GRP占GDP份额最大的前5名合计是35.86%；2017年，GRP占GDP份额最大的前5名份额合计是41.22%，比1990年多5.36个百分点。从行政区划来看，华东和中南地区13个省市GRP占GDP的比重2017年比1990年提高了6.49个百分点，而其他4个地区则是有不同程度的下降。从三大区域来看，东部区域12省市GRP占

GDP 的比重 2017 年比 1990 年提高了 3.46 个百分点，中部和西部区域的省份则有不同程度的下降。

经过 27 年的发展，东部区域经济增长在国民经济增长中所占的份额在增加，而中、西部区域所占的份额在下降，仅从上面这几个数据看，有强者愈强、弱者愈弱的趋势，促进区域协调发展的政策有待细化和因地制宜。西部大开发战略和中部崛起战略的实施提高了中、西部区域的经济增长速度，但因为经济基础薄弱，还需要更多的时间进行积累，来提高经济实力。

第二节　地区经济增长对国民经济增长的贡献

一　测算方法

一般来说，在一个多个地区组成的经济体中，相邻两年间 GDP 的增长率等于各地区 GRP 增长率的加权和，权数就是各地区的生产总值在基期占 GDP 的份额，其表达式为：

$$Y_t/Y_0 - 1 = \sum_{i=1}^{n} S_{i0}(GRP_{it}/GRP_{i0} - 1) \qquad (6—1)$$

式（6—1）中，Y_t 表示第 t 期 GDP，Y_0 是基期 GDP，GRP_{it} 是第 i 个地区的第 t 期地区生产总值，GRP_{i0} 是第 i 个地区基期的地区生产总值，S_{i0} 是基期 GRP_{i0} 占 GDP 的份额（当年价）。国际文献上常用对数方式表示增长率，则式（6—1）可写成 $\Delta \ln Y = \sum_{i=1}^{n} S_{i0}\Delta \ln GRP_i$。于是，$S_{i0}\Delta \ln GRP_{it}/\Delta \ln Y \times 100$，即是第 i 地区产出增长对 GDP 增长的贡献率，$\Delta \ln GRP_i$ 是第 i 地区生产总值的增长率（可比价测算的对数形式）。如果时间为 n 年，则取国内生产总值和各个地区的生产总值的年均增长率，权数是基年至 $n-1$ 年份额的平均值，即 $(Y_t/Y_0)^{1/n} - 1 = \sum_{i=0}^{n} S_{i0}[\sqrt[n]{GRP_{it}/GRP_{i0}} - 1]$，写成对数形式为：$(1/n)\Delta \ln Y =$

$\sum_{i=0}^{n} S_{i0} \times (1/n)\Delta \ln GRP_i$，且 $S_{i0} \times \left[\frac{1}{n}\Delta \ln GRP_i / \frac{1}{n}\Delta \ln Y\right] \times 100\%$ 就是第 i 地区 GRP 对 GDP 增长的贡献率。

本节测度地区经济增长对 GDP 增长的贡献，首先测算了 31 个省区市 GRP 增长对 GDP 增长的贡献，然后进一步测算六大行政区的贡献，最后测算东、中、西部区域的贡献。

二　地区经济增长对国民经济增长的贡献研究

前一节直观地分析了各地区 GRP 的不均，预示了各地区经济增长对 GDP 增长的贡献也会大小不一。本节测算了各省区市几个时间段的年均增长率，并测算了（按当年价）各地区生产总值占 GDP 的份额，然后应用式（6—1）测算了 1991—1995 年、1996—2000 年、2001—2005 年、2006—2010 年、2011—2017 年五个子周期以及 1991—2017 年全周期各地区生产总值对 GDP 增长的贡献率，测算结果列于表 6—9 中。

表 6—9　　31 个省区市 GRP 增长对 GDP 增长的贡献率　　单位:%

地区	1991—1995 年		1996—2000 年		2001—2005 年		2006—2010 年		2011—2017 年		1991—2017 年	
	贡献率	排名	贡献率	排名	贡献率	排名	贡献率	排名	贡献率	排名	贡献率	排名
北京	2.34	14	2.90	14	3.10	13	3.68	13	2.71	16	2.93	13
天津	1.40	23	1.84	21	2.44	16	2.89	16	2.75	15	2.10	17
河北	5.32	5	5.60	5	4.32	7	5.11	7	4.02	8	4.80	6
山西	1.62	20	1.86	20	1.81	22	2.15	22	1.63	25	1.83	22
内蒙古	1.24	24	1.66	23	3.08	14	3.65	14	2.58	19	2.18	16
辽宁	4.30	7	3.99	9	4.29	8	5.08	8	2.61	17	3.91	9
吉林	1.60	21	1.87	19	2.13	19	2.52	19	1.91	23	1.86	21
黑龙江	2.08	15	3.75	11	4.91	6	5.82	6	2.76	14	2.58	14
上海	4.19	9	5.15	7	3.79	10	4.48	10	3.04	11	4.17	7
江苏	10.34	2	9.66	2	9.65	2	11.42	2	9.88	1	9.93	2
浙江	7.60	4	6.65	4	5.91	4	7.00	4	5.52	4	6.68	4

续表

地区	1991—1995 年		1996—2000 年		2001—2005 年		2006—2010 年		2011—2017 年		1991—2017 年	
	贡献率	排名	贡献率	排名	贡献率	排名	贡献率	排名	贡献率	排名	贡献率	排名
安徽	2.89	12	3.05	13	2.70	15	3.20	15	3.45	10	2.95	12
福建	4.25	8	4.22	8	3.44	12	4.07	12	3.95	9	3.89	10
江西	1.69	19	1.91	16	2.08	20	2.46	20	2.59	18	2.06	19
山东	10.13	3	9.14	3	9.27	3	10.98	3	8.88	3	9.46	3
河南	4.73	6	5.21	6	5.23	5	6.19	5	5.37	5	5.10	5
湖北	1.72	18	1.47	24	1.66	23	1.97	23	2.09	22	1.79	24
湖南	2.94	11	3.53	12	3.63	11	4.30	11	4.25	7	3.49	11
广东	13.65	1	11.11	1	10.60	1	12.55	1	9.53	2	11.66	1
广西	2.81	13	2.00	15	2.21	18	2.61	18	2.40	20	2.29	15
海南	0.88	26	0.42	28	0.46	28	0.54	28	0.50	28	0.54	28
重庆	1.77	17	1.82	22	1.96	21	2.32	21	2.80	13	2.02	20
四川	3.85	10	3.80	10	3.91	9	4.63	9	4.64	6	4.02	8
贵州	0.84	28	0.91	27	0.99	26	1.17	26	1.73	24	1.07	26
云南	1.82	16	1.88	18	1.52	24	1.80	24	2.16	21	1.80	23
西藏	0.10	31	0.12	31	0.11	31	0.14	31	0.16	31	0.13	31
陕西	1.42	22	1.90	17	2.36	17	2.79	17	2.85	12	2.06	18
甘肃	0.86	27	1.02	26	0.81	27	0.96	27	0.97	27	0.92	27
青海	0.22	29	0.28	29	0.29	30	0.35	30	0.40	30	0.30	29
宁夏	0.20	30	0.28	30	0.32	29	0.38	29	0.43	29	0.30	30
新疆	1.19	25	1.02	25	1.01	25	1.19	25	1.45	26	1.18	25

在 1991—1995 年子周期，对 GDP 增长贡献率最高的是广东，以下依次为江苏、山东、浙江、河北、河南、辽宁、福建、上海、四川。广东、江苏、山东 3 个省对经济增长的贡献合计 34.12%，超过 1/3，一个地区经济增长对国民经济增长的贡献高低不仅与本身的经济增长速度有关，还与占国民经济的比重有关。1991—1995 年，地区经济增长贡献率最高的前 10 名，均是 GRP 占 GDP 的比重较大的且在此期间增长迅速。

在 1996—2000 年子周期，贡献最大的前 10 名分别是广东、江苏、山东、浙江、河北、河南、上海、福建、辽宁、四川，包括的省份没有变化，排序与上一周期有所变动。上海从第 9 名升到了第 7 名，辽宁从第 7 名下降到第 9 名，因为上海 GRP 占 GDP 的比重与上一周期相比有所上升，而辽宁有所下降。从经济增长率看，上海下降的幅度低于辽宁下降的幅度。排名变化较大的省份还有黑龙江、湖北、重庆，黑龙江从第 15 名提高到第 11 名，因为年均经济增长率比上一周期的提高高于大部分省份；湖北从第 18 名降到第 24 名，源于年均经济增长率比上一周期降低和 GRP 占 GDP 的比重比上一周期下降；重庆从第 17 名降到第 22 名，源于年均经济增长率比上一周期大幅度降低。

在 2001—2005 年子周期，前 4 名的排序与上一子周期相同，第 5—10 名依次是河南、黑龙江、河北、辽宁、四川、上海，后面的排序与上一周期有所变动，黑龙江从第 11 名提高到第 6 名，福建从第 8 名跌至第 12 名。其余排名变化较大的省份有天津、内蒙古、江西、云南，天津从第 21 名提高至第 16 名，内蒙古从第 23 名提高至第 14 名，江西从第 16 名跌至第 20 名，云南从第 18 名跌至第 24 名。

在 2006—2010 年子周期，31 个省区市的贡献排名与上一周期相同。本子周期前 3 名的省份（广东、江苏、山东）与第一个子周期相同，但对经济增长的贡献合计达到 34.95%，高于第一个子周期，经济发达省份对经济增长的贡献呈上升趋势。广东是唯一一个贡献率在前四个子周期中大于 10 个百分点的省份，西藏的贡献率一直是最低的，与广东的差距超过 10 个百分点。

在 2011—2017 年子周期，23 个省份的排名发生了变化。与上一周期相比，江苏从第 2 名升至第 1 名，广东降至第 2 名，随后是山东、浙江、河南、四川、湖南、河北、福建、安徽，四川从第 9 名上升为第 6 名，湖南从第 11 名上升为第 7 名，福建从第 12 名上升为第 9 名。此外排名变化较大的包括内蒙古、辽宁、安徽、湖南、重庆和陕西，内蒙古从第 14 名跌至第 19 名，辽宁从第 8 名跌至第 17 名，安徽从第 15 名上升到第 10 名，重庆从第 21 名上升到第 13 名，陕西从第 17 名上升至第 12 名。

1991—2017 年全周期的贡献率见图 6—2。全周期各省区市对 GDP 增长贡献率平均值为 3. 23 个百分点，超过平均值的有河北、辽宁、上海、江苏、浙江、福建、山东、河南、广东、四川和湖南 11 个省市，低于平均数但高于 2 个百分点的有北京、天津、内蒙古、黑龙江、安徽、江西、广西、重庆和陕西 9 个省区市，贡献率低于 2 个百分点的有山西、吉林、湖北、海南、云南、贵州、西藏、甘肃、青海、宁夏、新疆共 11 个省区市。超过平均贡献率的 11 个省区市，它们的贡献率合计是 67. 11% 。

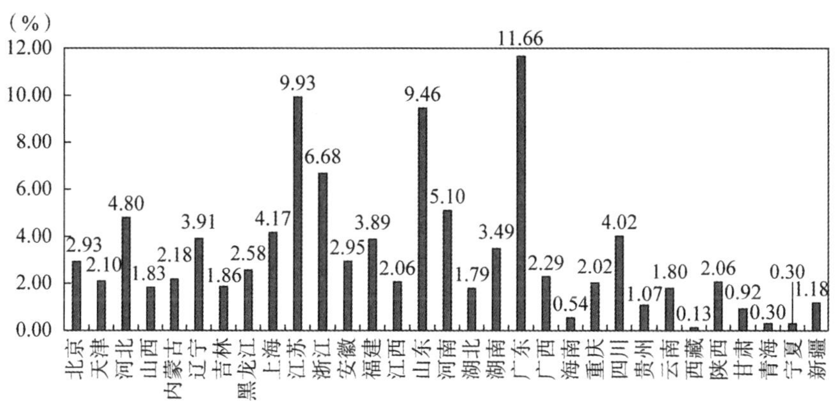

图 6—2　1991—2017 年各地区生产总值对 GDP 增长的贡献率

三　六大行政区经济增长对国民经济增长的贡献研究

利用以上数据，测算了 6 大行政区各周期的份额、增长率以及不同子周期各经济区域的经济增长对 GDP 增长的贡献率，测算结果列于表 6—10 中。

表6—10　　六大行政区地区生产总值增长对GDP增长的贡献率　　单位:%

地区	1991—1995年	1996—2000年	2001—2005年	2006—2010年	2011—2017年	1991—2017年
华北	12.02	13.96	15.18	15.14	13.85	13.95
东北	8.06	8.88	8.64	8.98	6.51	8.26
华东	41.35	40.04	39.19	37.81	37.56	39.20
中南	26.24	23.98	24.57	24.48	24.44	24.77
西南	8.43	8.59	7.87	8.68	11.51	9.04
西北	3.90	4.55	4.55	4.91	6.13	4.79

从表6—10可看到，各个子周期中各行政区的排名次序没有变化，但各行政区的具体数字略有变动。五个子周期的贡献率相比，华北地区先是分别上升了1.94个、1.22个百分点，继而分别下降了0.04个和1.29个百分点；东北地区先上升0.82个百分点，后下降0.24个百分点，然后回升0.34个百分点，又下降2.47个百分点；华东地区分别下降了1.31个、0.85个、1.38个和0.25个百分点；中南地区先下降2.26个百分点，后上升0.59个百分点，然后分别微降0.09个和0.04个百分点；西南地区是先上升0.16个百分点，后下降0.72个百分点，然后分别上升0.81个和2.83个百分点；西北地区呈上升态势，分别上升0.65个、0.36个和1.22个百分点。1991—2017年全周期中，华东和中南地区的贡献率最大，分列前两名，二者合计达到63.97%，其次是华北地区，西南、东北和西北地区的贡献率相对较小。

四　三大区域经济增长对国民经济增长的贡献研究

东部、中部和西部三大区域不同子周期经济增长对GDP增长的贡献率，列于表6—11中。

表 6—11　　三大区域地区生产总值增长对 GDP 增长的贡献率　　单位:%

区域	1991—1995 年	1996—2000 年	2001—2005 年	2006—2010 年	2011—2017 年	1991—2017 年
东部	65. 02	62. 41	63. 68	59. 90	54. 49	61. 12
中部	16. 65	18. 85	17. 91	19. 33	20. 81	18. 68
西部	18. 33	18. 74	18. 41	20. 77	24. 70	20. 20

从表 6—11 可见，东部区域在 5 个子周期的贡献率呈下降—上升—下降态势，先下降了 2. 61 个百分点，后回升 1. 27 个百分点，又分别下降了 3. 78 个和 5. 41 个百分点；中部区域在 5 个子周期的贡献率，先上升 2. 20 个百分点，后下降了 0. 94 个百分点，又分别上升 1. 42 个和 1. 48 个百分点；西部区域在 5 个子周期的贡献率，是先微升 0. 41 个百分点，后微降 0. 33 个百分点，又分别上升 2. 36 个和 3. 93 个百分点。中部和西部区域贡献的提高说明中部崛起和西部大开发战略实施成功。

从 1991—2017 年的全周期来看，东部区域的经济增长对 GDP 增长的贡献率高达 61. 12%，超过“半壁江山”，中部区域是 18. 68%，西部区域是 20. 20%。从省份平均数看，东部 11 个省市的平均贡献率是 5. 56%，中部 8 省的平均贡献率是 2. 34%，西部 12 省区市的平均贡献率是 1. 68%。无论从总体看，还是从省份平均看，东部区域经济增长对国民经济增长的贡献远远高于中、西部区域，中、西部区域还有较大提升空间。

五　小结

本节根据各地区 GRP 在国民经济中的比重和增长率，计算了不同周期各地区经济增长对国民经济增长的贡献率。从各个区域贡献率在不同周期的变化趋势看，东部区域在降低，中、西部区域在提高，区域协调发展战略初见成效。从全周期看，前 5 名的贡献率合计是 42. 83%，而超过平均贡献率的 11 个省区市，它们的贡献率合计是 67. 11%；从 6 个行政区来看，华东和中南地区的贡献率合计是

63.97%；从三大区域来看，东部区域的贡献率合计是61.12%。国家经济发展更多地是依赖东部区域的发展。

由于区域包括的省份个数不同，总体比较有失偏颇，从三大区域的平均贡献率来看，仍然是东部区域平均贡献率最大，分别是中、西部区域的3.27倍和3.03倍，中、西部区域省份的经济增长还有待提高。

为了提高整个国民经济的发展，促进区域协调平衡发展，西部大开发战略和中部崛起战略还有待精准实施。根据资源禀赋的不同，中、西部地区省区市应采取不同的策略和方式，转变经济发展方式，提高经济发展能力和发展质量。

第七章

中国地区 R&D 投入与 R&D 资本存量核算

本章在分析中国 31 个省区市、6 个行政区和三大区域 R&D 投入的基础上，估算了 R&D 资本存量，并与其他研究成果进行了对比分析，最后根据计算结果得出必须提高中、西部区域各省份 R&D 投入，提高东部区域 R&D 使用效率的结论。

第一节　地区 R&D 投入现状

一　中国各省区市 R&D 投入情况

（一）1998 年各省区市 R&D 投入情况

1998 年是中国公布各省区市 R&D 投入的第一年，地区之间的 R&D 投入特征与经济发展相同，呈现从东向西逐步递减的趋势，见表 7—1 和图 7—1。

1998 年 R&D 经费排名前三位的省市分别为北京（103.35 亿元）、上海（45.28 亿元）和广东（40.93 亿元），合计为 189.56 亿元，占比为 39.03%；排名后三位的省区分别为西藏（0.39 亿元）、海南（0.68 亿元）、青海（0.83 亿元），总量为 1.90 亿元，占比为 0.39%。1998 年 R&D 人员全时当量排名前三位的省市分别为北京（8.70 万人年）、四川（6.19 万人年）和江苏（4.92 万人年），合计为 19.81 万人年，占比为27.12%；排名后三位的省区分别为西藏（0.05万人年）、青海（0.12万人年）、海南（0.13万人年），合计为0.30万人年，占比为0.41%。根据图7—1，中国各省份R&D经费和R&D人员全时当量有相同的变化趋势，R&D经费高的省份对应的R&D人员全时当量也多；东部沿海省份的R&D经费和R&D人员全时当量较多；中、西部地区省份的R&D经费和R&D人员全时当量较少。

因为经济发展基础和资源禀赋不同，从总量比较各省区市的R&D投入有失偏颇，这里从R&D人员人均R&D经费和R&D投入强度看各省区市的R&D投入情况（见表7—1和图7—2）。1998年中国R&D人员人均R&D经费是6.65万元，只有北京、上海、江苏、浙江、湖北、广东、西藏7个省区市大于全国平均水平，其中，人均R&D经费排名前三位的省市分别为北京（11.88万元）、上海（11.15万元）和广东（10.81万元），排名后三位的省区分别为内蒙古（1.41万元）、广西（2.51万元）、江西（2.93万元），省份之间的R&D人员人均R&D经费差距较大，但是差距小于省份总量投入的差距。

各省区市的R&D投入强度差异较大，区域差异非常明显。从R&D投入强度看，省份之间差距较大。1998年全国平均水平是0.65%，只有北京、陕西、上海、天津、四川、甘肃、湖北和辽宁8个省市超过全国平均水平，广西最低，只有0.08%。可见，除了北京，各省区市的研发投入都非常低。国际上一般认为，投入强度高于2%，才能维持发展，北京投入强度大有其特殊性，北京集中了全国的研究与开发机构和高校，研发投入多，研发强度自然大。各省份的研发投入任重道远。

表7—1　　1998年中国31个省份的R&D投入情况

省份	R&D经费（亿元）	R&D人员全时当量（万人年）	R&D人员人均R&D经费（万元）	R&D投入强度（%）
北京	103.35	8.70	11.88	4.35
天津	12.46	1.93	6.45	0.91
河北	9.64	2.31	4.17	0.23

续表

省份	R&D 经费（亿元）	R&D 人员全时当量（万人年）	R&D 人员人均 R&D 经费（万元）	R&D 投入强度（%）
山西	6.88	1.62	4.25	0.43
内蒙古	1.23	0.88	1.41	0.10
辽宁	26.27	4.71	5.58	0.68
吉林	8.03	2.19	3.66	0.51
黑龙江	13.88	2.60	5.34	0.50
上海	45.28	4.06	11.15	1.19
江苏	36.05	4.92	7.32	0.50
浙江	10.96	1.61	6.80	0.22
安徽	8.67	1.78	4.88	0.34
福建	6.16	0.98	6.31	0.19
江西	4.38	1.50	2.93	0.25
山东	23.09	4.85	4.76	0.33
河南	11.81	2.72	4.34	0.27
湖北	23.69	3.18	7.45	0.76
湖南	8.90	1.92	4.63	0.29
广东	40.93	3.79	10.81	0.48
广西	1.55	0.62	2.51	0.08
海南	0.68	0.13	5.34	0.15
重庆	5.26	1.22	4.31	0.36
四川	30.15	6.19	4.87	0.87
贵州	2.61	0.61	4.30	0.30
云南	4.46	0.97	4.61	0.24
西藏	0.39	0.05	7.66	0.42
陕西	28.33	4.34	6.52	1.94
甘肃	6.95	1.77	3.93	0.78
青海	0.83	0.12	6.65	0.37
宁夏	0.87	0.14	6.05	0.35
新疆	1.94	0.63	3.08	0.18
全国	485.68	73.04	6.65	0.65

注：由于各省份的核算存在较大误差，各省份的数据合计与全国的数据不相等；R&D 投入强度全国平均水平是 0.65%，该数据来自《1998 年中国科技统计年鉴》。

资料来源:《1999 年中国科技统计年鉴》及笔者计算。

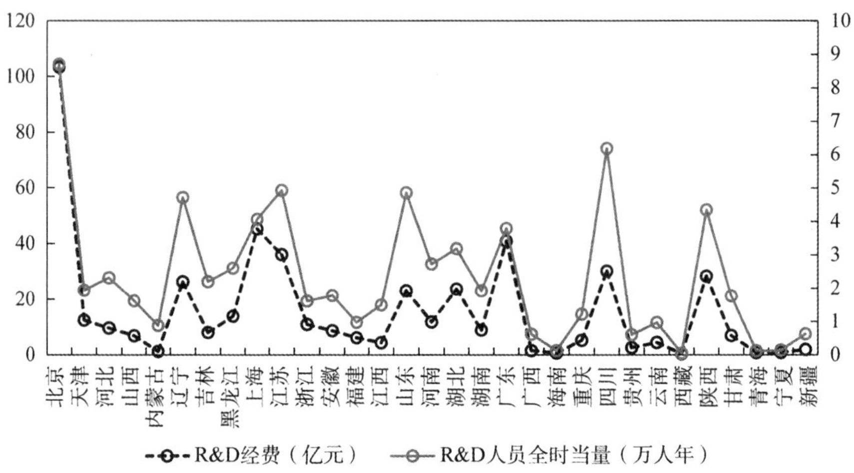

图7—1　1998年中国31个省份的R&D经费和R&D人员全时当量

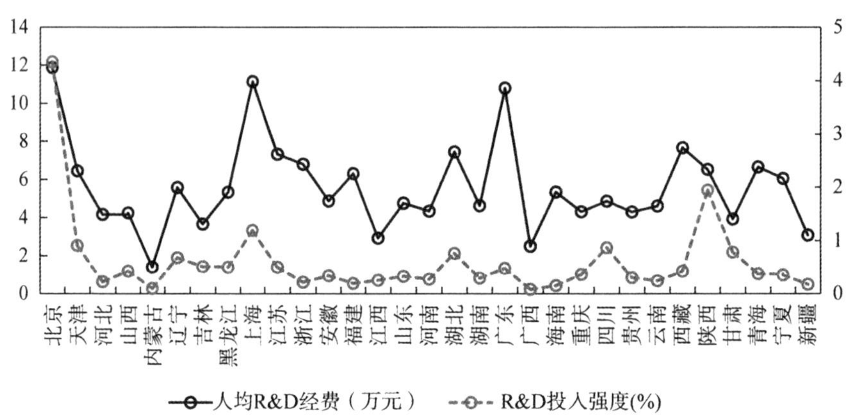

图7—2　1998年中国31个省份的R&D人员人均R&D经费和R&D投入强度

（二）2017年各省区市R&D投入情况

R&D投入在各省份都呈现不断上升的趋势，但是各省区市的R&D投入差异较大，分布很不均衡，区域差异非常明显，基本呈现从东向西逐步递减的趋势（见表7—2和图7—3），与中国的经济发展特征基本相吻合。

2017 年 R&D 经费排名前三位的省份分别为广东（2343. 63 亿元）、江苏（2260. 06 亿元）和山东（1753. 01 亿元），合计为 6356. 70 亿元，占比为 36. 11%；排名后三位的省区分别为西藏（2. 86 亿元）、青海（17. 91 亿元）、海南（23. 11 亿元），总量为 43. 88 亿元，占比为 0. 25%。2017 年 R&D 人员全时当量排名前三位的省份分别为广东（56. 53 万人年）、江苏（56. 00 万人年）和浙江（39. 81 万人年），合计为 152. 34 万人年，占比为 37. 77%；排名后三位的省区分别为西藏（0. 12 万人年）、青海（0. 57 万人年）和海南（0. 77 万人年），合计为 1. 46 万人年，占比为 0. 36%。根据图 7—3，中国各省份 R&D 经费和 R&D 人员全时当量有相同的变化趋势，R&D 经费高的省份对应的 R&D 人员全时当量也多；东部沿海省份的 R&D 经费和 R&D 人员全时当量较多；中、西部地区省份的 R&D 经费和 R&D 人员全时当量较少。

从 R&D 人员人均 R&D 经费和 R&D 投入强度看（见表 7—2 和图 7—4），2017 年中国 R&D 人员人均 R&D 经费是 43. 65 万元，只有北京、天津、辽宁、上海、山东、湖北、重庆、四川和陕西 9 个省市高于全国平均水平，其中，人均 R&D 经费排名前三位的省市分别为上海（65. 69 万元）、北京（58. 54 万元）和山东（57. 51 万元），排名后三位的省区分别为西藏（22. 94 万元）、吉林（28. 11 万元）和海南（29. 95 万元），省区市之间的 R&D 人员人均 R&D 经费差距较大，但是差距小于省份总量投入的差距。

各省区市的 R&D 投入强度差异较大，区域差异非常明显，经济发达的地区 R&D 投入强度相对较高。从 R&D 投入强度看，省份之间差距较大。2017 年全国平均水平是 2. 13%，只有北京、天津、上海、江苏、浙江、山东和广东 7 个省市超过全国平均水平，全部属于东部沿海地区；24 个省区市低于全国平均水平；R&D 投入强度低于 1% 的 11 个省份中 7 个在西部区域，3 个在中部区域，1 个（海南）在东部区域，中、西部省区市的 R&D 投入强度偏低。

表7—2　　2017年中国31个省份的R&D投入情况

省份	R&D经费（亿元）	R&D人员全时当量（万人年）	R&D人员人均R&D经费（万元）	R&D投入强度（%）
北京	1579.65	26.98	58.54	5.64
天津	458.72	10.31	44.50	2.47
河北	452.03	11.32	39.94	1.26
山西	148.23	4.77	31.08	0.99
内蒙古	132.33	3.30	40.06	0.82
辽宁	429.88	8.89	48.38	1.80
吉林	128.01	4.55	28.11	0.84
黑龙江	146.59	4.74	30.92	0.90
上海	1205.21	18.35	65.69	4.00
江苏	2260.06	56.00	40.36	2.63
浙江	1266.34	39.81	31.81	2.45
安徽	564.92	14.05	40.22	2.05
福建	543.09	14.03	38.70	1.68
江西	255.80	6.19	41.33	1.23
山东	1753.01	30.48	57.51	2.41
河南	582.05	16.25	35.82	1.29
湖北	700.63	14.00	50.05	1.92
湖南	568.53	13.08	43.46	1.64
广东	2343.63	56.53	41.46	2.61
广西	142.18	3.69	38.58	0.70
海南	23.11	0.77	29.95	0.52
重庆	364.63	7.91	46.07	1.87
四川	637.85	14.48	44.04	1.72
贵州	95.88	2.83	33.89	0.71
云南	157.76	4.66	33.87	0.95
西藏	2.86	0.12	22.94	0.22
陕西	460.94	9.82	46.94	2.10
甘肃	88.41	2.37	37.24	1.15
青海	17.91	0.57	31.67	0.68
宁夏	38.94	0.99	39.49	1.13

续表

省份	R&D 经费（亿元）	R&D 人员全时当量（万人年）	R&D 人员人均 R&D 经费（万元）	R&D 投入强度（%）
新疆	56.95	1.52	37.44	0.52
全国	17606.13	403.36	43.65	2.13

资料来源:《2018 年中国科技统计年鉴》及笔者计算。

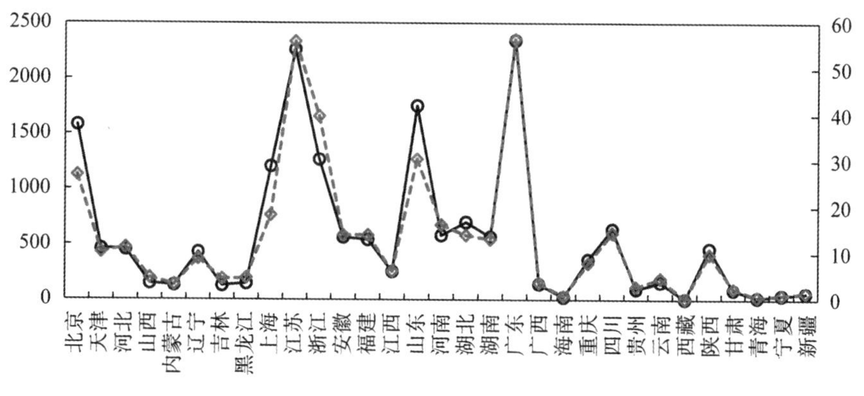

图 7—3　2017 年中国 31 个省份的 R&D 经费和 R&D 人员全时当量

2017 年与 1998 年相比，各省区市的 R&D 经费和 R&D 人员全时当量均有极大程度的提高，所不同的是 1998 年与 2017 年各省区市的排名不同。从 R&D 经费看，1998 年前三名是北京、上海和广东，经过 19 年的发展，2017 年前三名是广东、江苏和山东。1998 年 R&D 人员全时当量前三名是北京、四川和江苏，2017 年前三名是广东、江苏和浙江。1998 年和 2017 年 R&D 经费和 R&D 人员全时当量最后三名都是西藏、海南和青海。从 R&D 人员人均 R&D 经费来看，1998 年前三名是北京、上海和广东，2017 年前三名是上海、北京和山东；1998 年后三名是内蒙古、广西和江西，2017 年后三名是西藏、吉林和海南。从 R&D 投入强度看，1998 年前三名是北京、陕西和上海，2017 年前三名是北京、上海和江苏；1998 年后三名是内蒙古、海南和新疆，2017 年后三名是西藏、海南和新疆。造成这些变化的原因较多，更多的是各地区经济发展程度不同，以及对创新的重视程度有差异。经济发达了，有更多的资源用于创新发展；创新能力提高了，又促进了地区经济的发展，两者是相辅相成的。例如内蒙古，其 R&D 经费在 1998 年和 2017 年都不突出，但是经过 19 年的发展，名次有了较大变化，R&D 经费、R&D 人员人均 R&D 经费和 R&D 投入强度 2017 年比 1998 年分别提高了 4 个、16 个、5 个位次。

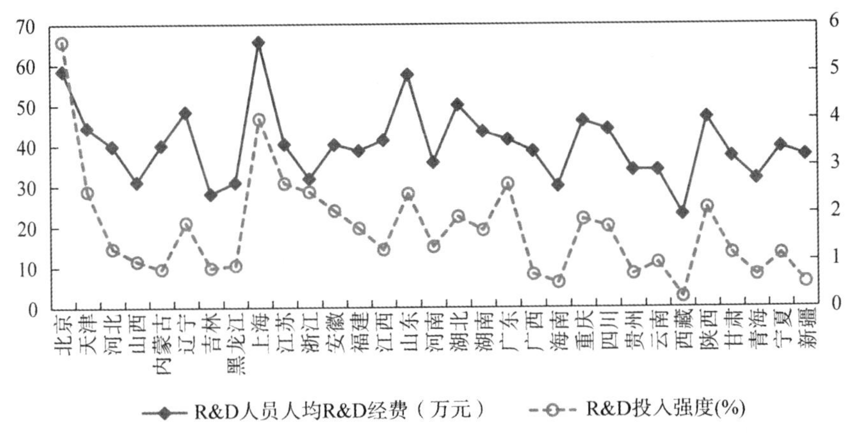

图 7—4　2017 年中国 31 个省份的 R&D 人员人均 R&D 经费和 R&D 投入强度

二　六大行政区 R&D 投入情况

（一）1998 年六大行政区 R&D 投入情况

与省份 R&D 投入情况相似，六大行政区之间的 R&D 投入极不平衡（见表 7—3）。1998 年，R&D 经费排序是华东、华北、中南、东北、西南、西北，华东和华北 R&D 经费接近，相差 1.03 亿元；华东地区 R&D 经费是西北地区的 3.46 倍。从 R&D 人员全时当量看，排序仍然是华东、华北、中南、东北、西南、西北，华东是西北的 2.81 倍。因为区域发展程度不同，对 R&D 投入的支持力度不同，从 R&D 人员人均 R&D 经费看，地区之间的差距相对较小，最高的华北地区是

8.65 万元/（人·年），最低的西南地区是 4.74 万元/（人·年），华北地区是西南地区的 1.82 倍。从 R&D 投入强度看，只有华北地区和西北地区高于全国平均水平，而西北地区高于全国平均水平是因为陕西，陕西的 R&D 投入强度是 1.94%，仅次于北京。

表 7—3　　1998 年六大行政区 R&D 投入情况

地区	R&D 经费（亿元）	R&D 人员全时当量（万人年）	R&D 人员人均 R&D 经费（万元）	R&D 投入强度（%）
华北	133.56	15.44	8.65	1.23
东北	48.18	9.50	5.07	0.59
华东	134.59	19.70	6.83	0.44
中南	87.56	12.36	7.08	0.41
西南	42.87	9.04	4.74	0.55
西北	38.92	7.00	5.56	0.99

注：同表 7—1。

（二）2017 年六大行政区 R&D 投入情况

经过 19 年的发展，各个地区的 R&D 投入有了较大提高（见表 7—4）。2017 年，R&D 经费排序是华东、中南、华北、西南、东北、西北，地区之间的差距进一步拉大，华东的 R&D 经费是第 2 名中南的 1.80 倍，中南是第 3 名华北的 1.57 倍，华北是第 4 名西南的 2.20 倍，华东是西北的 11.84 倍。从 R&D 人员全时当量看，排序仍然是华东、中南、华北、西南、东北、西北，各地区之间的差距与 R&D 经费差距类似，华东是西北的 11.72 倍。从 R&D 人员人均 R&D 经费看，地区之间的差距相对较小，最高的是华北地区，为 48.89 万元/（人·年），最低的是东北地区，为 38.75 万元/（人·年），华北地区是东北地区的 1.26 倍。从 R&D 投入强度看，只有华北地区和华东地区高于全国平均水平，东北、西北、西南地区的 R&D 投入强度较低是因为各个省份的 R&D 投入强度均较低。

表 7—4　　2017 年六大行政区 R&D 投入情况

地区	R&D 经费（亿元）	R&D 人员全时当量（万人年）	R&D 人员人均 R&D 经费（万元）	R&D 投入强度（%）
华北	2770. 96	56. 68	48. 89	2. 47
东北	704. 48	18. 18	38. 75	1. 30
华东	7848. 43	178. 91	43. 87	2. 45
中南	4360. 13	104. 32	41. 80	1. 91
西南	1258. 98	30. 00	41. 97	1. 44
西北	663. 15	15. 27	43. 43	1. 43

注：同表 7—2。

三　三大区域 R&D 投入情况

（一）1998 年三大区域 R&D 投入情况

区域之间 R&D 投入不均衡，见表 7—5。从 1998 年中国 R&D 投入的三大区域总量来看，东部 R&D 经费和 R&D 人员全时当量分别是 314. 87 亿元和 37. 99 万人年，占比分别为 64. 83% 和 52. 01%；中部分别是 86. 24 亿元和 17. 51 万人年，占比分别为 17. 76% 和 23. 97%；西部分别是 84. 57 亿元和 17. 54 万人年，占比分别为 17. 41% 和 24. 01%。东部、西部和中部呈依次减少的态势。例如，1998 年东部的北京市 R&D 经费比西部地区 12 个省区市的 R&D 经费总和多 18. 78 亿元，由此可见，西部的 R&D 投入亟须提高。

每个区域包括的省份数量不同，经济发达程度不同，单是从总量比有失公平，这里从 R&D 人员人均 R&D 经费和 R&D 投入强度看，1998 年东部、中部和西部三大区域的 R&D 人员人均 R&D 经费投入分别是 8. 29 万元、4. 93 万元和 4. 82 万元，R&D 投入强度分别是 0. 69%、0. 42% 和 0. 57%。东部 R&D 人员人均 R&D 经费和 R&D 投入强度最高，西部 R&D 人员人均 R&D 经费最低，中部 R&D 投入强度最低。

表 7—5　　1998 年中国三大区域 R&D 投入情况

区域	R&D 经费（亿元）	R&D 人员全时当量（万人年）	R&D 人员人均 R&D 经费（万元）	R&D 投入强度（%）
东部	314.87	37.99	8.29	0.69
中部	86.24	17.51	4.93	0.42
西部	84.57	17.54	4.82	0.57

资料来源：同表 7—1。

（二）2017 年三大区域 R&D 投入情况

区域之间 R&D 投入不均衡呈增长态势，见表 7—6。从 2017 年中国 R&D 投入的三大区域总量来看，东部 R&D 经费和 R&D 人员全时当量分别是 12314.73 亿元和 273.47 万人年，占比分别为 69.95% 和 67.80%；中部分别是 3094.76 亿元和 77.63 万人年，占比分别为 17.58% 和 19.25%；西部分别是 2196.64 亿元和 52.26 万人年，占比分别为 12.48% 和 12.96%。东部、中部和西部呈依次减少的态势没有改变。例如，2017 年东部的广东省 R&D 经费和 R&D 人员全时当量比西部 12 个省区市的总和分别多 146.99 亿元和 4.27 万人年，西部省份的 R&D 投入力度仍然不够。

从 R&D 人员人均 R&D 经费和 R&D 投入强度看，2017 年东部、中部和西部三大区域的 R&D 人员人均 R&D 经费分别是 45.03 万元、39.87 万元和 42.03 万元，中部人均 R&D 经费最低；三大区域的 R&D 投入强度分别是 2.53%、1.49% 和 1.29%，只有东部高于全国平均水平，可见最强的仍然是东部，西部 R&D 投入强度最低。

表 7—6　　2017 年三大区域 R&D 投入情况

区域	R&D 经费（亿元）	R&D 人员全时当量（万人年）	R&D 人员人均 R&D 经费（万元）	R&D 投入强度（%）
东部	12314.73	273.47	45.03	2.53
中部	3094.76	77.63	39.87	1.49

续表

区域	R&D 经费（亿元）	R&D 人员全时当量（万人年）	R&D 人员人均 R&D 经费（万元）	R&D 投入强度（%）
西部	2196.64	52.26	42.03	1.29

资料来源：同表 7—2。

2017 年与 1998 年相比，区域之间的 R&D 经费和 R&D 人员投入差距在加大，R&D 人员人均 R&D 经费差距在缩小，东部、中部和西部三大区域的 R&D 投入力度分别提高了 1.84 个、1.07 个和 0.72 个百分点，东部提高力度最大，西部的投入力度最低，R&D 投入增长速度低于 GDP 增长速度，从一个方面说明这是西部区域经济发展仍然乏力的原因之一。

四　小结

从各省份的 R&D 投入看，省际之间差距越来越大，中部和西部的省份除了陕西，R&D 投入强度均低于 2%，在这种情况下如何建设创新型国家，如何实现中华民族伟大复兴的梦想？唯有提高中、西部的 R&D 投入，这不仅需要提高政府的 R&D 投入，也需要吸引企业在中、西部区域加大 R&D 投入，进一步提高 R&D 投入占 GDP 的比重，提高科技创新能力，为建设创新型国家和科技中心提供支撑。

第二节　地区 R&D 资本存量的核算

一　文献综述

中国学者对 R&D 资本存量的核算是在 2000 年以后，在区域层面上，肖敏和谢富纪（2009）估计了我国 31 个省区市 2000—2006

年的 R&D 资本存量，R&D 资本存量的区域差异非常明显，在总量上呈现由东部向中、西部递减的阶梯状分布特征，有集中性和沿海性的特点，但集中度总体呈下降趋势；从增长速度看，东、西部地区呈现出齐头并进的格局，尤其是一些中、西部省份增长速度非常快；各省份的创新能力差距很大。谢兰云（2010）用科技经费筹集额估计了 2000—2007 年中国各省区市的 R&D 资本存量，以北京、上海、江苏、浙江为代表的东部地区相当于西藏、宁夏、青海、新疆等西部地区的数百倍。王康（2011）测算了各省 2000—2009 年 R&D 资本存量，并与 GDP 做了相关性分析，认为 R&D 资本存量对经济增长的作用是明显的。王孟欣（2011a）利用 30 个省区市 1998—2007 年的数据估算了各地区的 R&D 资本存量，结果发现，十年间各地区资本存量分布趋势大致未变，但地区之间差距越来越大，东部地区的优势不减。彭建平和李永苍（2014）以 1997—2007 年各省区市的数据为基础，用各地区科技活动经费内部支出扣除劳务费后的余额估计了 R&D 资本存量，并以 10%、15%、20% 等 3 种不同折旧率来估算，以此研究 FDI、R&D、经济增长等对自主创新的影响，研究结果发现，研发投入、外商直接投资、科技活动人员投入、经济增长、进口、先期创新等对我国自主创新能力影响显著。孙凤娥和江永宏（2018）测算了 1978—2015 年 31 个省区市的 R&D 资本存量，对地区的 R&D 资本存量测算方法、数据处理方法与江永宏和孙凤娥（2016）相同，不同的只是对 1978—1998 年缺失数据用 R&D 内部经费支出高度相关的代理指标占全国的比重进行划分，折旧率、价格指数、基期资本存量均按江永宏和孙凤娥（2016）的方法测算或采取相同的数据。

本节根据不同的经济发展时期相应地选取不同的折旧率，合理地确定 R&D 价格指数来进行权重赋值，进而采用永续盘存法测算我国省份 1990—2017 年的 R&D 资本存量。一方面这样测算的 R&D 资本存量结果将更为可靠，另一方面该测算结果为研究各区域创新能力、R&D 与经济增长关系等具有现实意义的课题提供了基础性数据。

二　R&D 资本存量的估算方法、变量估计

（一）R&D 资本存量的估算方法

测算地区 R&D 资本存量的方法，采用第三章测算全国层面的 R&D 资本存量方法，这里不再赘述，仍然需要说明基期 R&D 资本存量、价格指数、折旧率和 R&D 投入指标。

（二）变量估计和数据处理

1. 当期 R&D 投入

根据《中国科技统计年鉴》和各省区市的统计年鉴（经济年鉴），浙江和上海公布了 1990—1997 年的 R&D 投入数据，因而不需要估算，对于部分省份存在某一年度的数据也不采用估算的数据。从 1998 年开始连续公布 R&D 经费内部支出数据，为了更能反映 20 世纪 90 年代以来中国各省区市创新能力的增长，本节通过对不同企事业单位的 R&D 投入数据来估计 1990—1997 年各省区市的 R&D 投入数据。在 1990—1997 年《中国科技统计年鉴》中仅给出了各省区市大中型工业企业、研究与开发机构和高等院校的 R&D 经费内部支出额，这三者的合计明显小于全部 R&D 投入。从中国 R&D 经费的统计范围和包含的内容发现①，1990—1997 年缺失的数据包括两个方面，一个是企业的 R&D 支出扣除大中型工业企业支出后的数据，另一个是 R&D 支出中的其他部分。为了得到 1990—1997 年各省区市的 R&D 投入数据，本节根据 1990—1997 年缺失的两部分合计数占全国 R&D 支出的比重，估算各省区市的 R&D 投入数据。估算

① 中国 R&D 经费的统计范围为全社会有 R&D 活动的企事业单位，具体包括工业企业、政府所属研究机构、高等院校以及 R&D 活动相对密集行业（包括农、林、牧、渔业，建筑业，交通运输、仓储和邮政业，信息传输、计算机服务和软件业，金融业，租赁和商务服务业，科学研究、技术服务和地质勘查业，水利、环境和公共设施管理业，卫生、社会保障和社会福利业，文化、体育和娱乐业等）中从事 R&D 活动的企事业单位。按执行部门分四部分：企业、高等院校、研究机构和其他。

1990—1997 年各省区市 R&D 支出的公式为：

$$RD_{it} = (IRD_{it} + RRD_{it} + CRD_{it})/(1 - \pi_t) \qquad (7—1)$$

式（7—1）中，RD 是 1990—1997 年估算的投入，IRD 是大中型工业企业的 R&D 投入，RRD 是研究与开发机构的 R&D 投入，CRD 是高等院校的 R&D 投入，π 是企业的 R&D 支出扣除大中型工业企业支出的数值与 R&D 支出中其他部分的合计数占全部 R&D 经费的比重。

1990—1997 年 R&D 投入根据式（7—1）估算，1998—2017 年各省区市的 R&D 投入来自 1999—2018 年的《中国科技统计年鉴》。

2. 基期 R&D 存量

对于基期的确定，由于中国各省区市的 R&D 投入数据公布年份始于 1998 年，部分学者确定基期为 1997 年、1998 年或 2000 年，为了扩大后续问题的研究样本，本书将基年定为 1990 年，并将不变价格设定为 1990 年不变价。

目前有两种常见的用永续盘存法来估计基年 R&D 资本存量的做法，一种方法是假定基期 R&D 资本存量的平均增长率等于 R&D 投入的平均增长率，是由 Griliches（1980）提出，多数学者采取了这种方法。另一种方法是假定在稳定增长的状态下，R&D 资本存量与经济总量存在正向相关关系，基于此求出基年的 R&D 资本存量。鉴于 20 世纪 90 年代中国经济处于转轨时期，经济处于快速增长时期，R&D 投入并没有稳定增长，显然采取第二种方法不合适，故本书采取第一种方法，即：

$$\frac{C_t - C_{t-1}}{C_{t-1}} = \frac{R_t - R_{t-1}}{R_{t-1}} = \theta \qquad (7—2)$$

式（7—2）的 θ 是 R&D 投入 R 的增长率。当 $t = 1$ 时，

$$C_1 = (1 + \theta)\, C_0 \qquad (7—3)$$

根据式（7—2），当 $t = 1$ 时，

$$C_1 = R_1 + (1 - \delta)\, C_0 \qquad (7—4)$$

根据式（7—3）和式（7—4），可以得到计算基期 R&D 资本存量的公式：

$$C_0 = R_1/(\delta + \theta) \tag{7—5}$$

各个省区市的 R&D 投入增长率并不相同，存在较大差异，因而不同的省区市采取不同的增长率。参考王俊（2009）的做法，各省区市 R&D 增长在 20 世纪 90 年代处于波动阶段，稳定增长阶段出现在 21 世纪以后，但各省区市的具体年份不尽相同，为此，可把整个时间区间分为两段，波动阶段和稳定快速增长阶段，各省区市波动阶段的时间区间如表 7—7 所示。

表 7—7　　　　中国各省 R&D 投入第一阶段时间区间

年份	省份
1990—1996	上海
1990—1997	浙江
1990—1998	天津、河北、山西、辽宁、黑龙江、江苏、安徽、福建、山东、河南、广东、贵州、西藏、宁夏
1990—1999	江西、湖北、湖南、海南、云南、新疆
1990—2000	北京、内蒙古、吉林、广西、重庆、四川、陕西、青海
1990—2002	甘肃

3. R&D 投入价格指数

R&D 投入价格指数的构造对测算 R&D 资本存量影响巨大。鉴于目前没有统一的标准，不同文献构造的 R&D 价格指数不同，从而造成 R&D 资本存量存在很大差异。关于 R&D 投入价格指数的设定，大部分学者选取不同名目的价格指数和权重进行加权平均，例如工资价格、GNP 价格指数、消费物价指数、固定资产投资价格指数、商品零售价格指数、工业品出厂价格指数、原材料价格指数等构造 R&D 价格指数，只是权重的设定方法不同。大部分学者是主观设定，而李向东等（2011）、谢兰云（2010）、朱有为和徐康宁（2006）将对应的名目占 R&D 投入的比重作为权重，这样比较客观。根据国家统计局的公告，本节采用固定资产投资价格指数、工业生产者购进价格指数和居民消费价格指数来构造 R&D 投入的价格指数，对于部分省区市某一年度缺失的数据用全国平均数代替，2009 年以前年份的数据使用 2009—2014 年的平均数代替，以各省区市 R&D 投入中资产性支出占的比重为固定资产投资价格指数的权重，劳务费占 R&D 投入的比重为居民消费价格指数的权重，其他支出占 R&D 投入的比重为工业生产者购进价格指数的权重。各省区市的价格指数计算公式为：

$$RDPI_{it} = INVPI_{it} \times \left(\frac{INV_{it}}{RD_{it}}\right) + IDU_{it} \times (CM_{it}/RD_{it}) + CMPI_{it} \times \left(\frac{PA_{it}}{RD_{it}}\right) \quad (7—6)$$

式（7—6）中，*RDPI* 为 R&D 综合指数，*INVPI* 为固定资产投资价格指数，*INV* 为 R&D 投入中资产性投入，*IDU* 是工业生产者购进价格指数，*CM* 为日常性支出，*CMPI* 为居民消费价格指数，*PA* 是劳务费支出。鉴于 2009 年以前没有详细的分类数据，余泳泽（2015a）用科技活动经费的内部比重代替，但笔者认为科技活动经费的内部比重与 R&D 投入的内部比重是有区别的，尤其是涉及各省区市时，比如，1997 年和 2000 年，固定资产构建费占科技活动经费的比重区间分别是 13%—46% 和 14%—43%，2009 年资产性投入占 R&D 投入的比重区间是 15%—32%，两者还是有较大的差别。因此，这里认为使用 2009—2014 年 R&D 投入的平均内部支出代替 2009 年以前的内部支出更为合理。

4. 折旧率

确定 R&D 的折旧率是比核算 R&D 资本存量更为复杂的问题。与物质资本不同的是，知识的扩散和传播使得知识专用性不断下降（Pakes 和 Schankerman，1979），尤其是在知识经济下，知识的传播和扩散速度远远大于从前信息不发达的年代，因而普遍认为 R&D 资本的折旧率一般应高于物质资本的折旧率。但对于折旧率的取值几何，目前学者们没有一致的意见，国外学者采用固定数值或通过计算专利净收益来估计折旧率，例如 Griliches（1980）采取的固定折旧率是 15%，Bosworth（1978）通过计算专利净收益，估计的折旧率是10%—15%。当涉及行业时，差距尤其大，Goto 和 Suzuki（1989）使用专利产生收益时间长度的反函数来确定各个行业的折旧率，折旧率为7.5%—24.6%。国内学者不尽相同，王康（2011）用的是12%，蔡虹和许晓雯（2005）用的是7.14%，吴延兵（2006）、谢兰云（2010）用的是15%，刘建翠等（2015）用的是10%和15%。

考虑到在经济发展的不同阶段和经济发展程度不同的地区，资本的更新速度不同，即折旧率不同，本节根据31个省区市R&D投入的快慢程度采取了不同的折旧率。在20世纪90年代，各地区的R&D投入较低，属于知识积累阶段，折旧率一般来说会比较低；进入21世纪，信息化和知识经济不仅提高了知识的传播和更新速度，同时也促进了技术的更新换代，折旧率提高是必然的。为此需要估算两个阶段的折旧率。

本节把R&D投入分为资产性支出和非资产性支出两部分计算折旧率，其中资产性支出分为建筑安装类和机器设备类计算折旧率。叶宗裕（2010b）估计的1993年建筑安装类和机器设备类的折旧率分别为7.86%和19.7%，1994—2008年建筑安装类和机器设备类折旧率每年分别递增0.04个百分点和0.02个百分点，则2005年建筑安装类和机器设备类的折旧率分别为8.32%和19.94%。本节首先采取叶宗裕（2010b）1993年和2005年的建筑安装类和机器设备类的折旧率估算两个阶段的资产性支出的折旧率，各省区市资产性支出的折旧率计算公式为：

$$INVDP_{it} = D1_t \times (FA_{it}/INV_{it}) + D2_t \times (EQ_{it}/INV_{it}) \quad (7—7)$$

式（7—7）中，*INVDP*是资产性支出的折旧率，*D1*是资产性支出中非仪器和设备的折旧率，两个阶段的取值分别是7.86%和8.32%，*D2*是仪器和设备的折旧率，两个阶段的取值分别是19.7%和19.94%，*FA*是资产性支出中非仪器和设备的支出，*EQ*是仪器和设备的支出。利用式（7—7）计算两个阶段资产性支出的折旧率。

计算R&D投入的折旧率，资产性支出部分的折旧率采取式（7—7）计算的数值，其他非资产性日常支出采用通用的 20% 的折旧率（余泳泽，2015a）。各省区市 R&D 投入的折旧率计算公式为：

$$RDDP_{it} = INVDP_{it} \times (INV_{it} / RD_{it}) + 20\% \times (CM_{it} / RD_{it}) \tag{7—8}$$

式（7—8）中，$RDDP$ 是 R&D 投入的折旧率。用式（7—7）和式（7—8）计算的折旧率与谢兰云（2010）的最大不同在于没有采取固定的折旧率，考虑了时间的异质性。2009 年以前年度缺少的 R&D 投入内部支出比重用 2009—2014 年 R&D 投入的平均内部支出代替。

本节计算的折旧率与余泳泽（2015a）的区别在于，一是本节根据 R&D 投入的增长情况划分了两个阶段，二是资产性支出区分了仪器和设备与非仪器和设备。余泳泽（2015a）认为资产性投入 80% 以上为仪器与设备投入，采取黄勇峰等（2002）估算出的设备经济折旧率（17%），事实上，2009—2017 年资产性投入中仪器与设备占的比重区间是 52%—99%，与余泳泽（2015a）的说法出入较大，而黄勇峰等（2002）估算出的设备经济折旧率是中国制造业的设备折旧率，与全社会的设备折旧率是有差别的，且计算区间是 1985—1995 年，与余泳泽（2015a）的计算周期有较大时间差。基于以上原因，本节所计算的折旧率与余泳泽（2015a）计算的折旧率有所不同。

三　计算结果和分析

本节利用前面公式，计算了中国 31 个省区市 1990—2017 年的 R&D 资本存量，表 7—8 展开了部分典型年份中国省区市的 R&D 资本存量和年均增长率。从全国来看，1990—2017 年中国 R&D 资本存量经历了跨越式发展，1990 年 R&D 资本存量仅为 587.25 亿元，2017 年就达到了 18473.57 亿元，年均增长率高达 13.62%，远远高于 GDP 不到 10% 的增长率。[①] 中国 R&D 资本存量高速增长，不仅与企业注重 R&D 投入提高创新能力，取得竞争优势有关，也与中央乃至地方政府通过项目体制方式，资助高校、研究与开发机构、企业和学者的 R&D 活动相关（郑世林等，2015）。

表 7—8　　典型年份 31 个省区市 R&D 资本存量和年均增长率

（1990 = 1，亿元，%）

省份	1990 年	1995 年	2000 年	2005 年	2010 年	2017 年	年均增长率
北京	145. 30	184. 37	245. 74	483. 63	945. 31	2002. 15	10. 20
天津	15. 46	16. 36	21. 03	55. 80	176. 66	565. 42	14. 26
河北	14. 90	14. 69	19. 76	59. 70	155. 30	437. 84	13. 34
山西	2. 09	5. 46	11. 58	31. 77	94. 85	219. 59	18. 81
内蒙古	4. 69	4. 25	4. 20	10. 39	45. 88	170. 90	14. 24
辽宁	46. 34	47. 15	58. 45	144. 53	299. 37	593. 40	9. 90
吉林	16. 42	18. 33	19. 71	48. 66	97. 05	195. 51	9. 61
黑龙江	6. 42	12. 41	22. 65	53. 65	135. 33	250. 62	14. 54
上海	34. 86	61. 71	105. 61	236. 12	552. 75	1294. 78	14. 32
江苏	35. 98	43. 86	66. 65	220. 46	710. 10	2123. 25	16. 30
浙江	6. 54	13. 45	34. 44	130. 13	469. 65	1326. 22	21. 74
安徽	2. 61	10. 16	17. 16	51. 80	144. 57	547. 11	21. 89
福建	6. 03	5. 95	11. 12	54. 68	147. 13	495. 38	17. 74
江西	11. 00	9. 81	11. 35	28. 94	94. 03	254. 06	12. 33
山东	29. 50	28. 55	45. 30	174. 67	584. 71	1880. 79	16. 64
河南	23. 99	22. 96	28. 39	62. 96	187. 00	587. 58	12. 58
湖北	29. 03	38. 56	57. 03	103. 63	244. 40	758. 48	12. 85
湖南	26. 58	23. 19	25. 22	52. 35	144. 60	486. 67	11. 37
广东	25. 88	33. 00	70. 65	268. 64	661. 54	2059. 54	17. 60
广西	3. 21	3. 80	5. 68	19. 26	52. 63	169. 77	15. 83

① 本章计算的全国 R&D 资本存量是 31 个省份的合计数据，因为省份之间的折旧率和价格指数不同，且采取不同折旧率和价格指数的时段不同，与第三章的计算结果不可比。

续表

省份	1990 年	1995 年	2000 年	2005 年	2010 年	2017 年	年均增长率
海南	0.62	1.02	1.91	2.92	6.01	24.80	14.64
重庆	4.87	7.88	11.44	30.47	89.91	310.58	16.63
四川	22.82	53.91	73.62	138.63	276.45	706.03	13.55
贵州	0.25	2.62	4.83	12.24	27.92	76.65	23.67
云南	9.38	10.35	11.67	19.33	44.55	130.13	10.23
西藏	0.11	0.12	0.27	0.59	1.39	3.04	13.07
陕西	39.15	50.90	67.21	134.16	252.05	594.39	10.60
甘肃	15.02	15.00	16.06	22.16	44.50	98.47	7.21
青海	2.10	1.69	1.94	3.95	7.42	17.76	8.23
宁夏	1.07	0.94	1.40	3.84	10.45	28.37	12.93
新疆	5.03	4.53	6.65	8.77	21.55	64.29	9.90
全国	587.25	746.98	1078.72	2668.83	6725.06	18473.57	13.62

（一）省份 R&D 资本存量的分析

首先，各省区市的 R&D 资本存量绝对数和增长率差异较大，分布很不均衡，区域差异非常明显，基本呈现从东向西逐步递减的趋势，与中国的经济发展特征基本相吻合。2017 年，北京、江苏、山东、广东和上海 5 个省市的 R&D 资本存量占全国的 50.67%，超过全国 R&D 资本存量的“半壁江山”；广西、内蒙古、云南、甘肃、贵州、宁夏、新疆、青海、海南和西藏 10 个省区市的 R&D 资本存量占全国的比重只有 4.24%。经济发展快速的地区，R&D 资本存量增长较快，例如，浙江的年均增长率是 21.74%，而全国年均增长率只有 13.62%。

其次，经过 20 多年的发展，大部分省份的 R&D 资本存量分布变化不大（见图 7—5）。东部区域的优势更加明显，且不断扩大；中部区域的湖北和西部区域的四川和陕西是所在区域的 R&D 活动中心。这与王孟欣（2011a）的计算结果相似。除了北京和上海，其余省份在 20 世纪 90 年代 R&D 资本存量增长较慢，1990 年和 2000 年的 R&D 资本存量分布更为接近。各省份 R&D 资本存量的迅速增长发生在 21 世纪，20 世纪 90 年代末提出科技创新战略，尤其是 2006 年以来，国家先后提出增强创新能力以及建设创新型国家，把自主创新纳入《中共中央关于制定国民经济和社会发展第十一个五年规划的建议》和《国家中长期科学和技术发展规划纲要（2006—2020）》以后，各省份的 R&D 投入迅速增长，R&D 资本存量也就迅速增加，因此 2007 年和 2017 年的 R&D 资本存量分布更为接近。

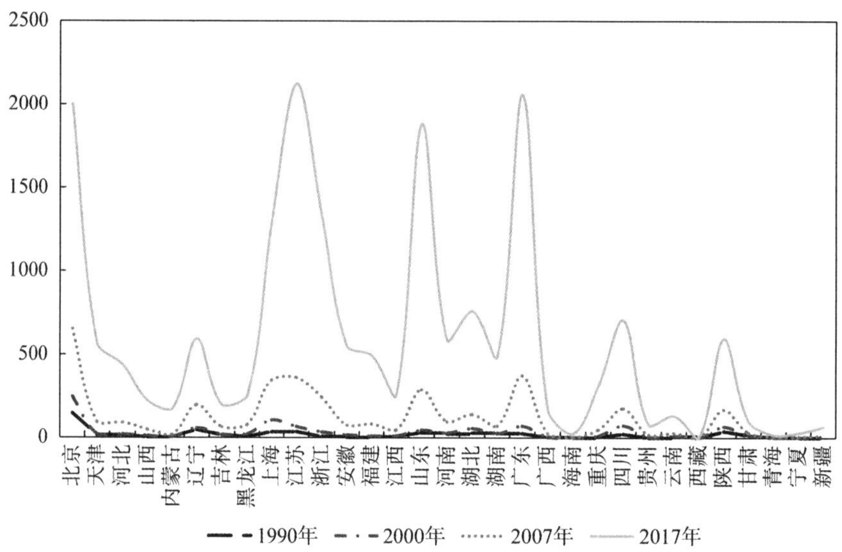

图 7—5　1990 年、2000 年、2007 年、2017 年 31 个省份 R&D 资本存量（1990 年价，亿元）

最后，对 2017 年各省份 R&D 资本存量进行聚类分析，将 31 个省区市分为 4 类。第一类是北京、江苏、山东和广东，2017 年 R&D 资本存量分别达到 2002.15 亿元、2123.25 亿元、1880.79 亿元和 2059.54 亿元，占全国总量的比重分别是 10.84%、11.49%、10.18% 和 11.15%。北京作为中国的首都，不仅聚集了中国最多和科研水平最高的高校和研究与开发机构，还有大量的高科技企业，R&D 投入多，是创新能力与 R&D 能力都较强的地区。江苏、山东和广东自改革开放以来，经济发展始终位于全国前 3 名，强大的经济实力成为 R&D 投入的坚强后盾。第二类包括上海和浙江。2017 年，上海和浙江的 R&D 资本存量均超过 1000 亿元，占全国比重均超过 7% 但低于 10%。上海和浙江都处于东部沿海地区，是经济最发达的地区，也是 R&D 投入较多的地区，创新能力和竞争力较强，属于中国创新活动的重点地区，是建设国家创新体系不可或缺的部分。第三类地区包括天津、辽宁、河南、湖北、四川、陕西 6 个省市，2017 年 R&D 资本存量均超过 550 亿元，占全国比重均大于 3% 低于 7%。在这些省市中，辽宁是东北的 R&D 中心，是东北老工业基地的中心，湖北是中部的 R&D 中心，也是全国理工科院校的聚集地之一。四川集中了西南的主要高校，陕西集中了西北的主要高校，新中国成立初期的三线[①]建设也把主要的科技资本投入鄂、川、陕这三个省份，因此它们均成为各自区域的 R&D 中心。天津作为中国直辖市之一，随着《京津冀都市圈区域规划》和《京津冀协同发展纲要》的实施，天津经济快速发展，R&D 投入也有较大的提高。第四类地区包括其余 19 个省区市，大多数处于中、西部区域，经济基础弱，发展相对落后，R&D 经费投入较少，形成 R&D 资本存量也较低。因此，这些地区的 R&D 活动相对较弱，需要 R&D 活动强的地区带动。这印证了王孟欣（2011a）的计算结果。

（二）六大行政区 R&D 资本存量的分析

根据表 7—9，从 R&D 资本存量总量看，在 2000 年以前六大行政区的排序是华北、华东、中南、西南、东北和西北，2005—2010 年，华东超过华北，跃居第一，六大行政区的排序是华东、华北、中南、东北、西南和西北；到了 2017 年，六大行政区的排序是华

---

① 三线是指长城以南、广东省韶关以北、京广铁路以西、甘肃乌鞘岭以东的广大地区，主要包括四川、重庆、贵州、云南、陕西、甘肃、宁夏、青海 8 个省区市以及山西、河北、河南、湖南、湖北、广西等省区部分地区，https://baike.sogou.com/v7603435.htm? fromTitle =% E4% B8% 89% E7% BA% BF% E5% BB% BA% E8% AE% BE。

东、中南、华北、西南、东北和西北，中南超过华北位居第二，发生变化的原因在于华东和中南地区的 R&D 资本存量年均增长率高于其他地区。因为每个行政区包括的省份个数不同，R&D 资本存量总量差距较大，用每个行政区总量除以包括的省份个数得到平均数来比较相对合理，从图 7—6 可以看出，截至 1998 年，六大行政区的排序是华北、东北、华东、中南、西南和西北，1999—2005 年六大行政区的排序是华北、华东、东北、中南、西南和西北，2006—2017 年六大行政区的排序是华东、华北、中南、西南、东北和西北，究其原因是华东地区大部分省份的 R&D 资本存量增长速度高于其他地区的增长速度。各个行政区 R&D 资本存量总量在不同时间排序与省均排序有差别。

表 7—9　　典型年份六大行政区 R&D 资本存量和增长情况

（1990＝1，亿元，%）

地区	1990 年	1995 年	2000 年	2005 年	2010 年	2017 年	年均增长率
华北	182. 43	225. 13	302. 30	641. 29	1417. 99	3395. 88	11. 44
东北	69. 19	77. 89	100. 81	246. 83	531. 75	1039. 53	10. 56
华东	126. 52	173. 49	291. 62	896. 81	2702. 93	7921. 59	16. 56
中南	109. 32	122. 53	188. 88	509. 77	1296. 18	4086. 84	14. 35
西南	37. 43	74. 88	101. 83	201. 25	440. 22	1226. 42	13. 80
西北	62. 37	73. 06	93. 26	172. 87	335. 97	803. 28	9. 93

（三）三大区域 R&D 资本存量的分析

在整个时间段内，东部区域 R&D 资本存量总量远远高于中部、西部区域的 R&D 资本存量总量。根据表 7—10，1990 年东部区域 R&D 资本存量是 361. 41 亿元，占总量的 61. 54%（东部区域 GDP 占全国 GDP 总量的 51. 69%，1990 年不变价），中部和西部区域分别是 118. 15 亿元和 107. 71 亿元，占总量的比重分别是 20. 12% 和 18. 34%（中部、西部区域 GDP 占全国 GDP 总量的比重分别是 27. 87% 和

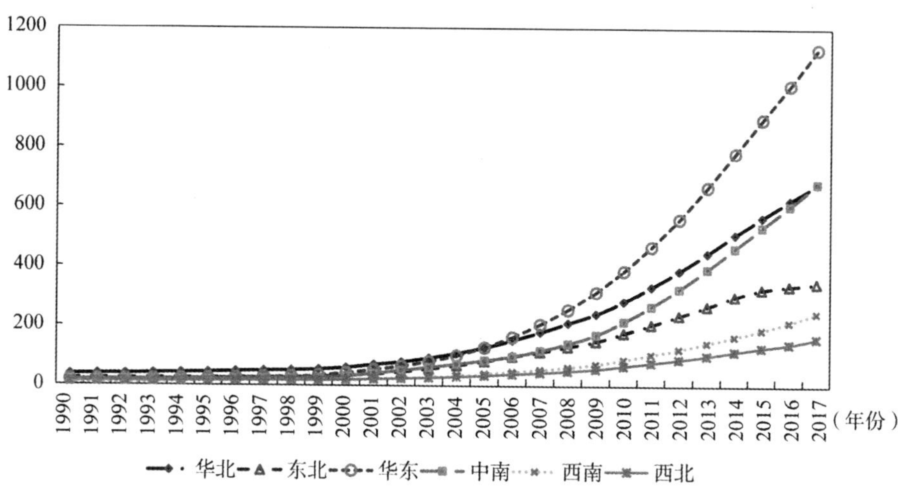

图 7—6 1990—2017 年六大行政区平均 R&D 资本存量（1990 =1，亿元）

20.43%，1990 年不变价）；2017 年，东部区域 R&D 资本存量是 12803.57 亿元，占总量的 69.43%（东部区域 GDP 占全国 GDP 总量的 57.27%，1990 年不变价），中部和西部区域分别是 3299.61 亿元和 2337.39 亿元，占总量的比重分别是 17.89% 和 12.68%（中部和西部区域 GDP 占全国 GDP 总量的比重分别是 23.70% 和 19.03%，1990 年不变价）。从东部、中部、西部区域 R&D 资本存量占总量的比重和东部、中部、西部 GDP 占总量的比重来看，再次验证了 R&D 资本存量分布特征与中国经济发展特征相吻合的特性。

表 7—10 典型年份三大区域 R&D 资本存量和增长情况

（1990 =1，亿元，%）

区域	1990 年	1995 年	2000 年	2005 年	2010 年	2017 年	年均增长率
东部	361.41	450.12	680.65	1831.28	4708.52	12803.57	14.13
中部	118.15	140.87	193.09	433.76	1141.82	3299.61	13.12
西部	107.71	155.99	204.96	403.78	874.70	2337.39	12.07

从各个区域平均 R&D 资本存量看（见图 7—7），东部区域 R&D

资本存量的均值在1990—2017年整个时间区间内均高于其他区域的R&D资本存量的均值，全国平均水平高于中、西部区域和东北，西部区域R&D资本存量的均值始终最小；截至2012年中部区域的R&D资本存量均值低于东北，2013年开始中部区域高于东北。随着2006年建设创新型国家战略的提出，东部区域R&D资本存量的均值迅速增长，远远高于其他区域的均值，全国平均水平与东部区域的均值差距也越来越大。中部区域和西部区域的差距拉大也始于2006年，2005年中部区域的平均R&D资本存量是西部区域的1.64倍，2006年是1.67倍，2007年是1.77倍，2010年是2.08倍，2017年是2.41倍，中部区域R&D投入增长速度远远高于西部区域。R&D资本存量平均值的差异在一定程度上再次说明了投入的高低与创新的密切关系，也说明了东部区域、中部区域、西部区域、东北之间创新程度的差距源泉。

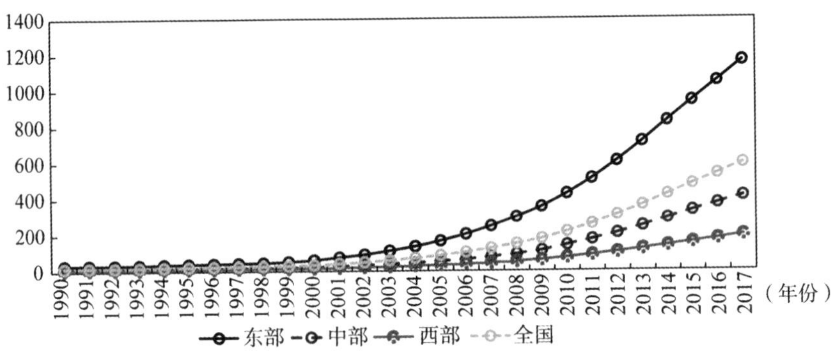

图7—7　1990—2017年三大区域平均R&D资本存量（1990=1，亿元）

四　与现有结果比较分析及其拓展

为了验证本节计算结果的合理性，将计算结果与现有研究结果进行了比较分析。从计算结果看，唯一相同的一点是，各省区市之间的资本存量差距较大，增长速度亦有差距。

根据肖敏和谢富纪（2009）、谢兰云（2010）、王孟欣（2011a）和本书计算的数据，本书选取2006年的数据从绝对数、相对数进行分析①，并分析增长趋势。第一，肖敏和谢富纪（2009）、谢兰云（2010）计算的基期相同，可以对绝对数进行分析（见表7—11）。因为，科技经费筹集额是R&D投入的2—2.3倍，计算的R&D资本存量显然大于用R&D支出数计算的R&D资本存量，谢兰云（2010）的计算结果是肖敏和谢富纪（2009）计算结果的1.7—3.9倍，显然因为谢兰云（2010）用科技经费筹集额计算R&D资本存量，过高地估计各省区市的R&D资本存量，影响进一步利用R&D存量对创新的研究结果。第二，从各省区市R&D资本存量占总量的比重看，虽然有差别但不是很大，尤其是西部区域。第三，用31个省区市的平均值比较增长趋势。从增长趋势看，谢兰云（2010）的计算结果增长迅速，肖敏和谢富纪（2009）、王孟欣（2011a）的计算结果趋势基本一致，在计算周期开始是缓慢增长，后期是较快增长，本节的计算结果是在20世纪90年代缓慢增长，2005年后迅速增长，因为2005年国家颁布了多项科技创新政策，地区的R&D投入开始稳步快速增长。

表7—11　　2006年四种R&D资本存量计算结果

省份	R&D资本存量绝对数（亿元）				R&D资本存量占总量的比重（%）			
	肖敏和谢富纪（2000=1）	谢兰云（2000=1）	王孟欣（2011a）（1995=1）	本节（1990=1）	肖敏和谢富纪	谢兰云	王孟欣（a）	本节
北京	1154.50	2709.40	816.2	566.54	13.26	14.31	12.65	17.58
天津	242.70	564.96	169.8	71.35	2.79	2.98	2.63	2.21
河北	222.16	370.97	151.1	72.83	2.55	1.96	2.34	2.26
山西	86.15	282.56	73	38.11	0.99	1.49	1.13	1.18

① 因为肖敏、谢兰云和王孟欣（2011a）的计算周期分别是2000—2006年、2000—2006年和1998—2007年，本节计算周期是1990—2017年，为了便于比较选取2006年的数据。

续表

省份	R&D资本存量绝对数（亿元）				R&D资本存量占总量的比重（%）			
	肖敏和谢富纪（2000＝1）	谢兰云（2000＝1）	王孟欣（2011a）（1995＝1）	本节（1990＝1）	肖敏和谢富纪	谢兰云	王孟欣（2011a）	本节
内蒙古	36.02	115.32	28.9	13.45	0.41	0.61	0.45	0.42
辽宁	499.03	807.80	349.5	171.64	5.73	4.27	5.42	5.32
吉林	138.59	314.96	116.9	56.83	1.59	1.66	1.81	1.76
黑龙江	188.24	305.79	147.9	66.09	2.16	1.61	2.29	2.05
上海	755.20	1712.46	530.7	285.79	8.67	9.04	8.23	8.87
江苏	914.82	2067.48	675.6	283.21	10.50	10.92	10.47	8.79
浙江	487.61	1149.20	327.2	177.27	5.60	6.07	5.07	5.50
安徽	187.01	467.56	141.1	61.81	2.15	2.47	2.19	1.92
福建	220.72	439.80	145.5	67.02	2.53	2.32	2.26	2.08
江西	93.90	175.24	67.6	36.91	1.08	0.93	1.05	1.15
山东	631.74	1378.76	451.5	228.85	7.25	7.28	7.00	7.10
河南	216.77	493.35	155.7	75.33	2.49	2.61	2.41	2.34
湖北	354.18	650.23	240.3	118.94	4.07	3.43	3.72	3.69
湖南	185.88	430.87	135.3	60.52	2.13	2.28	2.10	1.88
广东	930.03	1940.74	681.5	313.12	10.68	10.25	10.56	9.71
广西	59.94	179.25	52.1	22.49	0.69	0.95	0.81	0.70
海南	7.40	28.51	6.4	3.09	0.08	0.15	0.10	0.10
重庆	102.33	276.00	87.9	39.23	1.17	1.46	1.36	1.22
四川	416.77	864.09	364.2	157.05	4.79	4.56	5.64	4.87
贵州	40.42	93.39	34.8	14.52	0.46	0.49	0.54	0.45
云南	65.85	167.84	57	24.63	0.76	0.89	0.88	0.76
西藏	1.61	6.89	—	0.61	0.02	0.04	—	0.02
陕西	352.67	617.63	341	151.71	4.05	3.26	5.29	4.71
甘肃	68.98	152.56	61.4	25.81	0.79	0.81	0.95	0.80
青海	11.50	37.09	10.9	4.42	0.13	0.20	0.17	0.14
宁夏	11.63	39.96	10.4	4.40	0.13	0.21	0.16	0.14
新疆	25.30	97.81	20.5	9.83	0.29	0.52	0.32	0.30

资料来源：来自肖敏和谢富纪（2009）、谢兰云（2010）、王孟欣（2011a）和笔者的计算。

造成以上差异的原因可能有以下五点：一是本书计算的基期是 1990 年（价格基准为 1990 年），王孟欣（2011a）的计算基期是 1998 年（价格基准为 1995 年），肖敏和谢富纪（2009）、谢兰云（2010）计算的基期是 2000 年（价格基准为 2000 年），这导致相同年份的 R&D 资本存量存在较大差异；二是采用的 R&D 投入数据不同，谢兰云（2010）以科技经费筹集额作为 R&D 支出，远远大于现有统计体系下的 R&D 支出数；三是折旧率存在差异，肖敏和谢富纪（2009）、谢兰云（2010）的折旧率是 15%，王孟欣（2011a）在东、中、西三个区域采取了不同的折旧率，分别是 18%、15% 和 12%，本节按照 R&D 投入的内部比重计算了两个时间段的折旧率，不仅具有时间上的异质性，还具有区域上的异质性，其依据是在长时期、不稳定的经济发展中，资本的折旧率不是一成不变的；四是价格指数的构造不同，肖敏和谢富纪（2009）、王孟欣（2011a）使用各省区市 GDP 平减指数作为 R&D 投入的价格指数，谢兰云（2010）使用商品零售价格指数、固定资产价格指数和工业品出厂价格指数构造价格指数，三者的权重是劳务费、原材料费和固定资产购建费在科技经费筹集额中的比重，本节使用固定资产价格指数、工业生产者购进价格指数和居民消费价格指数构造价格指数，三者的权重是资产性支出、劳务费支出和其他支出在 R&D 投入中的比重；五是本节计算了 1990—2017 年各省区市的 R&D 资本存量，比其他计算结果的时间序列要长，并且匹配了 R&D 投入的核算范围，使得本节的测算结果具有较强的连续性，这为研究各省区市经济增长与 R&D 投入的关系、技术创新的源泉、经济增长质量等提供了更为科学可靠的基础数据。

根据目前查找到的文献，肖敏和谢富纪（2009）是最早计算各省区市 R&D 资本存量的学者，此后有学者开始核算区域 R&D 资本存量，肖敏和谢富纪（2009）在理论和应用两方面推动了区域 R&D 资本存量的核算；谢兰云（2010）的价格权重处理方法考虑了时间和区域的异质性，为 R&D 投入价格指数的构造提供了新的思路，区别于以前学者采取固定的参数；本节对折旧率的处理不仅考虑了资产性支出、劳务费和其他支出的区别，还考虑了资产性支出中设备和仪器及其他资产性支出的差异，这种处理方法比余泳泽（2015a）的处理方法更为细致合理。谢兰云（2010）以科技经费筹集额作为R&D支出计算R&D资本存量，计算结果不可避免地偏大，将会影响创新问题的深入研究。

从中国各省区市R&D资本存量占GDP的比例来看，各省区市是先下降后上升，与全国的发展趋势相同，但2017年与1990年相比，仍有5个省份的比例低于1990年的水平，绝大部分位于西部区域，说明这些省份的R&D投入不足，R&D资本存量的增长速度低于GDP的增长速度。2000年美国R&D资本存量占GDP的比例是5.41%，只有陕西超过此值，2017年也只有天津、上海、浙江、江苏、山东、广东和陕西超过此值（北京因其特殊性，不做比较），大部分地区R&D资本存量占GDP的比例远远低于美国的比例。

三大区域R&D资本存量与GDP之比，总的趋势是先下降后上升（见图7—8）。在不同的年份之间，各区域的比例大小变化较大，尤其是东部和中部区域。中部区域R&D资本存量与GDP之比在1990—2010年一直是最低的，2011年开始高于西部；在1994—2000年西部区域的R&D资本存量与GDP之比一度是最高的，此后由于R&D投入增长缓慢，2011年开始R&D资本存量与GDP之比在三大区域中垫底。一定程度上，各个区域R&D资本存量的巨大差距也说明了不同区域之间创新能力悬殊的关键。实施创新驱动战略，倡导“大众创业、万众创新”，有助于推动中国经济结构调整、打造发展新引擎、增强发展新动力、走创新驱动发展道路。但“双创”不仅需要创新精神，也需要充足的R&D投入。

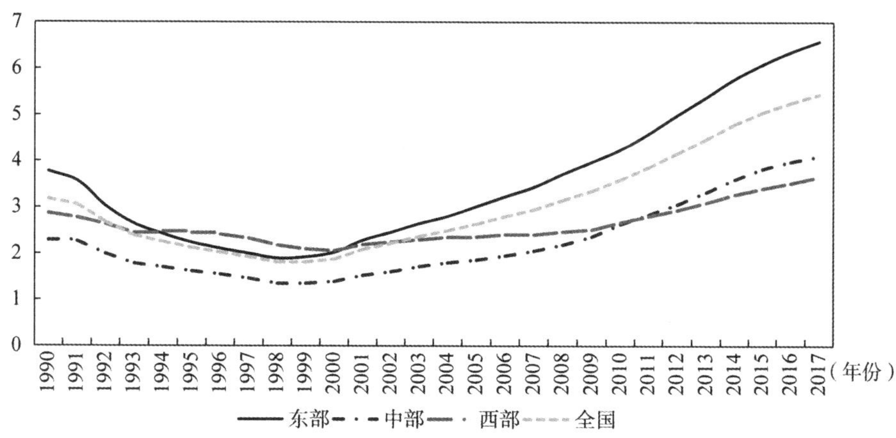

图 7—8　1990—2017 年三大区域 R&D 资本存量与 GDP 之比（1990 = 1，%）

五　小结

本节通过拓展各省区市 R&D 投入数据序列，利用永续盘存法测算了中国 31 个省区市的 R&D 资本存量，估计结果显示：中国各省区市的 R&D 资本存量在 1990—2017 年经历了快速增长，但地区之间 R&D 资本存量分布不平衡，这意味着地区创新能力存在较大差距；在 1990—2017 年，各地区 R&D 资本存量的增长速度也存在较大差异，经济发展较快的地区 R&D 资本存量增长也较快，反之亦然，这说明经济与 R&D 资本存量存在密切的正相关关系；无论是 31 个省区市还是六大行政区或者东部、中部、西部三大区域，R&D 资本存量的分布与经济发展程度相吻合。研究结果说明，自 1990 年以来 R&D 资本存量历经了跨越式增长，支撑了中国经济增长成就，并且 R&D 资源分布出现了向东部发达区域集中的态势。本节研究结论对中国科技资源投入具有重要的政策含义。

中国仍有较大 R&D 投入空间，持续 R&D 投入对实现创新驱动战略具有重要的现实意义。长期以来，固定资本投入是中国经济增长的主要源泉，并表现出粗放经济增长模式的特征（郑世林等，2015）。党的十八大明确提出，科技创新是提高社会生产力和综合国力的战略支撑，必须摆在国家发展全局的核心位置。虽然中国R&D资本存量在1990—2017年经历了快速提升，但与发达国家R&D投入之间仍存在较大差距。OECD数据显示，2017年美国的R&D投入强度为2.79%，德国、日本及韩国的R&D投入强度分别为3.04%、3.21%和4.55%，不仅远远高于中国的R&D投入强度，甚至高于《国家中长期科技发展规划纲要》设定的到2020年达到2.5%的目标。因此，中国仍有较大的R&D投入空间。通过各地区持续增加R&D投入，对于提高中国自主创新能力，促进产业结构调整，突破资源、能源和环境的制约具有重要作用。

目前中国科研项目体制主要是以行政配置资源的方式，大量科研资源流入国家级的研究与开发机构和“985”、“211”、省重点高校，而且政府对企业R&D的资助也多配置到国有企业、重点企业、特色企业等，一些中小企业很难配置到科研资源。相较而言，中、西部区域重点高校和研究与开发机构较少，科技企业也少，而且企业竞争力也远比东部区域弱，这是造成科技资源分布不均衡的重要原因。因此，科技资源分配过程中要逐步打破按照行政级别的挑选分配体制，发挥公共资源配置均等化和市场化结合的分配模式，依靠市场机制进行科技资源的配置，发挥政府在科技资源配置中的均等化作用，减少区域之间R&D资源投入的不均衡。

第八章

中国地区物质资本存量的核算

本章在已有研究文献的基础上，选择适当的指标和参数，用永续盘存法估算了中国 31 个省份 1990—2017 年物质资本存量，为后续的研究提供基础数据。

第一节　地区资本存量核算述评

一　地区资本存量核算简述

与全国层面资本存量研究成果相比，在省际层面上的研究成果相对较少。张军等（2004）用永续盘存法估计了中国 30 个省区市 1952—2000 年各年末的资本存量；单豪杰（2008）在对基期资本存量和折旧率细致推算的基础上，分别估计了 30 个省区市的年度折旧率，测算了省际 1952—2006 年的资本存量；叶宗裕（2010b）估算了 1978—2008 年各省份的资本存量；黄宗远和宫汝凯（2010）采用永续盘存法对中国 31 个省区市 1978—2007 年的资本存量进行了估算；曹跃群等（2013）通过拓展永续盘存法测算了资本存量总额和生产性资本存量，采用最高指数形式测算了中国省际层面 1994—2010 年的资本存量；靖学青（2013）运用永续盘存法对 1952—2010 年中国 31 个省区市资本存量进行了估算；贾润崧和张四灿（2014）利用经济计量的方法估计出不同省份的资本折旧率，重新估算了

1952—2012 年中国省际资本存量。从测算结果看，结果差异较大（见表 8—1）；从所用指标、数据处理看，主要是折旧率和缺失数据处理方式不同（见表 8—2）。还有一个原因是数据质量问题，基础数据准确与否直接关系到资本存量核算的准确性，叶宗裕（2010b）指出江西的固定资本形成价格指数波动太大，缩减指数可能明显偏小，贾润崧和张四灿（2014）也认为江西、广西、甘肃的基础数据质量不高。

表 8—1　　2000 年代表文献省际物质资本存量估计结果比较　　单位：亿元

地区	张军等（2004）1952 年价	单豪杰（2008）1952 年价*	靖学青（2013）1990 年价	黄宗远和宫汝凯（2010）1978 年价
北京	4924	5748.20	4706.3	2923
天津	1414	1302.37	2689.7	2039
河北	2982	3824.28	6473.7	3282
山西	1579	1239.14	2619.0	1609
内蒙古	950	1796.37	1926.2	969
辽宁	802	896.59	4694.3	2015
吉林	854	1139.13	2008.1	937
黑龙江	1203	1507.43	3225.7	1712
上海	4410	89794.62	7009.4	3211
江苏	5176	8085.37	10551.7	7478
浙江	3007	4376.18	6984.1	3388
安徽	604	793.37	3785.9	1115
福建	1063	1327.06	3946.3	1079
江西	774	3109.11	2133.2	1443
山东	5414	7198.02	10152.3	4697
河南	2777	3686.10	5381.3	2627
湖北	1108	2092.58	4719.5	2125
湖南	1253	1695.30	3137.2	1039
广东	4206	7321.24	8339.7	4579
广西	912	991.59	3378.6	817
海南	279	303.45	1033.8	1150

续表

地区	张军等（2004）1952 年价	单豪杰（2008）1952 年价*	靖学青（2013）1990 年价	黄宗远和宫汝凯（2010）1978 年价
重庆	—	—	1964.7	1739
四川	3157	2638.81	4445.3	2661
贵州	517	770.77	1545.8	525
云南	126	181.91	2815.5	1046
西藏	106	112.36	238.5	261
陕西	1253	2118.70	2511.8	1165
甘肃	1046	1583.11	1451.4	802
青海	180	271.45	543.6	244
宁夏	174	254.15	585.9	213
新疆	979	1440.15	2247.5	888
合计	53209	76598.91	117246	56779

注：* 为 2003 年数据。

表 8—2　　各文献计算资本存量时所用指标、折旧率和处理方法

文献	投资流量	价格指数	折旧率	缺失数据处理
张军等（2004）	固定资本形成总额	固定资本形成价格指数，固定资产投资价格指数	9.6%	1952—1977 年缺失固定资本形成总额，改革开放后至测算年限的基本建设投资对固定资本形成总额做不包含截距项的 OLS 回归，利用回归得到的系数和缺失年份基本建设投资相乘得到这些年份的固定资本形成总额

续表

文献	投资流量	价格指数	折旧率	缺失数据处理
单豪杰(2008)	固定资本形成总额	固定资本形成价格指数，固定资产投资价格指数	10.96%	江西1978—1988年固定资本形成额的平均值3.5作为乘数，乘以1953—1977年的基本建设投资得到本时段江西各年的固定资本形成额；广东用同样的方法得到乘数为2.3，计算广东的固定资本形成额
黄宗远和宫汝凯(2010)	固定资本形成总额	固定资本形成价格指数，固定资产投资价格指数	9.6%	缺失的固定资本形成总额用相应的固定资产投资代替
叶宗裕(2010b)	对固定资本形成总额进行修正	GDP缩减指数，固定资本投资价格指数	建筑安装类7.73%，机器设备类18.22%	缺失的固定资产形成总额用相应的固定资产投资代替
靖学青(2013)	固定资本形成总额	投资隐含平减指数，固定资产投资价格指数	1952—1977年3%，1978—1992年5%，1993—2010年各省份的折旧额	缺失的固定资本形成总额用相应的固定资产投资代替
曹跃群等(2013)	固定资本形成总额	固定资产投资价格指数	双曲相对效率模式计算得出	缺失的价格指数用RPI或工业品出厂价格指数替代，缺失的固定资本形成数据用固定资产投资代替
贾润崧和张四灿(2014)	固定资本形成总额	固定资本形成价格指数，固定资产投资价格指数	D-Z方法计算得出各省的折旧率	—

从文献引用情况看，目前比较有代表性的有张军等（2004）和

单豪杰（2008）的测算结果。张军等（2004）首先用固定资本形成总额作为当年投资；其次根据《中国国内生产总值核算历史资料（1952—1995）》的数据计算1952—1990年的各省份固定资本形成总额指数，得到固定资产投资价格指数；再次假定建筑和设备的平均寿命期分别是45年和20年，其他类型的投资假定为25年，从而得出折旧率分别为6.9%、14.9%和12.1%，并计算了1952—2000年三类资本品在固定资产中的平均比重，在此基础上计算出经济折旧率为9.6%；最后用各省区市1952年的固定资本形成总额除以10%作为该省区市的初始资本存量。在此基础上估算了31个省份的资本存量，并进行加总得到全国资本存量，1952年初始资本存量是807亿元（1952年价）。单豪杰（2008）采用的当年投资和固定资产投资价格指数与张军等（2004）相同，不同的是折旧率和基期资本存量，建筑和机器设备的年限为38年和16年，采用几何效率方法得出二者的折旧率分别为8.12%和17.08%，同时认为"其他费用"是依附在建筑和机器设备上的，根据年鉴提供的二者之间的结构比重得出各年的折旧率，不区分时段时为10.96%；利用1953年的资本形成总额比上折旧率（10.96%）与1953—1957年固定资本形成平均增长率之和（23.1%）来估算1952年的资本存量，这样估算出来的资本存量大约是342亿元。比较张军等（2004）和单豪杰（2008）的研究成果可以发现，前者在计算初始资本存量时使用10%的折旧率，但是他们计算的折旧率是9.6%，那么10%的折旧率从何而来？文中没有说明，并且在计算过程中从1952年到2000年长达48年的时间从始至终使用9.6%的折旧率，显然不合理。《中国统计年鉴》公布有1990年之前国有企业的折旧率，年度之间并不相同，长时期采取相同的折旧率不仅理论上不合理，也与实际情况不符合。李成等（2015）的研究结果表明不宜采取固定的折旧率；单豪杰（2008）采取的折旧率是根据建筑和机器设备之间的结构比重计算得出，年度之间有差异，更接近实际情况，但是其结果的引用较少，或许与后续年份的折旧率还需要计算有关。

二 小结

本节首先介绍了测算中国地区资本存量的核算现状；其次，对比分析了代表性文献的测算结果；最后，对比了代表性文献测算资本存量时所用的指标、折旧率和处理方法。根据以上分析，发现对于省份资本存量的核算，学者们的见解差异不大、采用的数据基本一致，但采用的折旧率差异较大，导致测算结果存在较大差异。因此，测算省份资本存量时，需要认真考虑合理选择折旧率。

第二节 地区物质资本存量的核算

一 物质资本存量的核算方法和指标

（一）资本存量的估算方法

资本存量的核算一般使用永续盘存方法（Chow，1993；张军等，2004；单豪杰，2008；叶宗裕，2010b），本节亦使用此方法估算 1990—2017 年省际层面的物质资本存量，方法见式（8—1）。

$$CS_{it} = INV_{it} + (1 - \delta_{it}) CS_{i,t-1} \qquad (8—1)$$

式（8—1）中，INV_{it} 是不包括 R&D 经费内部支出中资产性支出的不变价固定资产投资流量，CS_{it} 和 $CS_{i,t-1}$ 是第 t 期和第 $t-1$ 期不变价的物质资本存量，δ_{it} 是物质资本折旧率。根据式（8—1）可知，需要确定折旧率（δ_{it}）、固定资产投资价格指数（P_{it}）、基期资本存量（CS_{i0}）和各期固定资产投资流量（INV_{it}）。本章估算时期为 1990—2017 年，1990 年为基年。

（二）物质资本存量核算指标的选择

1. 当年投资流量

根据前文的论述可知，在核算1990—2017年的资本存量时，投资流量有两个选择：全社会固定资产投资总额和固定资本形成总额，因为需要从投资总额中扣除R&D经费内部支出中资产性支出部分，因此本节选择投资流量为全社会固定资产投资总额扣除R&D经费内部支出中资产性支出部分的余额。李宾（2011）的研究结果表明，用全社会固定资产投资总额和固定资本形成总额分别作为投资流量计算的资本存量结果相近，尤其是长期计算时，从理论和实践的角度看，用全社会固定资产投资总额作为投资流量是可行的。郑世林和张美晨（2019）是用固定资本形成总额中扣除R&D经费内部支出中资产性支出的余额，但是R&D经费内部支出中资产性支出是投资，与全社会固定资产投资的性质相同，固定资本形成总额是固定资产投资已形成的固定资产，二者性质不同，显然不能进行加减计算。

2. 折旧率

关于折旧率的取舍在第四章有详细的论述，本节采取单豪杰（2008）的方法，建筑和机器设备的折旧率分别是8.12%和17.08%，采取建筑和机器设备在固定资产投资中所占份额计算得到各年的折旧率，见表8—3。因为部分省份缺少固定资产投资的内部结构，这里没有计算分省份的折旧率，采取统一的折旧率，没有考虑地区差异。

表8—3　分年度差异化物质资本折旧率　单位：%

年份	折旧率	年份	折旧率	年份	折旧率	年份	折旧率
1990	9.81	1997	9.22	2004	8.94	2011	8.79
1991	9.75	1998	9.04	2005	9.00	2012	8.81
1992	9.68	1999	9.15	2006	8.89	2013	8.92
1993	9.43	2000	9.11	2007	8.87	2014	8.91

续表

年份	折旧率	年份	折旧率	年份	折旧率	年份	折旧率
1994	9.48	2001	9.06	2008	8.94	2015	8.99
1995	8.98	2002	8.84	2009	8.88	2016	8.86
1996	9.03	2003	8.78	2010	8.79	2017	8.76

3. 基期物质资本存量

估计基年物质资本存量的方法在第四章有详细的论述，本节亦采用相同的方法，估算基年的物质资本存量，计算公式如下：

$$CS_{i0} = INV_{i0}/(\delta_t + g_{i0}) \quad (8—2)$$

式（8—2）中，CS_{i0} 表示第 i 地区基年物质资本存量；INV_{i0} 表示第 i 地区基年扣除 R&D 经费内部支出中资产性支出的全社会固定资产投资；根据 Harberger（1978）的假定，稳态时产出的增长率等于资本存量的增长率，为减少固定资产投资随经济周期变化波动的影响，g_{i0} 采用第 i 地区基期后经济增长的 5 年平均增长率：

$$g_{i0} = 0.2\ln(GDP_{i5}/GDP_{i0}) \quad (8—3)$$

由式（8—2）和式（8—3）可得第 i 地区 1990 年物质资本存量的计算公式：

$$CS_{i1990} = INV_{i1990}/[\delta_t + 0.2\ln(GDP_{i1995}/GDP_{i1990})] \quad (8—4)$$

其中，CS_{i1990} 表示各省区市 1990 年物质资本存量，GDP_{i1995} 和 GDP_{i1990} 分别表示各省区市 1995 年和 1990 年的地区生产总值。

固定资产投资价格指数（P_{it}）来自历年《中国统计年鉴》和各省区市的统计年鉴（经济年鉴），对于缺失数据，用全国固定资产投资价格指数代替。

二　物质资本存量的核算结果

根据式（8—1）和式（8—4）以及获得数据计算得到 1990—2017 年 31 个省区市的物质资本存量，代表年份物质资本存量见表 8—4。

表 8—4　　代表年份 31 个省份物质资本存量

单位：亿元（1990 年价）

地区	1990 年		1995 年		2000 年		2005 年		2010 年		2017 年	
	总量	排名	总量	排名	总量	排名	总量	排名	总量	排名	总量	排名
北京	1059	10	1843	10	3142	11	5756	11	10175	17	18308	25
天津	613	18	1036	17	1791	17	3312	21	8926	21	26084	18
河北	1046	11	1962	8	4361	6	8087	6	21387	6	61784	5
山西	692	14	1028	18	1596	19	3411	19	8836	22	24550	21
内蒙古	556	22	891	22	1344	24	3970	16	13543	12	35963	14
辽宁	1640	4	2531	6	3517	10	6518	9	19526	7	37308	12
吉林	645	17	994	19	1509	21	2930	22	9995	18	26069	19
黑龙江	1148	9	1650	12	2590	13	4242	14	9978	19	24906	20
上海	1577	5	3153	4	6176	3	9572	5	14963	9	21149	23
江苏	1967	2	3995	2	7302	2	14725	2	34902	1	94233	2
浙江	1334	6	2862	5	5577	5	12689	4	24253	4	59709	6
安徽	663	16	1115	15	1993	15	4032	15	13371	13	43331	10
福建	685	15	1476	13	3045	12	5441	12	13756	11	48227	9
江西	512	24	816	24	1324	25	3409	20	10469	16	32989	15
山东	1796	3	3357	3	6127	4	14247	3	34666	2	95485	1
河南	1161	7	2020	7	3869	7	7662	7	23547	5	73974	3
湖北	958	12	1749	11	3547	9	6223	10	14831	10	51396	8
湖南	896	13	1436	14	2434	14	4608	13	11500	14	36792	13
广东	2890	1	6133	1	9508	1	16109	1	30614	3	71340	4
广西	541	23	1046	16	1857	16	3467	18	10531	15	37622	11
海南	311	26	601	26	759	28	1052	28	2014	28	6856	28
重庆	380	25	673	25	1465	22	3608	17	9556	20	29373	16
四川	1158	8	1910	9	3675	8	7442	8	18932	8	55160	7
贵州	298	28	445	28	824	27	1897	26	4390	26	19791	24
云南	585	20	952	21	1672	18	2903	23	6956	24	23235	22
西藏	55	31	90	31	154	31	371	31	818	31	2830	31
陕西	583	21	865	23	1403	23	2794	24	8096	23	27895	17
甘肃	306	27	448	27	830	26	1591	27	3722	27	12999	27
青海	135	30	193	30	363	29	767	29	1629	30	6142	29

续表

地区	1990 年		1995 年		2000 年		2005 年		2010 年		2017 年	
	总量	排名	总量	排名	总量	排名	总量	排名	总量	排名	总量	排名
宁夏	143	29	205	29	342	30	763	30	1823	29	5937	30
新疆	605	19	958	20	1536	20	2665	25	5052	25	13846	26

经过 27 年的发展，各省区市的物质资本存量有了较大的增长。由于经济发展程度不同，各省区市的固定资产投资增长有较大差异，部分省区市的物质资本存量在 31 个地区中的排名有了较大的变化。其中，广西、重庆、内蒙古、江西、安徽、河北、福建的投资增长速度远远高于其他地区，位次提高较多，西部大开发战略、中部崛起战略、长三角一体化、京津冀协同发展战略的实施，促进了这些省份的投资增长；北京、上海、黑龙江、山西、新疆的投资增长速度远远低于其他地区，位次降低较多，北京发展重心的转移使得其固定资产投资增长速度下降，黑龙江以能源产业作为主导，处于经济转型阶段，固定资产投资增长速度慢于其他省份。

核算地区物质资本存量是为了分析地区经济增长源泉，为此把 1991—2017 年分为 5 个子周期：1991—1995 年、1996—2000 年、2001—2005 年、2006—2010 年、2011—2017 年。

表 8—5 显示，各地区在不同的周期和全周期内，物质资本投入增长差异较大。在经济发展迅速的周期中，也是投资高涨的时期。西部大开发战略的实施使得西部地区各个省份后 3 个周期的投资增长率高于前两个周期，同理中部崛起战略的实施提高了中部省份 2006 年以来的投资增长速度。2006—2010 年大部分地区资本投入增长率高于其他周期源于 4 万亿元投资计划。

表 8—5　　31 个省区市各周期物质资本投入年均增长率　　单位：%

地区	1991—1995 年	1996—2000 年	2001—2005 年	2006—2010 年	2011—2017 年	1991—2017 年
北京	11.72	11.26	12.87	12.07	8.75	11.13

续表

地区	1991—1995 年	1996—2000 年	2001—2005 年	2006—2010 年	2011—2017 年	1991—2017 年
天津	11.07	11.57	13.09	21.93	16.56	14.90
河北	13.42	17.32	13.15	21.47	16.36	16.31
山西	8.25	9.20	16.40	20.97	15.72	14.13
内蒙古	9.89	8.55	24.20	27.82	14.97	16.70
辽宁	9.07	6.81	13.13	24.54	9.69	12.27
吉林	9.04	8.71	14.20	27.81	14.68	14.69
黑龙江	7.54	9.43	10.37	18.66	13.96	12.07
上海	14.87	14.39	9.16	9.34	5.07	10.09
江苏	15.23	12.82	15.06	18.84	15.24	15.41
浙江	16.49	14.27	17.87	13.83	13.74	15.12
安徽	10.94	12.32	15.13	27.09	18.29	16.74
福建	16.59	15.59	12.31	20.38	19.63	17.07
江西	9.78	10.17	20.83	25.16	17.82	16.69
山东	13.32	12.78	18.39	19.46	15.57	15.85
河南	11.72	13.88	14.64	25.18	17.77	16.63
湖北	12.80	15.19	11.90	18.97	19.43	15.89
湖南	9.89	11.14	13.61	20.07	18.07	14.75
广东	16.24	9.16	11.12	13.70	12.85	12.61
广西	14.09	12.17	13.30	24.88	19.95	17.01
海南	14.08	4.79	6.75	13.86	19.12	12.14
重庆	12.13	16.83	19.75	21.51	17.40	17.47
四川	10.52	13.98	15.15	20.53	16.51	15.38
贵州	8.32	13.12	18.14	18.27	24.00	16.81
云南	10.23	11.92	11.66	19.10	18.80	14.61
西藏	10.31	11.22	19.27	17.12	19.41	15.69
陕西	8.22	10.16	14.77	23.71	19.33	15.41
甘肃	7.92	13.13	13.90	18.53	19.56	14.90
青海	7.47	13.46	16.11	16.28	20.87	15.20
宁夏	7.43	10.80	17.40	19.04	18.37	14.79
新疆	9.64	9.91	11.64	13.65	15.49	12.30

表8—6显示了六大行政区物质资本投入年均增长率。从全周期看，西南地区和华东地区是投资增长最快的地区，最慢的地区是东北地区。西部大开发效果明显，西南地区在后4个子周期、西北地区在后两个子周期保持了强劲的投资增长势头，而东北地区投资增长乏力。

表8—6　　六大行政区各周期物质资本投入年均增长率　　单位：%

区域	1991—1995年	1996—2000年	2001—2005年	2006—2010年	2011—2017年	1991—2017年
华北	11.26	12.60	14.93	20.70	14.95	14.85
东北	8.56	8.04	12.44	23.61	12.18	12.78
华东	14.47	13.46	15.24	17.95	15.24	15.26
中南	13.96	11.10	12.23	18.92	16.93	14.76
西南	10.45	13.86	15.80	20.17	18.12	15.81
西北	8.54	10.89	13.91	18.82	18.54	14.39

表8—7显示了三大区域的物质资本投入年均增长率。在后3个子周期内，中部和西部区域的资本增长速度高于东部，因而全周期内西部区域的投资增长率最高，中部区域次之，东部区域最低，中部崛起战略和西部大开发战略效果显著，为这两个区域的经济发展提供了有力的支撑。

表8—7　　三大区域各周期物质资本投入年均增长率　　单位：%

区域	1991—1995年	1996—2000年	2001—2005年	2006—2010年	2011—2017年	1991—2017年
东部	14.18	12.13	13.70	17.15	14.06	14.22
中部	10.12	11.78	14.13	22.93	17.34	15.33
西部	10.17	12.25	15.82	21.41	17.99	15.65

三　小结

正如第四章所说，资本存量的核算是经济学界关注的话题，鉴于各省区市数据质量差距较大，对省际资本存量的核算文献相对较少。本章在分析资本存量核算文献的基础上，选择合理的指标和折旧率，估算了 31 个省区市 1990—2017 年的物质资本存量。

从各个省区市不同周期的资本增长率可以看出，地方的投资与国家政策息息相关，20 世纪 90 年代东部省份的资本增长率最高，随着西部大开发战略的实施，西部省份的投资迅速增长，超过了东部和中部区域的省份，2006 年的中部崛起战略使得中部省份的资本增长率在 2006—2010 年达到最高。从整个周期来看，西部区域的省份资本增长率最高。良好的基础设施能提高经济效益、促进经济发展，中、西部区域的投资增长为经济发展奠定了物质基础。

第九章

中国地区生产率变化及经济增长源泉

本章在分析测算生产率文献的基础上，利用前面章节测算的数据，测算了中国31个省份、六大行政区和三大区域的生产率变化，计算了科技进步贡献率，分析了经济增长源泉。

第一节 地区生产率研究文献综述

根据在中国期刊数据库查找到的文献，与研究全国或行业生产率的文献相比，研究省份生产率的相对较少，主要原因在于数据的获取。从研究方法看，主要用数据包络分析法测算地区之间的相对效率，或用总量生产函数、超越对数生产函数测度生产率增长及对经济增长的贡献。

一 生产率增长以及对经济增长贡献的文献分析

Fleisher和Chen（1997）运用C－D生产函数测算了1978—1993年中国24个省区市生产率的变化，发现沿海省份的生产率增长率是内地的两倍，教育投资和外商直接投资是省际生产率差异的重要原因。

叶裕民（2002）用索洛余值法测算了26个省区市1978—1998年的生产率，并得出以下结论：（1）生产率的提高与经济结构的变动相关；（2）资本和技术推动了我国的经济增长；（3）资本深化速度的不同是东、中、西区域生产率水平不同的重要原因。邓翔和李建平（2004）在修正地区数据的基础上，测算了地区的要素投入和要素投入份额，利用索洛余值法测算了28个省区市1978—2003年的生产率增长率。他们的研究结果表明虽然省际之间增长模式不同，但地区经济的增长与投入和生产率的提高密切相关。王志刚等（2006）用超越对数生产函数的随机前沿模型测算了中国28个省市自治区1978—2003年的生产率，研究发现：（1）生产率增长率主要由技术进步率决定，而且从20世纪90年代中期以后有所下降，需要重视生产效率；（2）东部地区的生产效率最高，其次是中部和西部；（3）各地区生产效率具有一定的波动性，但地区间差异基本保持不变。周晓艳和韩朝华（2009）用超越对数函数的随机前沿模型测算了1990—2006年29个省区市的生产效率和生产率。他们的研究结果表明：（1）生产效率东部地区最高，中部地区次之，西部地区最低；（2）各地区的生产率增长率变动基本一致，东部地区增长率略高，但各地区差距不是很大；（3）生产率的增长主要来自生产效率的改善。

Fleisher等（2010）研究发现人力资本投资、基础设施、物质资本投资是造成中国省区市间生产率差异的重要因素，FDI对生产率增长的影响在1994年以前显著，1994年以后影响较小。刘建翠等（2010）用索洛余值法测算了中国1980—2007年31个省份的生产率增长率，结果表明不同地区之间生产率增长对经济增长的贡献差距较大；从六大行政区来看，华东和中南地区（13省市）的贡献合计是63.91%；从三大区域来看，东部地区12省市的贡献率合计是60.29%；区域之间发展极不平衡，国家经济的发展更多地是依赖东部地区的发展。李平等（2013）应用索洛余值法和纯要素生产率方法测算了31个省区市1978—2010年的生产率，发现二者测算结果相近，趋势一致，研究结果表明区域经济增长中资本投入是拉大经济差距的主要原因，东部地区大部分省份的生产率增长对经济增长的贡献低于中、西部地区，这一点与其他的研究结果不同。叶宗裕（2014）在修正函数参数的基础上，用 C－D 生产函数测算了 1978—2010 年 31 个省区市的生产率，研究结果是东部大部分的省份生产率增长率及其贡献高于中部和西部的省份，生产率增长的差异扩大了省际间经济发展水平的差距。此研究结果与李平等（2013）的研究结果差异较大，因为采取的数据和研究方法不同。

余泳泽（2017）从省际劳动力投入质量和资本折旧率的异质化视角，采用超越对数函数的随机前沿模型测算了 1978—2012 年中国 29 个省区市的生产率增长率。研究结果表明，劳动力异质或折旧率异质或者二者均异质下，中国区域生产率均是东部地区较高、西部地区位于中间、中部地区较低的整体特征，生产率改进是规模效率改进与技术进步的结果。郑世林和张美晨（2019）在考虑 R&D 资本的情况下，估算了 1990—2017 年 28 个省区市的科技进步贡献率，研究发现：（1）2000—2008 年，多数省份是资本驱动经济增长；2008 年以后大部分省份科技进步贡献率提高较大，东部省份进入科技创新驱动经济增长阶段。（2）2012 年以来，以江浙为代表的东部省份鉴于新兴产业和商业模式的蓬勃发展，成为生产率增长为主驱动的发展模式，以四川、陕西等为代表的部分中、西部省份，承接了东部转移产业，并充分利用大数据、“互联网＋”等新的发展模式，为地区发展注入新活力。（3）2010 年以来，以出口加工贸易为主的省份，创新活力低，经济复苏慢，生产率增长较低；同时以重化工和资源型产业为主的省份，如山西、内蒙古、东北三省等，生产率下降，经济转型慢，创新活力低。Fan 等（2019）采用中国省级面板 1997—2014 年的数据，估计了生产率增长对经济增长的平均贡献率，发现市场化、研发投入、基础设施、其他不可观察因素对经济增长的贡献分别是 11.3%、19.9%、6.2% 和 1.3%，合计是 38.7%，其中研发投入的贡献占生产率增长贡献的一半多。

二　相对效率的测算和分析

颜鹏飞和王兵（2004）运用 DEA 的方法测度了 1978—2001 年中国 30 个省份的技术效率、技术进步及曼奎斯特生产率指数，研究结果表明在不同的时期各地区的生产率增长、技术进步和技术效率具有差异性，人力资本、制度对生产率、技术效率、技术进步均有重要的影响。孟令杰和李静（2004）运用 DEA 测度了 1952—1998 年中国 28 个省份 Malmquist 生产率指数的变动，研究发现：（1）改革开放前技术进步促进了生产率的增长；（2）1978—1984 年生产效率的改善促进生产率的增长；（3）1985—1991 年则出现了技术进步和生产效率双重下降的局面；（4）1992—1998 年，技术进步促进了生产率的增长。地区间的追赶效应存在于整个研究期间。

郑京海和胡鞍钢（2005）用 DEA - Malmquist 指数法测算了中国 30 个省区市 1979—2001 年的生产率指数、技术效率和技术进步。结果表明，在 1978—1995 年生产率较高（4.6%），而在 1996—2001 年则较低（只有 0.6%），原因在于技术进步速度减慢、技术效率有所下降。从各个省份来看，东部地区各个省份的生产率指数、技术效率和技术进步均高于中、西部地区各个省份。郭庆旺等（2005）用 DEA - Malmquist 指数法测算了 1979—2003 年 29 个省区市的生产率指数、技术进步和技术效率，研究发现中国省区市的生产率增长和技术进步较慢，而且普遍存在效率恶化现象；东部地区的省份明显优于中、西部地区，省份经济的发展具有明显区域特征。

岳书敬和刘朝明（2006）用 DEA - Malmquist 指数法分析了考虑人力资本的中国 30 个省区市 1996—2003 年的生产率、技术进步和技术效率，研究发现中国生产率增长主要是由技术进步决定，而不是效率提高，并且发现不考虑人力资本存量时，所测算的生产率增长率要偏高，同时低估了效率的提高程度，而高估了技术进步指数。金相郁（2007）用 DEA - Malmquist 指数法测算了 1996—2003 年 30

个省份的生产率、技术进步和技术效率，研究结果是东部地区的生产率远远高于中、西部地区，生产率提高的主要来源是技术变化。庞瑞芝和杨慧（2008）用 30 个省份 2000—2005 年的数据测算了 DEA－Malmquist 生产率指数，并根据指数大小把30 个省份分为四种类型：悲惨增长型、低增长型、中等增长型、高增长型，依据影响生产率指数的因素把各省份分为不同的经济增长模式：市场主导模式、内涵增长模式、政府推动模式和综合促进模式。

陶长琪和齐亚伟（2010）用 DEA－Malmquist 指数法测算了中国 1987—2007 年 28 个省区市的生产率、技术效率和技术进步，研究发现省份间存在明显的生产率差异和技术差距，R&D 投入和外商投资区位分布不均是主要原因。张少华和蒋伟杰（2014）采用基于投入冗余的生产率指数测算了中国 1985—2009 年 29 个省区市的生产率指数、技术效率和技术进步，研究发现：（1）沿海省份的生产率指数提高较快，中、西部省份的生产率指数变化较小；（2）半数的省份技术效率变化为负数，省份之间的追赶效应不明显；（3）技术进步是各省生产率指数提高的主要动力。

三　小结

对于省区市的生产率研究，多数始于改革开放后，主要是新中国成立后至改革开放前的数据难以获得，同时还有国民经济核算方法的改变，在 1992 年以前中国国民经济采取 MPS 核算体系，而生产率的计算基础是 SNA 核算体系，核算体系的不同难以获得比较准确的数据资料，这也是测算省份生产率时大部分文献选择改革开放后的一个重要原因。

从研究成果看，虽然研究的时期不同，但大部分文献的研究结论大同小异。一是生产率增长在省区市之间具有异质性，东部省份的生产率增长对经济增长的贡献高于中、西部省份；二是省际和区域的技术进步推动了生产率提高，技术效率的改善对生产率提高作用较小；三是部分文献的研究结论不同，在于数据的处理方式不同，采取的生产函数和参数有较大差异，市场经济制度确立等时间节点直接影响生产函数的估计形式，进而影响生产率计算的准确性（余泳泽，2017）。

第二节　地区生产率变化和经济增长源泉研究

一　地区生产率增长率的度量

本节把第五章的式（5—20）改写为地区生产率度量公式：

$$Y_{it} = A_{it} K_{it}^{\alpha} L_{it}^{\beta} R_{it}^{\gamma} \tag{9—1}$$

式（9—1）等号两边取对数：

$$\ln Y_{it} = \ln A_{it} + \alpha \ln K_{it} + \beta \ln L_{it} + \gamma \ln R_{it} + \varepsilon_{it} \tag{9—2}$$

式（9—2）中，ε_{it} 为随机扰动项。假定模型是规模报酬不变，即 $\alpha+\beta+\gamma=1$ ，则为了计算 α、β、γ 的值，将式（9—2）两边同时减去 $\ln L_{it}$ ，得到方程：

$$\ln(Y_{it}/L_{it}) = \ln A_{it} + \alpha \ln(K_{it}/L_{it}) + \gamma \ln(R_{it}/L_{it}) + \varepsilon_{it} \tag{9—3}$$

由式（9—3）求得 α、γ 的值，进而得到 β 的值，再根据式（9—2）计算生产率增长情况，分析经济增长源泉。

二　测度指标的选择

为了分析省区市经济增长源泉，本节选取了 1990—2017 年中国 31 个省区市的面板数据进行测算，产出和投入指标包括总产出、劳动投入、物质资本投入以及研发资本投入。[①] 总产出用地区生产总值

① 在 2019 年的统计年鉴（经济年鉴）上没有公布 2018 年固定资产投资的数据，只能计算到 2017 年。

（GRP）表示，数据来自第六章，R&D资本投入和物质资本投入分别来自第七章和第八章，劳动投入数据来自《中国统计年鉴》和各省区市统计年鉴（经济年鉴）。

由于增长率是发生在一定时间区间的，且不同区间含有不同的增长率。为此，考虑到数据的原始性，把1990—2017年划为5个时间区间，即1991—1995年、1996—2000年、2001—2005年、2006—2010年和2011—2017年5个子周期，以及1991—2017年全周期。前4个子周期正好与“八五”“九五”“十五”“十一五”四个国家发展五年计划相对应。

地区生产总值、物质资本存量和研发资本存量在不同周期的增长情况在前面章节有详细的分析，这一节计算劳动投入增长情况。劳动投入采用全社会劳动就业的平均人数，在不同周期的年均增长情况列于表9—1、表9—2和表9—3中。

表9—1表明，省份之间的劳动投入存在差异。因为20世纪90年代的劳动体制改革，在第2个周期内部分省份劳动投入出现负增长的情况，随着人口增长的下降，第5个周期5个省份劳动投入出现负增长的情况。从每个省份在5个周期的劳动投入增长情况看，主要分为几个类型。一是“下降—升高—升高—下降”，包括辽宁、江苏、浙江、湖北、湖南、广东、广西、重庆和云南9个省份。二是“下降—升高—升高—升高”，包括天津、山西、内蒙古、吉林、福建、江西和海南7个省份。三是“下降—下降—升高—下降”，包括河北、黑龙江和山东3个省份。四是“下降—升高—下降—升高”，包括陕西、甘肃和新疆3个省份；其余省份各有自己变化的特点。

表9—1　　　　31个省区市各周期劳动投入增长率　　　　单位：%

地区	1991—1995年	1996—2000年	2001—2005年	2006—2010年	2011—2017年	1991—2017年
北京	1.72	-1.42	6.95	3.22	2.82	2.64
天津	1.26	-3.32	0.50	3.90	8.05	2.45

续表

地区	1991—1995年	1996—2000年	2001—2005年	2006—2010年	2011—2017年	1991—2017年
河北	2.34	0.70	0.12	2.24	1.32	1.34
山西	1.87	-0.15	0.67	2.04	2.28	1.41
内蒙古	1.97	0.10	0.26	2.47	3.19	1.71
辽宁	1.44	-2.25	1.72	2.41	0.50	0.73
吉林	1.77	-2.72	0.30	1.90	2.99	0.99
黑龙江	1.77	1.50	0.68	2.12	0.84	1.34
上海	0.05	0.34	1.77	4.86	3.48	2.18
江苏	0.85	-1.00	1.21	4.05	0.38	1.03
浙江	1.28	-0.12	3.26	4.42	-0.48	1.49
安徽	2.43	1.05	0.74	1.67	2.14	1.64
福建	3.31	1.08	2.29	3.37	3.68	2.81
江西	2.67	-0.85	1.25	1.87	2.16	1.47
山东	3.73	2.32	1.47	1.88	0.57	1.88
河南	2.83	2.98	0.86	1.28	1.70	1.91
湖北	1.63	-1.14	0.72	3.13	2.39	1.41
湖南	2.06	0.03	0.85	1.75	-0.32	0.78
广东	2.92	1.07	3.42	4.84	1.44	2.63
广西	2.58	1.21	1.32	1.65	-0.31	1.17
海南	2.20	-0.33	2.43	3.34	3.84	2.40
重庆	2.03	-0.97	0.81	2.14	-1.41	0.37
四川	1.74	0.23	0.17	0.29	0.30	0.53
贵州	2.70	1.78	1.74	1.59	-2.38	0.81
云南	2.49	1.06	1.25	2.66	1.11	1.67
西藏	0.90	1.63	2.30	4.57	6.07	3.29
陕西	2.40	0.41	0.95	0.55	0.98	1.05
甘肃	1.99	0.49	2.43	1.24	1.28	1.47
青海	1.96	1.34	2.04	1.78	1.68	1.75
宁夏	2.92	2.62	1.86	1.83	1.87	2.19
新疆	1.72	0.46	2.37	2.19	6.25	2.85

表9—2显示，在5个子周期内，东北地区、华东地区、中南地

区、西南地区的劳动投入增长呈现“下降—升高—升高—下降”的特征，华北地区呈现“下降—升高—升高—升高”的特征，西北地区则是“下降—升高—下降—升高”，地区之间有差异；从全周期看，华北地区劳动投入增长率最高，西北地区次之，华东地区再次，东北最低。

表9—2　　　　六大行政区各周期劳动投入增长率　　　　单位：%

地区	1991—1995 年	1996—2000 年	2001—2005 年	2006—2010 年	2011—2017 年	1991—2017 年
华北	1. 83	-0. 82	1. 70	2. 78	3. 53	1. 91
东北	1. 66	-1. 16	0. 90	2. 14	1. 44	1. 02
华东	2. 04	0. 40	1. 71	3. 16	1. 70	1. 79
中南	2. 37	0. 64	1. 60	2. 66	1. 46	1. 72
西南	1. 97	0. 75	1. 26	2. 25	0. 74	1. 33
西北	2. 20	1. 06	1. 93	1. 52	2. 41	1. 86

表9—3则显示三大区域在5个子周期均呈现“下降—升高—升高—下降”的特征；从全周期看，东部区域的劳动投入增长率最高，西部区域次之，中部区域最低。

表9—3　　　　三大区域各周期劳动投入增长率　　　　单位：%

区域	1991—1995 年	1996—2000 年	2001—2005 年	2006—2010 年	2011—2017 年	1991—2017 年
东部	1. 92	-0. 27	2. 29	3. 50	2. 33	1. 96
中部	2. 13	0. 09	0. 76	1. 97	1. 77	1. 37
西部	2. 12	0. 86	1. 46	1. 91	1. 55	1. 57

三　生产率增长率测度

利用前面测算的1990—2017年省区市面板数据，考虑到东部、中部和西部区域的省区市的差异较大，而同一区域内省份的差异相对较小，分三大区域估计物质资本存量、劳动、研发资本存量的产出弹性系数。借鉴郑世林和张美晨（2019）的测算方法，应用面板OLS法估计式（9—3），通过稳健性检验后，采用时间固定模型估计结果，得到物质资本、R&D资本的投入产出份额 α、γ（见表9—4），由此得出三大区域的 β 值分别是0.456、0.435和0.416。将三大区域的 α、β、γ 的值代入式（9—2）即可求得生产率，进而分析各省区市经济增长源泉。

表9—4　　物质资本和R&D资本的产出弹性

	东部	中部	西部
α	0.479 *** （0.069）	0.511 *** （0.046）	0.542 *** （0.078）
γ	0.065 * （0.031）	0.054 ** （0.028）	0.042 * （0.014）
_ cons	0.0512 ** （0.015）	0.0100 * （0.013）	0.0091 * （0.016）
Number ofobs	297	216	323
Adj R - squared	0.7592	0.6482	0.7251

注：括号中的数值是标准误差，***、**、* 分别表示在1%、5%和10%的置信水平上统计显著。

我们将前面讨论的地区生产总值、物质资本投入、研发资本投入、劳动投入增长率以及权数的数据代入式（9—2），测算了31个省区市、六大行政区和三大区域各周期的生产率增长率，分别列于表9—5、表9—6和表9—7中。

表9—5表明，在第三和第四两个子周期中，生产率增长率有负值有正值，负值表示投入增长大于产出增长，正值表示产出增长大于投入增长，正值越大越好。1991—1995年和1996—2000年，31个省区市的生产率增长率全部为正，说明技术进步对这些省份的经济增长是积极的影响。在第三、第四周期中，生产率是负增长的省份多数位于西部区域。从各个省区市5个子周期的生产率增长率值

来看，波动较大，一是投入增长的波动较大，二是经济增长也存在波动。在全周期的 27 年间，生产率增长最快的是广东，其次是上海，再次是江苏，全部位于东部区域。

表 9—5　　31 个省市全周期及子周期各地区生产率增长率　　单位：%

地区	1991—1995 年	1996—2000 年	2001—2005 年	2006—2010 年	2011—2017 年	1991—2017 年
北京	5. 12	5. 38	1. 98	3. 50	1. 15	3. 27
天津	5. 78	6. 93	6. 17	2. 29	2. 50	3. 45
河北	7. 14	2. 17	3. 26	-0. 98	1. 86	1. 78
山西	4. 20	4. 41	3. 42	-1. 67	0. 71	1. 34
内蒙古	4. 19	6. 42	3. 07	0. 03	2. 14	2. 23
辽宁	5. 21	6. 06	2. 87	0. 001	2. 57	2. 73
吉林	4. 50	6. 44	2. 20	-0. 94	2. 59	2. 10
黑龙江	2. 23	2. 67	3. 98	0. 45	2. 94	1. 67
上海	5. 19	3. 73	5. 66	3. 34	5. 59	3. 99
江苏	9. 03	4. 92	3. 41	0. 93	4. 26	3. 50
浙江	9. 60	2. 87	1. 00	1. 34	4. 02	2. 87
安徽	4. 09	2. 69	1. 03	-2. 43	3. 09	0. 74
福建	8. 91	2. 62	1. 37	1. 11	1. 97	2. 02
江西	4. 38	4. 38	-0. 64	-1. 90	3. 42	1. 02
山东	8. 35	3. 04	1. 59	1. 16	3. 73	2. 63
河南	5. 78	1. 50	2. 63	-1. 85	2. 31	1. 13
湖北	4. 52	1. 98	3. 14	1. 83	2. 27	1. 63
湖南	4. 64	3. 91	2. 20	1. 86	3. 79	2. 29
广东	10. 14	5. 02	4. 44	2. 38	3. 72	4. 10
广西	6. 29	0. 99	1. 89	-1. 09	1. 77	0. 97
海南	9. 33	4. 48	5. 18	4. 20	0. 19	3. 39
重庆	5. 54	0. 49	-0. 85	1. 39	7. 55	1. 84
四川	4. 14	1. 23	2. 32	1. 84	4. 51	1. 85
贵州	0. 55	0. 32	-1. 00	1. 30	4. 44	0. 14
云南	3. 82	1. 74	1. 67	-0. 46	3. 68	1. 08
西藏	5. 08	4. 45	0. 26	0. 44	2. 50	1. 34

续表

地区	1991—1995 年	1996—2000 年	2001—2005 年	2006—2010 年	2011—2017 年	1991—2017 年
陕西	3.63	4.86	2.83	1.21	3.06	2.05
甘肃	4.70	2.51	1.91	0.01	1.34	1.08
青海	3.93	2.33	2.79	3.32	2.75	1.86
宁夏	3.03	2.08	-0.12	0.67	1.90	0.57
新疆	4.82	1.80	2.52	1.44	2.40	1.51

表 9—6 显示，各个地区的生产率增长在各个子周期间存在波动，最大值和最小值之间差近 7 个百分点。除了东北地区和西南地区，其余 5 个地区在 1991—1995 年的生产率增长率的值最大，说明技术进步在此期间的作用最大。从全周期来看，华北地区的生产率增长最快（2.43%），其次是华东地区（2.41%），西南地区最小（1.25%），华北几乎是西南地区的 2 倍，差距较大。

表 9—6　　六大行政区全周期及子周期各地区生产率增长率　　单位:%

地区	1991—1995 年	1996—2000 年	2001—2005 年	2006—2010 年	2011—2017 年	1991—2017 年
华北	5.25	5.01	3.70	0.68	1.68	2.43
东北	3.96	5.06	3.02	-0.18	2.73	2.17
华东	7.02	3.46	1.96	0.58	3.75	2.41
中南	6.79	3.05	3.28	1.31	2.39	2.30
西南	3.83	1.65	0.48	0.90	4.54	1.25
西北	4.02	2.72	1.98	1.33	2.29	1.42

表 9—7 显示，三大区域各个子周期的生产率增长波动较大。前 4 个子周期中，东部区域的生产率增长最快；第 5 个子周期，西部区域增长最快；前 3 个周期中，中部区域的生产率增长高于西部区域。这说明经过近 20 年的西部大开发，西部区域的技术进步有了长足的提升。

表 9—7　　三大区域全周期及子周期各地区生产率增长率　　单位：%

区域	1991—1995 年	1996—2000 年	2001—2005 年	2006—2010 年	2011—2017 年	1991—2017 年
东部	7.62	4.29	3.36	1.75	2.87	3.07
中部	4.29	3.50	2.24	-0.58	2.64	1.49
西部	4.14	2.44	1.44	0.84	3.17	1.38

四　地区经济增长的来源分析

产出增长率等于各要素投入增长率的加权和，再加上其生产率增长率。这一节所进行的增长来源分析，就是用数量表示各要素投入增长率与权数的乘积及生产率增长率，其各占产出增长率的百分比，称为要素投入增长及生产率增长对产出增长的贡献率，贡献率大的要素投入增长成为产出增长的主要来源。这一分析对合理优化资源配置（要素配置）具有很大的参考作用。特别要关注生产率增长率的贡献率，这是判断经济增长方式优劣的一个重要指标，也是区别内涵发展或外延发展方式的一个重要指标。它可反映广义技术进步对产出增长的影响程度。

在经济发展的过程中，由于某一时期投入的增长大于产出的增长，就不可避免地出现了生产率是负增长的情况。生产率增长率是负值，那么生产率增长对产出的贡献也就为负值。但是，生产率增长对产出的贡献为负值，并不能说明生产过程没有技术进步，事实上技术进步对产出确实做出了贡献，但由于投入增长过快，淹没了技术进步贡献的份额。这种事实在生产活动中是经常发生的，特别是一些地方在投资过热的时期。

本节所做的产出增长来源分析，就是通过比较各种要素投入增长及生产率增长对经济增长贡献率的大小，来说明产出增长的主要来源。我们国家是由诸多省区市组成的，各个省区市的资源禀赋、发展基础、人力资源等不同，投入、增长程度也不同，其生产率增长也就不同，贡献也就有大有小，但并不等于说贡献小的地区作用就小，只是说明在这一时期内这个地区的经济增长中，其生产率的贡献相对较小。

下面将31个省区市、六大行政区和三大区域的全周期及5个子周期的各要素投入增长和生产率增长对经济增长的贡献率列于表9—8至表9—25中，并分别做产出增长来源的分析。

（一）31个省区市产出增长的来源分析

1. 全周期1991—2017年

表9—8是1991—2017年31个省区市要素投入增长和生产率增长对产出增长的贡献率。

从测算的结果看，首先，中国各省区市的经济增长呈现资本驱动特征。各省区市的物质资本投入年均增长高于经济年均增长。从物质资本投入增长对经济增长的贡献率来看，贵州最高，达到了86.13%；其次是广西，为81.32%；再次是甘肃，为80.17%。只有上海和广东的物质资本投入增长对经济增长的贡献率低于50%。在27年中，各个省份还是典型的投资拉动经济增长模式（见图9—1）。

其次，劳动投入“红利”萎缩，各省区市劳动投入增长对产出增长的贡献极不均衡，北京、福建、西藏、新疆的贡献高于10%，18个省份在5%—10%，9个省份低于5%，重庆只有1.25%，劳动投入的“红利”空间越来越小（见图9—2）。

再次，R&D资本投入的增长对经济增长的贡献初步显现，是部分省份科技进步贡献的重要组成部分。R&D资本投入的增长对经济增长的贡献在省份之间不平衡，R&D资本投入的增长对经济增长贡献率最高的是浙江，为11.58%，其次是安徽，为10.56%，再次是山西，为9.97%，最小的是甘肃，只有3.01%。多数西部省份的R&D资本投入的增长对经济增长的贡献率较低，东部省份较高，中部省份居中（见图9—3）。

最后，生产率增长对经济增长的贡献在省份之间差距较大。生产率增长对经济增长的贡献率最高的是上海，为37.09%，其次是广东，为 32.87%，再次是北京，为 31.21%，最低的是贵州，只有 1.29%（见图 9—4）。从科技进步对经济增长的贡献看，省份之间差距较大。科技进步对经济增长贡献最高的前 3 名分别是上海、广东、海南，最低的是贵州（见图 9—5），后 10 名中只有安徽、河南和江西属于中部区域，其他 7 个省份全是属于西部区域，西部区域省份的发展质量还有待提高。

总的来说，经过 20 世纪 90 年代高质量增长后，21 世纪以来科技进步贡献率在下降，这源于投资的过度增长，西部大开发战略和中部崛起战略提高了这些省份的投资增长速度，同时外部环境的变化提高了这些省份的投资，资本的过快增长，降低了生产率的提高，使得科技进步贡献率较低，体现为经济“粗放”增长方式。生产率在 2014 年触底后反弹，东部区域大部分省区率先转变经济发展动力，这些地区以战略性新兴产业、“互联网 +”及创意设计等为代表的新兴产业和商业模式蓬勃发展，逐步形成了以生产率为主驱动的经济发展模式（郑世林和张美晨，2019）。R&D 资本深化是大部分省份 21 世纪以来经济增长方式转变的重要支撑，R&D 资本深化有助于提高技术创新能力，促进技术进步，提高经济增长质量。

从经济增长的来源来说，以上海为例，1991—2017 年地区生产总值年均增长率是 10.75%，其中科技进步的贡献率是 45.75%，或者说经济增长 10.75 个百分点中有 45.75% 是科技进步贡献的，也可以说经济增长的 45.75% 来源于科技进步。其中，科技进步的贡献中 R&D 资本投入增长的贡献是 8.66 个百分点，生产率增长的贡献是 37.09 个百分点。经济增长 10.75 个百分点中，有 44.98% 是物质资本投入增长贡献的，或者说经济增长的 44.98% 来源于物质资本投入增长；有 9.27% 是劳动投入增长贡献的，或者说经济增长的 9.27% 来源于劳动投入增长。

表9—8　　1991—2017年31个省区市要素投入增长及生产率增长对经济增长的贡献

单位:%

地区	地区生产总值增长率	贡献率				
		物质资本	劳动	R&D资本	生产率	科技进步
北京	10.47	50.96	11.50	6.34	31.21	37.55
天津	12.63	56.52	8.83	7.34	27.31	34.65
河北	11.06	70.59	5.52	7.83	16.06	23.89
山西	10.19	70.87	6.01	9.97	13.15	23.12
内蒙古	12.59	71.86	5.64	4.75	17.75	22.50
辽宁	9.58	61.34	3.49	6.72	28.45	35.17
吉林	10.55	71.11	4.06	4.92	19.92	24.84
黑龙江	9.21	66.97	6.33	8.52	18.18	26.70
上海	10.75	44.98	9.27	8.66	37.09	45.75
江苏	12.41	59.47	3.79	8.54	28.20	36.74
浙江	12.20	59.33	5.58	11.58	23.51	35.09
安徽	11.19	76.45	6.39	10.56	6.60	17.16
福建	12.63	64.74	10.15	9.13	15.97	25.10
江西	10.85	78.56	5.88	6.14	9.42	15.56
山东	12.16	62.43	7.06	8.89	21.63	30.52
河南	11.14	76.27	7.46	6.09	10.18	16.27
湖北	11.06	73.41	5.55	6.27	14.77	21.04
湖南	10.78	69.93	3.15	5.70	21.22	26.92
广东	12.49	48.36	9.61	9.16	32.87	42.03
广西	11.34	81.32	4.28	5.86	8.54	14.40
海南	11.25	51.68	9.73	8.46	30.13	38.59
重庆	12.17	77.85	1.25	5.74	15.16	20.90
四川	10.97	75.97	2.00	5.19	16.85	22.04
贵州	10.58	86.13	3.19	9.40	1.29	10.69
云南	10.12	78.23	6.86	4.25	10.66	14.91
西藏	11.77	72.28	11.65	4.67	11.40	16.07
陕西	11.27	74.06	3.87	3.86	18.21	22.07
甘肃	10.07	80.17	6.06	3.01	10.76	13.77
青海	11.17	73.74	6.53	3.09	16.63	19.72

续表

地区	地区生产总值增长率	贡献率				
		物质资本	劳动	R&D 资本	生产率	科技进步
宁夏	10.04	79.86	9.08	5.41	5.65	11.06
新疆	9.78	68.15	12.11	4.25	15.49	19.74

注：科技进步贡献是生产率增长贡献和 R&D 资本增长贡献之和。

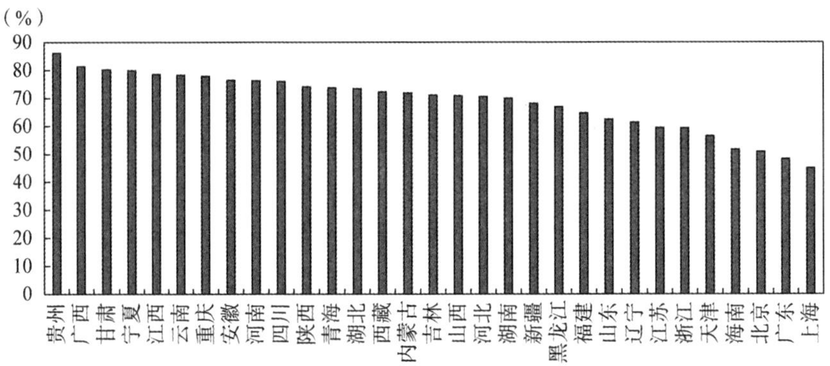

图 9—1　全周期 31 个省份物质资本投入增长平均贡献率

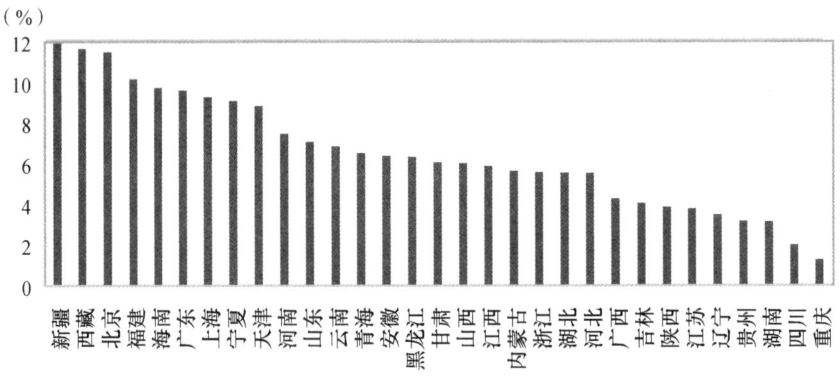

图 9—2　全周期 31 个省份劳动投入增长平均贡献率

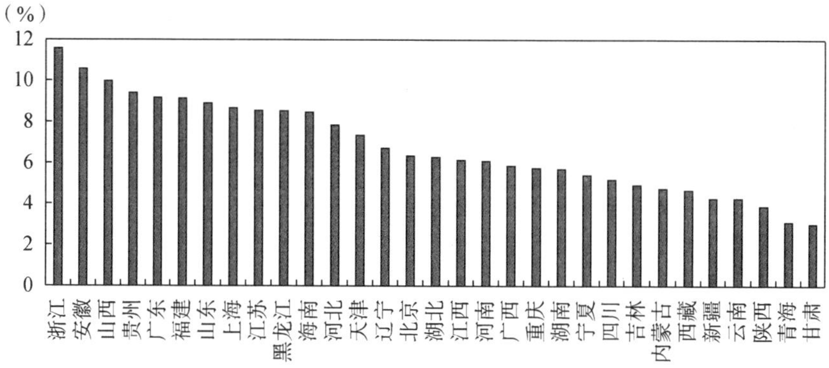

图9—3　全周期31个省份R&D资本投入增长平均贡献率

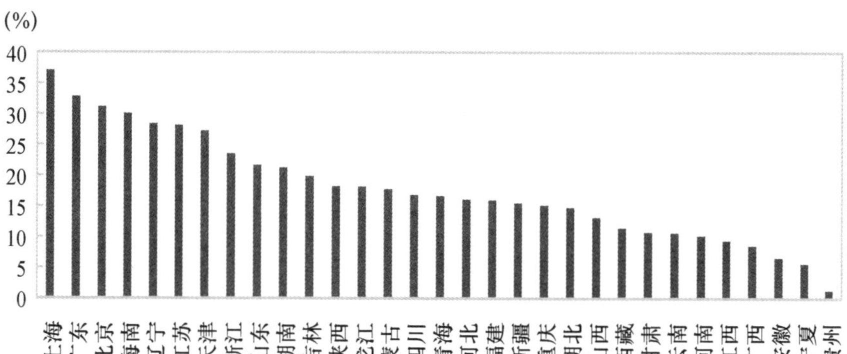

图9—4　全周期31个省份生产率增长平均贡献率

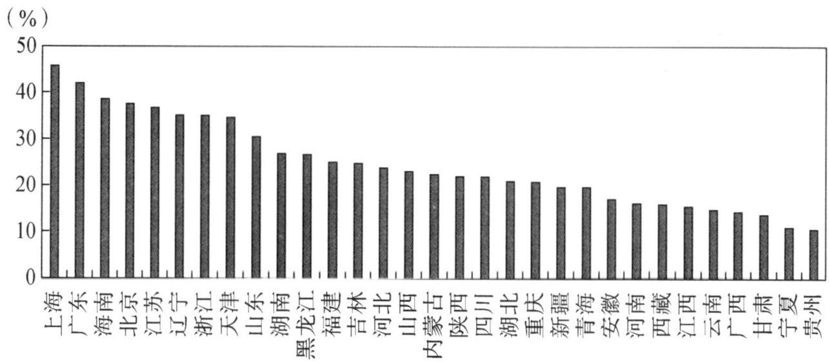

图9—5　全周期31个省份科技进步平均贡献率

2. 子周期 1991—1995 年

这一周期既是从计划经济向社会主义市场经济转变的开始时期，又是开始转变增长方式的时期，也是一个经济高速增长的时期。从物质资本投入增长对经济增长的贡献来看，上海最高，为 54.29%，其次是湖北，为 54.12%，再次是云南，为 52.87%。从劳动投入增长对经济增长的贡献看，从上海的 0.16% 到宁夏的 14.88%，省份之间差距较大，高于 10% 的有 6 个省份，在 5%—10% 的有 20 个省份，小于 5% 的有 5 个省份（见表 9—9）。

R&D 资本投入的增长对经济增长的贡献在省区市之间差异较大，有 11 个省区市是负数，超过 10% 的只有山西、安徽和贵州，黑龙江、上海、浙江、四川高于 5%，其余 13 个省份均在 5% 以下。本周期是多数省份生产率增长对经济增长贡献最高的一个周期，辽宁、江苏、浙江、山东、广东和海南的生产率增长对经济增长的贡献大于 50%，在 40%—50% 的省份有北京等 16 个省份，在 30%—40% 的有上海等 7 个省份，只有黑龙江和贵州低于 30%。从科技进步贡献率和物质资本增长对经济增长的贡献看，山西、辽宁、江苏、浙江、山东、广东、海南 7 个省份的科技进步贡献率大于物质资本和劳动投入增长对经济增长的贡献，属于集约型增长方式，北京等 24 个省份是投资 - 技术进步双轮驱动经济增长方式。从增长方式看，本周期是 5 个子周期中最好的一个周期。

表 9—9　　1991—1995 年 31 个省区市要素投入增长及生产率增长对经济增长的贡献

单位:%

地区	地区生产总值增长率	贡献率				
		物质资本	劳动	R&D 资本	生产率	科技进步
北京	11.83	47.46	6.62	2.68	43.24	45.92
天津	11.73	45.21	4.92	0.63	49.24	49.87
河北	14.62	43.97	7.31	-0.13	48.85	48.72
山西	10.37	40.63	7.84	11.02	40.51	51.53
内蒙古	10.29	52.09	7.97	-0.79	40.73	39.94

续表

地区	地区生产总值增长率	贡献率				
		物质资本	劳动	R&D 资本	生产率	科技进步
辽宁	10.23	42.45	6.40	0.22	50.93	51.15
吉林	10.01	46.15	7.67	1.20	44.98	46.18
黑龙江	7.61	50.58	10.10	9.99	29.34	39.33
上海	13.12	54.29	0.16	5.99	39.56	45.55
江苏	16.97	42.98	2.28	1.55	53.18	54.73
浙江	19.09	41.39	3.05	5.28	50.28	55.50
安徽	12.43	44.99	8.51	13.56	32.94	46.50
福建	18.35	43.31	8.22	-0.09	48.56	48.47
江西	10.41	47.98	11.15	-1.17	42.04	40.87
山东	16.39	38.93	10.39	-0.26	50.94	50.68
河南	12.96	46.21	9.51	-0.37	44.65	44.28
湖北	12.08	54.12	5.88	2.61	37.39	40.00
湖南	10.45	48.37	8.58	-1.39	44.44	43.05
广东	19.57	39.74	6.80	1.65	51.81	53.46
广西	15.15	50.41	7.09	0.94	41.56	42.50
海南	17.77	37.97	5.64	3.86	52.52	56.38
重庆	13.39	49.12	6.32	3.16	41.40	44.56
四川	11.36	50.23	6.39	6.94	36.45	43.39
贵州	8.72	51.77	12.91	29.07	6.26	35.33
云南	10.48	52.87	9.86	0.80	36.47	37.27
西藏	11.12	50.26	3.36	0.68	45.70	46.38
陕西	9.31	47.85	10.72	2.43	39.00	41.43
甘肃	9.82	43.70	8.44	-0.01	47.86	47.85
青海	8.62	46.99	9.48	-2.07	45.60	43.53
宁夏	8.16	49.32	14.88	-1.27	37.07	35.80
新疆	10.68	48.96	6.70	-0.81	45.15	44.34

注：同表9—8。

3. 子周期1996—2000年

这一周期是继续转变经济增长方式的时期，虽然大部分省份的经济增长率小于上一个子周期，但从科技进步贡献率和物质资本增长对经济增长的贡献看，北京、天津、山西、内蒙古、辽宁、吉林、广东、海南8个省份的科技进步对产出增长的贡献率大于物质资本投入和劳动投入增长对经济增长的贡献率（见表9—10），属于集约型的增长方式，黑龙江等9个省份是投资-技术进步双轮驱动经济增长方式，河北等14个省份是投资驱动经济增长方式。

从物质资本投入增长对经济增长的贡献率来看，重庆最高，高达95.69%，其次是四川，为82.63%，再次是贵州，为81.58%。物质资本投入增长对经济增长的贡献高于50%的有24个省份，在30%—50%的有7个省份，大部分省份物质资本投入增长的贡献率高于上一周期。从R&D资本投入增长对经济增长的贡献看，大部分省份高于上一子周期，省份之间依然存在地区异质性。贡献率大于10%的只有浙江和海南，在5%—10%的有山西等10个省份，小于5%的有19个省份，内蒙古是负数。

这一时期劳动就业体制改革打破了“铁饭碗”，大批职工下岗，这反映在劳动投入增长对经济增长的贡献率上，有11个省份的贡献率是负值，表明2000年的劳动力投入低于1995年的劳动力投入，是劳动投入增长的贡献率出现负数最多的子周期，具体见表9—10。

表9—10　　1996—2000年31个省区市要素投入增长及生产率增长对经济增长的贡献

单位：%

地区	地区生产总值增长率	贡献率				
		物质资本	劳动	R&D资本	生产率	科技进步
北京	10.52	51.31	-6.15	3.66	51.19	54.85
天津	11.29	49.10	-13.43	2.97	61.36	64.33
河北	11.18	74.17	2.84	3.55	19.44	22.99
山西	9.93	47.36	-0.64	8.82	44.45	53.27
内蒙古	11.09	41.81	0.39	-0.10	57.90	57.80
辽宁	8.58	38.00	-11.94	3.33	70.62	73.95
吉林	9.78	45.49	-12.11	0.81	65.81	66.62

续表

地区	地区生产总值增长率	贡献率				
		物质资本	劳动	R&D 资本	生产率	科技进步
黑龙江	8.83	54.54	7.40	7.82	30.24	38.06
上海	11.51	59.88	1.34	6.40	32.38	38.78
江苏	11.17	54.96	-4.07	5.08	44.03	49.11
浙江	11.00	62.18	-0.51	12.23	26.10	38.33
安徽	10.04	62.73	4.54	5.94	26.79	32.73
福建	11.44	65.23	4.31	7.56	22.89	30.45
江西	9.36	55.51	-3.97	1.71	46.75	48.46
山东	10.85	56.43	9.76	5.79	28.01	33.80
河南	10.12	70.07	12.80	2.32	14.81	17.13
湖北	9.69	80.11	-5.12	4.54	20.47	25.01
湖南	9.71	58.62	0.15	0.94	40.28	41.22
广东	10.97	40.01	4.45	9.74	45.79	55.53
广西	8.44	78.17	5.98	4.17	11.68	15.85
海南	7.49	30.63	-1.99	11.52	59.84	71.36
重庆	9.53	95.69	-4.22	3.42	5.11	8.53
四川	9.17	82.63	1.04	2.95	13.38	16.33
贵州	8.72	81.58	8.48	6.25	3.69	9.94
云南	8.74	73.89	5.05	1.16	19.90	21.06
西藏	11.96	50.86	5.68	6.20	37.26	43.46
陕西	10.78	51.11	1.58	2.23	45.08	47.31
甘肃	9.89	71.95	2.07	0.58	25.40	25.98
青海	10.30	70.83	5.41	1.12	22.63	23.75
宁夏	9.37	62.44	11.62	3.74	22.19	25.93
新疆	7.70	69.76	2.47	4.34	23.43	27.77

注：同表9—8。

4. 子周期2001—2005年

这是进入21世纪的第一个五年计划期，也是经济快速发展和高投资的一个时期。在这个时期中，除了福建，30个省份的GRP增长率大于上一子周期，26个省份的物质资本投入增长大于上一子周期，28 个省份的 R&D 资本投入增长高于上一子周期，因此这个子周期中的生产率增长对经济增长的贡献有 23 个省份小于上一子周期，28 个省份的 R&D 资本投入增长对经济增长的贡献高于上一子周期，14 个省份的 R&D 资本增长贡献率在 5 个子周期中最高，是最多的一个子周期。

由于绝大多数省份的物质资本投入增长快于上一子周期，北京等 27 个省份的物质资本投入增长对经济增长的贡献大于 50%，天津等 4 个省份的物质资本投入增长对产出增长的贡献在 30%—50%。劳动投入增长对产出增长的贡献在这个子周期内与其他周期相比，除了北京（25.86%）、浙江（11.42%）、广东（11.72%）、海南（10.99%），其他省份是相对比较均衡的，具体见表 9—11。

从科技进步对经济增长的贡献率看，只有天津、上海、海南高于 50%，是集约型增长方式，河北等 8 个省份是投资 - 技术进步双轮增长模式，北京等 20 个省份是投资驱动模式。

表 9—11　2001—2005 年 31 个省区市要素投入增长及生产率增长对经济增长的贡献

单位：%

地区	地区生产总值增长率	贡献率				
		物质资本	劳动	R&D 资本	生产率	科技进步
北京	12.25	50.30	25.86	7.69	16.15	23.84
天津	14.07	44.55	1.64	9.96	43.86	53.82
河北	11.22	56.10	0.50	14.33	29.07	43.40
山西	13.31	62.98	2.21	9.08	25.73	34.81
内蒙古	17.12	76.59	0.63	4.88	17.90	22.78
辽宁	11.23	56.01	6.98	11.49	25.52	37.01
吉林	10.65	68.10	1.24	10.04	20.62	30.66
黑龙江	10.60	50.02	2.81	9.59	37.58	47.17
上海	11.99	36.59	6.73	9.46	47.22	56.68
江苏	12.93	55.78	4.26	13.58	26.38	39.96
浙江	13.03	65.69	11.42	15.19	7.70	22.89
安徽	10.42	74.18	3.11	12.81	9.90	22.71

续表

地区	地区生产总值增长率	贡献率				
		物质资本	劳动	R&D 资本	生产率	科技进步
福建	10.75	54.83	9.72	22.67	12.77	35.44
江西	11.67	91.23	4.68	9.54	-5.45	4.09
山东	13.08	67.33	5.11	15.40	12.16	27.56
河南	11.42	65.54	3.29	8.17	23.01	31.18
湖北	10.21	59.53	3.05	6.71	30.71	37.42
湖南	10.37	67.08	3.55	8.19	21.18	29.37
广东	13.31	40.01	11.72	14.95	33.32	48.27
广西	10.81	66.68	5.09	10.75	17.48	28.23
海南	10.10	32.02	10.99	5.70	51.29	56.99
重庆	11.09	96.47	3.03	8.19	-7.69	0.50
四川	11.17	73.51	0.64	5.07	20.77	25.84
贵州	10.41	94.43	6.96	8.25	-9.64	-1.39
云南	8.96	70.52	5.82	4.98	18.68	23.66
西藏	12.36	84.51	7.75	5.64	2.10	7.74
陕西	11.85	67.56	3.33	5.25	23.85	29.10
甘肃	10.74	70.18	9.40	2.60	17.82	20.42
青海	13.01	67.12	6.51	4.93	21.44	26.37
宁夏	11.02	85.60	7.01	8.49	-1.10	7.39
新疆	10.05	62.79	9.81	2.37	25.03	27.40

注：同表9—8。

5. 子周期2006—2010年

本周期也是经济快速发展和高投资的一个时期，2008年国际金融危机导致我国出口增长迅速下降，企业生产成本提高，大批中小企业倒闭，国内经济下行压力加大，为了保增长稳就业，中央政府提出了4万亿元投资计划，在此背景下，各个省份提高了投资。20个省份的物质资本投入增长率大于上一子周期，25个省份的GRP增长率大于上一子周期，16个省份的R&D资本投入增长率高于上一子周期，15个省份的R&D资本投入增长对经济增长的贡献率高于上一子周期，11 个省份的 R&D 资本投入增长贡献率在 5 个子周期中最高，是最多的一个周期。因此这个周期中的生产率增长对经济增长的贡献有 8 个省份小于零，技术进步的作用被掩盖。从科技进步对经济增长的贡献看，本周期是 5 个子周期内最差的一个周期，有 6 个省份低于零，只有北京、上海、海南是投资－技术进步双轮驱动增长方式，28 个省份是投资驱动经济增长方式。

由于绝大多数省份的物质资本投入增长快于上一子周期，天津等 28 个省份的物质资本投入增长对经济增长的贡献率大于 50%，只有北京、上海、海南的物质资本投入增长对经济增长的贡献率低于 50%。

劳动投入增长对经济增长的贡献率在这个子周期内与其他子周期相比，绝大部分省份均有所增长，具体见表 9—12。

表 9—12　　2006—2010 年 31 个省区市要素投入增长及生产率增长对经济增长的贡献

单位：%

地区	地区生产总值增长率	贡献率				
		物质资本	劳动	R&D 资本	生产率	科技进步
北京	11.69	49.46	12.58	7.98	29.98	37.96
天津	16.26	64.62	10.95	10.36	14.06	24.42
河北	11.69	87.97	8.74	11.71	-8.42	3.29
山西	11.26	95.20	7.89	11.73	-14.82	-3.09
内蒙古	17.59	85.71	5.83	8.26	0.20	8.46
辽宁	13.87	84.71	7.93	7.34	0.01	7.35
吉林	14.90	95.42	5.54	5.37	-6.33	-0.96
黑龙江	12.00	79.46	7.68	9.15	3.71	12.86
上海	11.23	39.85	19.72	10.73	29.71	40.44
江苏	13.51	66.77	13.68	12.68	6.87	19.55
浙江	11.88	55.78	16.97	16.01	11.24	27.25
安徽	13.37	103.55	5.43	9.20	-18.18	-8.98
福建	13.83	70.56	11.10	10.29	8.05	18.34
江西	13.20	97.39	6.17	10.87	-14.43	-3.56
山东	13.11	71.09	6.53	13.55	8.84	22.39

续表

地区	地区生产总值增长率	贡献率				
		物质资本	劳动	R&D 资本	生产率	科技进步
河南	12. 89	99. 80	4. 33	10. 19	-14. 32	-4. 13
湖北	13. 90	69. 74	9. 79	7. 27	13. 20	20. 47
湖南	14. 10	72. 75	5. 40	8. 63	13. 22	21. 85
广东	12. 43	52. 81	17. 74	10. 33	19. 12	29. 45
广西	14. 02	96. 22	4. 89	6. 67	-7. 78	-1. 11
海南	13. 38	49. 63	11. 39	7. 55	31. 43	38. 98
重庆	14. 95	77. 98	5. 95	6. 79	9. 28	16. 07
四川	13. 71	81. 18	0. 87	4. 54	13. 41	17. 95
贵州	12. 61	78. 50	5. 23	5. 97	10. 30	16. 27
云南	11. 76	88. 04	9. 40	6. 49	-3. 94	2. 55
西藏	12. 41	74. 77	15. 32	6. 36	3. 55	9. 91
陕西	14. 85	86. 50	1. 53	3. 80	8. 17	11. 97
甘肃	11. 20	89. 67	4. 59	5. 61	0. 13	5. 74
青海	13. 45	65. 58	5. 50	4. 20	24. 71	28. 91
宁夏	12. 68	81. 39	6. 01	7. 35	5. 25	12. 60
新疆	10. 57	69. 96	8. 64	7. 83	13. 58	21. 41

注：同表9—8。

6. 子周期2011—2017年

本周期经济进入新常态，是经济向高质量发展转变的时期，经济增长速度放缓，投资增长率下降，“两山理论”的推行促进各省份更加注重投资的质量和环境保护。在此背景下，26个省份的物质资本投入增长率低于上一子周期，17个省份的GRP增长率低于上一子周期，30个省份的R&D资本投入增长率低于上一子周期。虽然各个指标均有所下降，依然有28个省份的生产率增长对经济增长的贡献有所提高（见表9—13），上海的贡献率达到53. 54%。从科技进步对经济增长的贡献看，上海的科技进步对经济增长的贡献大于物质资本增长和劳动投入增长的贡献，属于集约型增长模式，辽宁、江苏、浙江、山东、湖南、广东、重庆、四川属于投资-技术进步双轮驱动增长方式，北京等22个省份是投资增长方式。

从物质资本投入增长对经济增长的贡献率来看，广西最高，高达81.82%，其次是甘肃，为81.71%，再次是山西，为77.09%。物质资本投入增长对经济增长的贡献率高于50%的有30个省份，上海最低，只有23.23%，大部分省份物质资本投入增长的贡献率低于上一周期，经济转型初见成效。

劳动投入增长对产出增长的贡献率在这个子周期内与其他周期相比，具有差异性，与上一周期相比，各省份的贡献率有增有减，具体见表9—13。

表9—13　2011—2017年31个省区市要素投入增长及生产率增长对经济增长的贡献

单位：%

地区	地区生产总值增长率	贡献率				
		物质资本	劳动	R&D资本	生产率	科技进步
北京	7.37	56.89	17.48	9.98	15.65	25.63
天津	10.69	51.90	24.01	7.69	16.39	24.08
河北	7.96	69.15	5.32	9.15	16.38	25.53
山西	7.34	77.09	9.51	6.60	6.79	13.39
内蒙古	8.74	65.18	10.65	6.97	17.20	24.17
辽宁	5.73	57.22	2.82	8.23	31.73	39.96
吉林	8.40	62.72	10.87	4.75	21.66	26.41
黑龙江	7.70	65.22	3.35	4.54	26.89	31.43
上海	7.36	23.23	15.18	8.04	53.54	61.58
江苏	9.01	56.90	1.33	8.58	33.19	41.77
浙江	8.03	57.63	-1.91	9.10	35.18	44.28
安徽	10.15	64.48	6.42	7.80	21.30	29.10
福建	10.00	65.83	11.75	8.62	13.80	22.42
江西	10.01	63.73	6.57	5.77	23.93	29.70
山东	8.87	59.07	2.05	9.35	29.52	38.87
河南	9.18	69.38	5.65	7.33	17.63	24.96
湖北	9.94	69.97	7.31	6.68	16.03	22.71

续表

地区	地区生产总值增长率	贡献率				
		物质资本	劳动	R&D 资本	生产率	科技进步
湖南	9.74	66.42	-1.01	7.35	27.24	34.59
广东	8.21	52.69	5.61	9.80	31.89	41.69
广西	9.27	81.82	-0.98	5.79	13.37	19.16
海南	8.82	72.95	13.95	11.62	1.48	13.10
重庆	12.01	54.81	-3.41	4.73	43.87	48.60
四川	9.94	63.07	0.88	4.24	31.80	36.04
贵州	11.94	76.04	-5.79	3.81	25.94	29.75
云南	10.52	67.79	3.08	4.62	24.51	29.13
西藏	11.21	65.58	15.74	3.11	15.58	18.69
陕西	10.12	72.49	2.82	3.52	21.17	24.69
甘肃	9.10	81.71	4.10	3.89	10.30	14.19
青海	10.72	73.84	4.56	3.64	17.96	21.60
宁夏	9.32	74.99	5.86	4.85	14.31	19.16
新疆	9.88	59.52	18.43	5.03	17.02	22.05

注：同表9—8。

（二）六大行政区经济增长的来源分析

这一部分是从统计分类的华北、东北、华东、中南、西南、西北六大行政区，按照上面的周期分类来分析经济增长的来源。在各个周期中，劳动投入增长对经济增长的贡献都小于物质资本投入增长对经济增长的贡献。

1. 全周期1991—2017年

表9—14显示了1991—2017年六大行政区的要素投入增长和生产率增长对经济增长的贡献率。从地区生产总值增长看，华东增长最快，其次是华北，再次是中南，最慢的是东北地区。从物质资本投入增长对经济增长的平均贡献看，最高的是西南地区，达到了77.94%，其次是西北地区，是75.18%。西部大开发提高了西部各省份的物质资本投入，为经济发展提供了物质基础，华东地区的物质资本贡献率最低，也达到了63.52%。从物质资本投入增长及对经

济增长的贡献看，六大行政区均是投资驱动型的。图9—6显示，在1991—2015年，六大行政区的物质资本投入增长贡献率在波动中呈上升态势，随后开始下降，物质资本投入增长率在2015年开始下降，这或许是出于以下原因：政府注重经济增长质量；淡化了GDP激励机制；地方政府加强投资规划；政府类投资项目开工减少；更加注重投资的质量；减少盲目投资和重复投资等。

从劳动投入增长对经济增长的贡献看，除了西南地区和东北地区，其他4个行政区间差距较小，华北地区最大，是7.44%，中南地区最小，是6.64%，相对比较均衡。

从R&D资本投入增长对经济增长的贡献看，各个地区的贡献均较小，相较而言西北地区更小，R&D资本投入的作用还没有充分体现出来。图9—7揭示，在20世纪90年代，各个地区的R&D资本投入增长对经济增长的贡献极不稳定，进入21世纪后相对稳定。6个地区中，华东地区始终处于首位，2007年后中南地区次之，华北地区再次，西北地区始终最小。

从生产率增长对经济增长的平均贡献看，东北地区最大，也只有22.16%，西南地区最小，只有11.24%，技术进步的作用被掩盖。从科技进步对经济增长的作用看，华东地区最大，是29.62%，西南地区最小，只有17.07%。6个行政区均表现为投资驱动型的经济增长方式。图9—8和图9—9表明，生产率增长对经济增长的贡献与科技进步贡献率的曲线图极为相似，各个地区从1991年一路下滑到2014年，虽然有波动，但总的趋势是下降，2015年后开始上升，供给侧改革实施的效果开始显现。

表9—14　　1991—2017年六大行政区要素投入增长及生产率增长对经济增长的贡献

单位：%

区域	地区生产总值增长	贡献率				
		物质资本	劳动	R&D资本	生产率	科技进步
华北	11.39	63.99	7.44	7.24	21.33	28.57

续表

区域	地区生产总值增长	贡献率				
		物质资本	劳动	R&D 资本	生产率	科技进步
东北	9.78	66.54	4.61	6.69	22.16	28.85
华东	11.74	63.52	6.85	9.10	20.52	29.62
中南	11.34	66.13	6.64	6.94	20.29	27.23
西南	11.12	77.94	4.99	5.83	11.24	17.07
西北	10.47	75.18	7.40	3.90	13.52	17.42

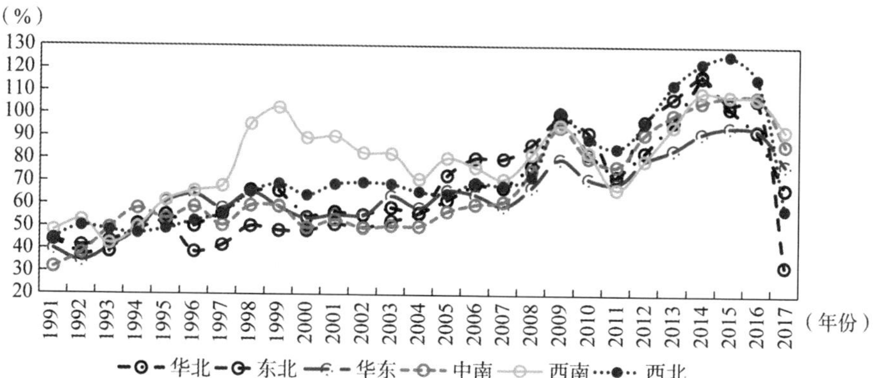

图9—6　1991—2017年六大行政区物质资本投入增长贡献率

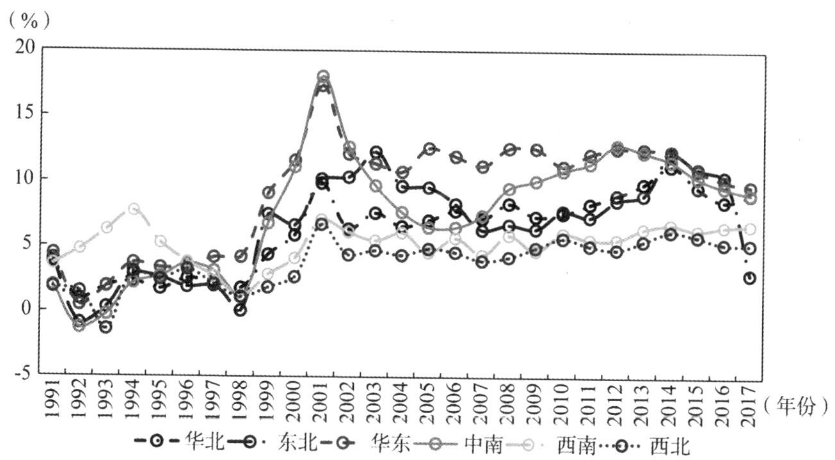

图9—7　1991—2017年六大行政区R&D资本投入增长贡献率

注：同表9—8。

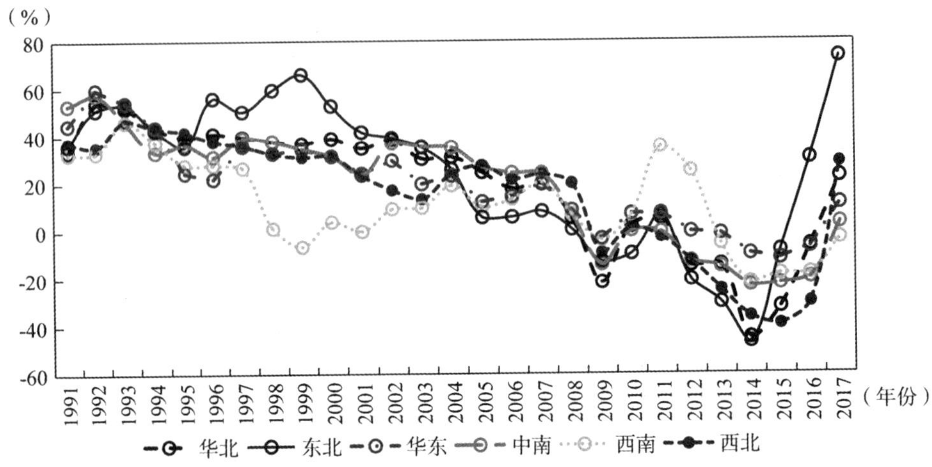

图9—8 1991—2017年六大行政区生产率增长贡献率

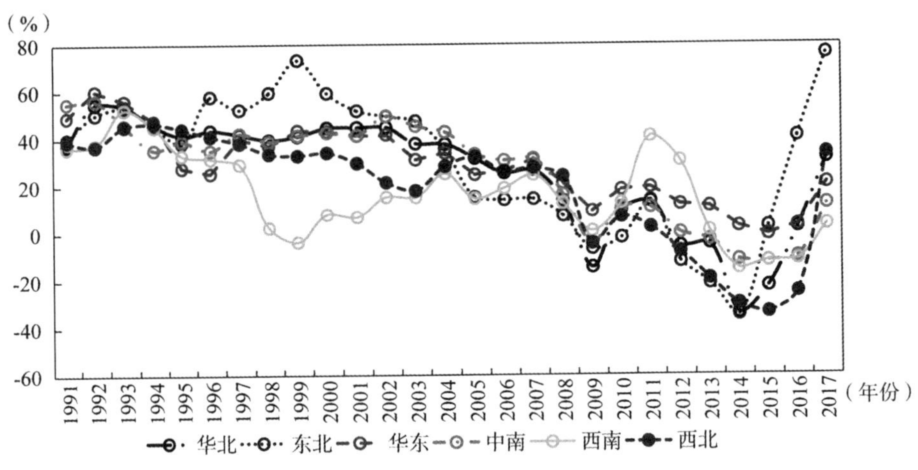

图9—9 1991—2017年六大行政区科技进步贡献率

2. 子周期1991—1995年

1991—1995年是经济高速增长的时期，所有地区的经济都实现了高速增长，尤其是华东地区的GRP增长率达到了15.25%，华东地区和中南地区均是5个子周期中GRP增长率最高的，除了东北地区，其他 5 个地区的生产率增长是所有子周期中最高的，也是生产率增长对经济增长贡献最高的。从 R&D 资本投入增长对经济增长的贡献看，各个地区的贡献均较小，是所有子周期中最小的，亦是 R&D 资本投入增长最慢的。

从物质资本投入增长对经济增长的贡献看，因物质资本投入增长相对较慢，所有地区的物质资本投入贡献是最小的。从劳动投入增长对经济增长的贡献看，六大行政区比较均衡，本周期东北地区、西北地区和西南地区劳动投入增长对经济增长的贡献最大。

综合以上因素，因为生产率增长较快，除了华北和东北地区，其他 4 个地区的科技进步贡献率均是最大的一个周期，技术进步表现得非常明显，六大行政区在这一周期是属于投资 - 技术进步双轮驱动的增长方式（见表 9—15）。

表 9—15　　1991—1995 年六大行政区要素投入增长及生产率增长对经济增长的贡献

单位:%

区域	地区生产总值增长	贡献率				
		物质资本	劳动	R&D 资本	生产率	科技进步
华北	11.77	46.00	6.91	2.47	44.62	47.09
东北	9.29	46.06	7.88	3.45	42.61	46.06
华东	15.25	44.45	6.03	3.46	46.05	49.51
中南	14.66	45.29	7.10	1.34	46.28	47.62
西南	11.01	50.71	7.45	7.09	34.75	41.84
西北	9.32	47.33	9.82	-0.31	43.16	42.85

注：同表 9—8。

3. 子周期 1996—2000 年

本周期各个地区的经济增长率均低于上一周期，除了东北地区，其他 5 个地区的生产率增长率均小于上一周期，华东等 4 个地区对经济增长贡献小于上一周期。值得一提的是，东北地区在这个周期中生产率增长对经济增长的贡献率达到了 55.79%，是历史最高水平。从 R&D 资本投入增长对经济增长的贡献看，各个地区的贡献均较小，除了西南地区，均高于上一周期。从科技进步贡献看，东北地区是集约型的增长方式，华北、华东和中南地区属于投资－技术进步双轮驱动增长方式，西南和西北是投资驱动增长方式。

表 9—16 还表明，西南和西北地区的物质资本投入增长对经济增长的贡献率远远高于上一周期，这是因为 20 世纪 90 年代以来政府的长期发展规划中又重新强调了“区域经济协调发展”。在 1996 年 3 月第八届全国人民代表大会上制定的“‘九五’计划和 2010 年远景目标规划”中，提出了防止地区差距扩大的若干政策措施，开始加大中、西部地区的投资和建设项目，为中、西部地区的发展创造了有利的条件，提高了西部地区的投资。

由于 20 世纪 90 年代劳动就业体制的改革，导致大批职工下岗，反映在劳动投入增长对产出增长的贡献率上，华北地区、东北地区的贡献率是负值，表明 2000 年的劳动力投入低于 1995 年的劳动力投入，其余 4 个地区的劳动增长率也远远低于上一周期。并且，工业发达地区的影响程度大于工业不发达的地区，而华北、东北这两个地区是工业比较发达的，所受的影响也就比较大。

表 9—16　1996—2000 年六大行政区要素投入增长及生产率增长对经济增长的贡献

单位：%

区域	地区生产总值增长	贡献率				
		物质资本	劳动	R&D 资本	生产率	科技进步
华北	10.80	53.40	－3.36	3.57	46.39	49.96
东北	9.07	45.89	－5.64	3.95	55.79	59.74
华东	10.77	59.81	1.68	6.38	32.13	38.51
中南	9.40	59.43	2.98	5.16	32.43	37.59
西南	9.62	75.54	3.23	4.12	17.10	21.22
西北	9.61	64.83	4.60	2.29	28.28	30.57

注：同表 9—8。

4. 子周期 2001—2005 年

进入 21 世纪后，随着市场经济体制的不断完善，逐步使用市场经济手段调控宏观经济，各个地区的经济增长趋于平稳，增长速度差距变小。从经济增长速度看，各个地区均高于上一周期，同时因投资高涨问题，所有地区的物质资本投入增长对经济增长的贡献都居高位，最低的中南地区也达到了 54.44%。除了中南地区，其他 5 个地区的生产率增长低于上一周期，对经济增长的贡献 6 个地区均低于上一周期。从 R&D 资本投入增长对经济增长的贡献看，各个地区的贡献均有较大提高，东北、华东和中南地区是 5 个子周期中最高的。从科技进步贡献率看，中南地区最高，是 39.19%，西南地区最低，只有 10.88%，华北、东北和中南地区是投资 - 技术进步双轮驱动增长方式，其余 3 个地区是投资驱动增长方式（见表 9—17）。

本周期各地区劳动投入增长对经济增长的贡献是相对比较均衡的一个周期。

表 9—17　2001—2005 年六大行政区要素投入增长及生产率增长对经济增长的贡献

单位：%

区域	地区生产总值增长	贡献率				
		物质资本	劳动	R&D 资本	生产率	科技进步
华北	13.60	58.39	5.56	8.82	27.23	36.05
东北	10.83	58.08	3.69	10.38	27.86	38.24
华东	11.98	63.28	6.44	13.92	16.36	30.28
中南	11.04	54.44	6.37	9.48	29.71	39.19
西南	10.80	84.28	4.84	6.44	4.44	10.88
西北	11.33	70.62	7.08	4.80	17.51	22.31

注：同表 9—8。

5. 子周期 2006—2010 年

本周期是 6 个地区经济增长比较均衡的一个周期，也是快速增长的一个周期，同时因为 2008 年国际金融危机，中国政府加大了投资，也是各地区投资增长最快的一个周期。物质资本增长对经济增长的贡献率均居高位，东北地区高达87.15%，华东地区最低，也达到了72.62%，因此东北地区生产率增长出现负数，生产率增长对经济增长的贡献连续下降。从R&D资本投入增长对经济增长的贡献看，除了华北和西北地区，其余4个地区均有所下降。从科技进步贡献看，与上一周期相比，各个地区均大幅度下降，均是投资驱动型的经济增长方式（见表9—18）。

本周期华东和中南地区的劳动投入增长对经济增长的贡献是最大的一个周期。

表9—18　　2006—2010年六大行政区要素投入增长及生产率增长对经济增长的贡献

单位:%

区域	地区生产总值增长	贡献率				
		物质资本	劳动	R&D资本	生产率	科技进步
华北	13.70	75.82	8.99	10.23	4.96	15.19
东北	13.59	87.15	6.97	7.19	-1.30	5.89
华东	12.88	72.62	11.04	11.85	4.48	16.33
中南	13.45	73.07	8.69	8.49	9.75	18.24
西南	13.09	79.95	7.14	6.02	6.88	12.90
西北	12.55	78.76	5.03	5.60	10.60	16.20

注：同表9—8。

6. 子周期2011—2017年

本周期各个地区经济增长进入新常态，4个地区的经济增长速度低于上一周期，同时各个地区的物质资本投入增长也有所下降，对经济增长的贡献也有所下降，生产率增长有所好转，对经济增长的贡献好于上一周期。华北、华东、中南地区的R&D资本投入增长对经济增长的贡献比较接近，东北、西南和西北地区的比较接近，从这里可以看出不同地区对研发投资的重视程度。科技进步贡献普遍优于上一周期。从 R&D 资本投入对经济增长的贡献和科技进步贡献看，只有华东地区是投资 - 技术进步双轮驱动经济增长方式，其余 5 个地区是投资驱动经济增长方式。

本周期劳动投入增长对经济增长的贡献，华北地区最大，是 13.78%，西南地区最小，只有 1.93%，极不均衡（见表 9—19）。

表 9—19　2011—2017 年六大行政区要素投入增长及生产率增长对经济增长的贡献

单位:%

区域	地区生产总值增长	贡献率				
		物质资本	劳动	R&D 资本	生产率	科技进步
华北	11.37	63.38	13.78	8.06	14.77	22.83
东北	10.34	61.85	6.17	5.58	26.40	31.98
华东	12.91	56.90	5.93	8.15	29.01	37.16
中南	13.10	68.91	4.87	7.97	18.25	26.22
西南	15.91	65.47	1.93	4.10	28.50	32.60
西北	14.03	72.35	7.15	4.17	16.32	20.49

注：同表 9—8。

（三）三大区域经济增长的来源分析

在这一部分是按照东、中、西三大区域来分析经济增长的来源。同样，劳动投入增长对经济增长的贡献在所有周期中都小于物质资本投入增长对经济增长的贡献。

1. 全周期 1991—2017 年

东部区域几乎都是经济最发达的省市，地区生产总值的增长率也是最高的。西部区域的 12 个省区市是最不发达的，经过 20 世纪 90 年代末的西部大开发，物质资本投资增长最快，但经济技术基础弱于东部区域，经济基础、劳动力素质、自然条件、交通和基础设施等方面的情况仍然比东部沿海地区差，反映在地区生产总值的增长上也就相对较慢，但仍稍快于中部区域。由于中部崛起战略提出相对较晚，物质资本投入增长慢于西部区域，但快于东部区域（见表9—20）。

从物质资本投入对经济增长的贡献看，西部区域最大，中部区域次之，东部区域最小。图9—10表明，3个区域物质资本投入的贡献在波动起伏中一路上升到2014年，随后开始下降。其中，在2006年以后西部区域的贡献最高，源于1999年的西部大开发战略，国家的投资向西部倾斜，西部区域的投资快速增长；2006年中部崛起战略的提出，迅速提高了中部区域的投资，使得中部区域大部分年份的贡献高于西部区域。从劳动投入对经济增长的贡献看，中、西部区域比较接近。R&D资本投入增长对经济增长的平均贡献率高到低依次是东部、中部、西部区域。图9—11显示，3个区域R&D资本投入增长的贡献趋势一致，进入21世纪后3个区域拉开档次，东部区域远高于中、西部区域。20世纪90年代各区域R&D资本存量增长不均衡，造成对经济增长的贡献波动较大，20世纪末科教兴国战略和2006年创新驱动发展战略的提出，直接促进了R&D资本存量的快速增长，2001—2008年东部区域R&D资本增长率在20%以上，中部区域则在20%左右波动，西部区域在15%左右波动，R&D资本的快速增长提高了科技进步贡献率，成为各区域经济发展方式转变的重要支撑。

从生产率增长来看，从高到低依次是东部区域、中部区域、西部区域，对经济增长的贡献也是如此。图9—12和图9—13揭示了生产率增长对经济增长的贡献和科技进步贡献率的变化趋势，二者基本一致。因2008年国际金融危机，2009年3个区域的科技进步贡献率大幅度下降，其中以重工业为主的中部区域受金融危机的负面影响最大（郑世林和张美晨，2019）。西部大开发战略的实施提高了西部区域的科技进步贡献率，2006—2012年，西部区域高于中部区域。随着新业态新模式的迅速发展，2014年东部区域科技进步贡献率率先出现拐点并开始复苏。随着供给侧结构性改革的深入实施，过剩产能逐步被消化，传统产业的升级改造步伐被加快。安徽、湖南等部分中部省份的高端装备制造业、数字产业、文化产业等发展势头强劲。上述因素带动了中部地区科技进步贡献快速攀升，2017年比2016年提高33.9个百分点。

从物质资本投入和劳动投入增长、生产率增长对产出增长的贡献和科技进步贡献看，在27年中，只有东部区域是投资－技术进步双轮驱动增长方式，中部、西部区域仍然是粗放型的增长方式。

表9—20　　1991—2017年三大区域要素投入增长及生产率增长对经济增长的贡献

单位:%

区域	地区生产总值增长率	贡献率				
		物质资本	劳动	R&D资本	生产率	科技进步
东部	11.60	57.38	7.72	8.49	26.42	34.91
中部	10.62	73.11	5.60	7.24	14.04	21.28
西部	10.99	76.56	5.95	4.96	12.53	17.49

注：同表9—8。

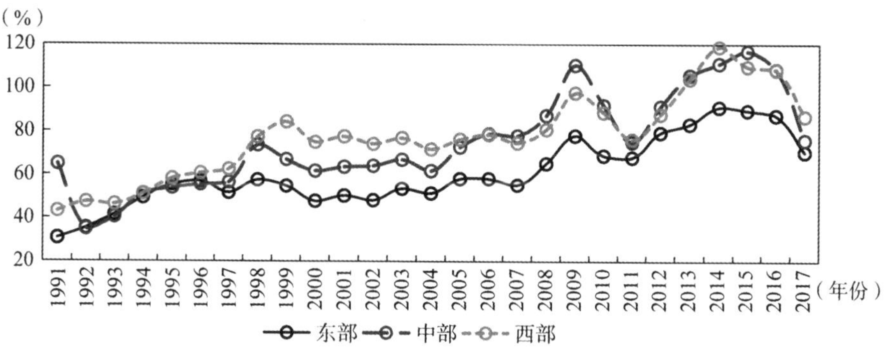

图9—10　1991—2017年三大区域物质资本投入增长对经济增长的贡献

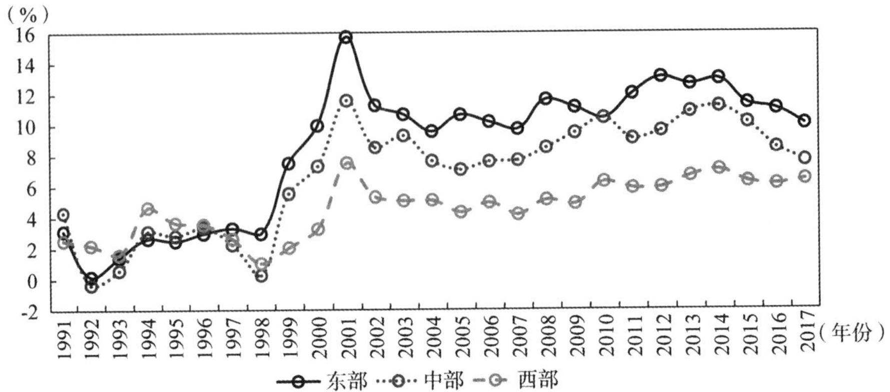

图 9—11　1991—2017 年三大区域 R&D 资本投入增长对经济增长的贡献

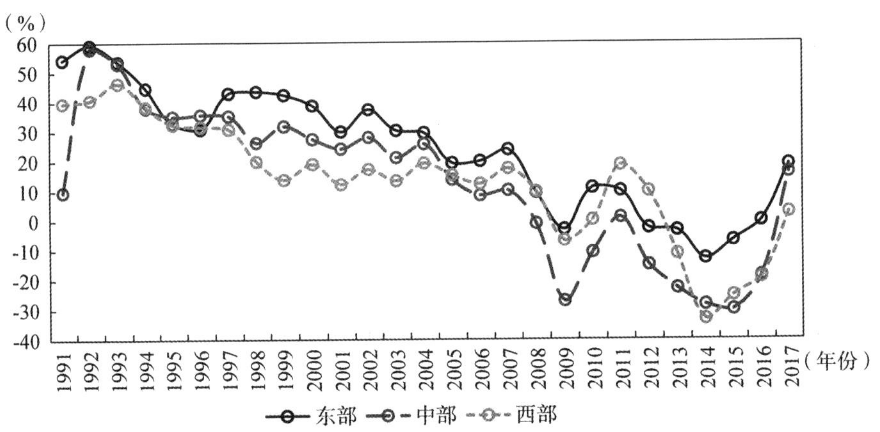

图 9—12　1991—2017 年三大区域生产率增长对经济增长的贡献

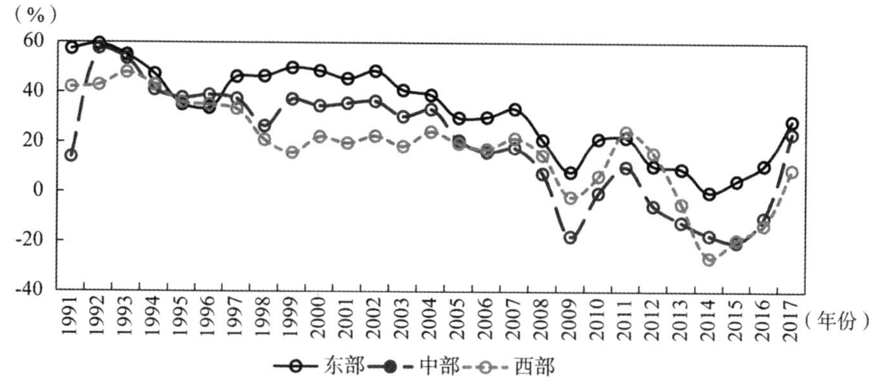

图 9—13　1991—2017 年三大区域科技进步贡献率

2. 子周期 1991—1995 年

1991—1995 年，既是三大区域经济高速增长的时期，也是经济增长质量最佳的时期。在这个时期中，各个区域物质资本投入增长对经济增长的贡献最低；R&D 资本投入增长对经济增长的贡献较低，研发的作用没有显现；中部和西部区域劳动投入增长对经济增长的贡献均是最大的一个周期；生产率增长对经济增长的贡献东部和西部区域均是最大的一个周期。从科技进步贡献率来看，从高到低依次是东部、中部、西部区域。

从物质资本投入和劳动投入增长、生产率增长对经济增长的贡献和科技进步贡献看，东部区域是集约型的增长模式，中部和西部区域是投资 - 技术进步双轮驱动增长方式（见表 9—21）。

表 9—21　1991—1995 年三大区域要素投入增长及生产率增长对经济增长的贡献

单位:%

区域	地区生产总值增长率	贡献率				
		物质资本	劳动	R&D 资本	生产率	科技进步
东部	15.43	42.94	5.67	2.01	49.38	51.39
中部	10.79	47.33	8.58	4.30	39.80	44.10

续表

区域	地区生产总值增长率	贡献率				
		物质资本	劳动	R&D 资本	生产率	科技进步
西部	10.59	49.55	8.32	3.01	39.13	42.14

注：同表 9—8。

3. 子周期 1996—2000 年

由于 20 世纪 90 年代国家投资政策的改变，西部区域的投资增长较快，因此西部区域的物质资本投入增长对经济增长的贡献迅速增加，在 1996—2000 年达到了 68.05%（见表 9—22），高于中、东部区域。由于东部区域多是工业发达的省市，就业体制的改革对此影响较大，大批工人下岗，使 2000 年的就业人数比 1995 年下降，东部区域的劳动投入增长对经济增长的贡献是负数。

从生产率增长对经济增长的贡献来看，虽然比上一周期的贡献率有所降低，但仍然是增长质量较好的时期。从 R&D 资本投入增长对经济增长的贡献看，与上一周期相比，东部区域有较大提高，中、西部有所降低。从科技进步贡献率看，东部、中部区域是投资 - 技术进步双轮驱动增长方式，西部区域是投资拉动增长方式（见表 9—22）。

表 9—22　　1996—2000 年三大区域要素投入增长及生产率增长对经济增长的贡献

单位：%

区域	地区生产总值增长率	贡献率				
		物质资本	劳动	R&D 资本	生产率	科技进步
东部	10.55	54.00	-1.15	6.45	40.71	47.16
中部	9.68	59.39	0.39	4.09	36.12	40.21
西部	9.64	68.05	3.73	2.96	25.26	28.22

注：同表 9—8。

4. 子周期 2001—2005 年

为了促进西部的发展，贯彻区域经济协调发展的原则，20 世纪

90 年代末实施了西部大开发战略，促进了西部区域投资的迅速增长。2001—2005 年，中、西部区域的物质资本投入增长率远大于东部区域。表 9—23 显示，中、西部区域的物质资本投入增长对经济增长的贡献比上一周期有了很大的提高，生产率增长对经济增长的贡献有了很大的下降，尤其是西部区域。本周期 3 个区域 R&D 资本投入增长对经济增长的贡献是最高的水平。从科技进步贡献率来看，东部区域是投资 - 技术进步双轮驱动增长方式，中、西部区域是投资驱动的模式。

表 9—23　　2001—2005 年三大区域要素投入增长及生产率增长对经济增长的贡献

单位：%

区域	地区生产总值增长率	贡献率				
		物质资本	劳动	R&D 资本	生产率	科技进步
东部	12.18	51.08	8.56	12.79	27.57	40.36
中部	11.08	67.49	2.99	9.26	20.26	29.52
西部	11.55	76.37	5.25	5.91	12.46	18.37

注：同表 9—8。

5. 子周期 2006—2010 年

本周期是全部区域经济高速增长的一个周期，一个重要的变化是经济增长率从高到低依次是西部、中部和东部区域，与前几个周期有很大的不同。西部大开发战略的实施，促进了西部区域各省份的经济增长，西部区域总体经济增长率超过了中、东部区域，2006 年中部崛起战略的实施也促进了中部区域的经济增长。同时因 2008 年国际金融危机，本周期也是一个投资高速增长的周期，各个区域物质资本投入增长对经济增长的贡献均居于高位，中部区域高达 88.99%，东部区域最低，也达到了 63.50%（见表 9—24）。从 R&D 资本投入增长对经济增长的贡献看，本周期表现依然良好。

从科技进步贡献率看，与上一周期相比，各个区域均大幅度下降，均是投资驱动型的经济增长方式。

表9—24　2006—2010年三大区域要素投入增长及生产率增长对经济增长的贡献

单位：%

区域	地区生产总值增长率	贡献率				
		物质资本	劳动	R&D资本	生产率	科技进步
东部	12.99	63.50	12.30	10.72	13.48	24.20
中部	13.20	88.99	6.49	8.92	-4.40	4.52
西部	13.32	81.55	5.97	6.16	6.32	12.48

注：同表9—8。

6. 子周期2011—2017年

本周期各个区域的经济发展进入新常态，东部区域更加注重经济增长质量，经济增长速度从高到低排序依然是西部、中部和东部区域，各个区域的物质资本投入增长均有所下降，物质资本投入增长对经济增长的贡献也有所下降，生产率增长有所好转，对经济增长的贡献好于上一周期；劳动投入增长对经济增长的贡献和R&D资本投入增长对经济增长的贡献均有所降低，科技进步贡献率普遍高于上一周期。从物质资本投入增长对经济增长的贡献和科技进步贡献率看，只有东部区域是投资-技术进步双轮驱动经济增长模式，中、西部区域均是投资驱动经济增长方式（见表9—25）。

表9—25　2011—2017年三大区域要素投入增长及生产率增长对经济增长的贡献

单位：%

区域	地区生产总值增长率	贡献率				
		物质资本	劳动	R&D资本	生产率	科技进步
东部	11.63	57.13	9.12	9.08	24.67	33.75
中部	12.91	67.16	5.97	6.43	20.44	26.87
西部	14.61	69.43	4.42	4.46	21.69	26.15

注：同表9—8。

五　小结

本章将 R&D 资本纳入生产率核算模型，测算了 1991—2017 年 31 个省区市、6 个行政区和三大区域的生产率增长率，计算了科技进步贡献率，分析了经济增长源泉。通过以上的计算分析，可以得出以下结论。

第一，省份之间经济增长质量差距较大，东部区域大部分省份表现为投资 - 技术进步双轮驱动特征，大部分西部区域的省份依然是投资拉动经济增长模式。2008 年国际金融危机提高了中、西部区域基础设施投资水平，同时也造成了部分省份忽视投资质量，重复投资仍然存在，加重了产能过剩的状况，产业结构改造升级慢，市场化程度相对低，民营经济发展慢，诸多因素叠加使这类地区短时间内难以走向高质量发展之路。

第二，新旧动能转换初见成效。战略性新兴产业、文化产业、“互联网 + ”、创意设计等新业态、新模式迅速发展的省份，能在危机过后迅速恢复经济活力，实现新旧动能的转换。传统产业发达的省份则需要继续深入供给侧改革，利用数字技术、“互联网 + ” 等技术提升产业结构，改造传统产业，实现新旧动能转换。

第三，R&D 资本深化能够有效提高各省份经济发展质量。2000 年以来东部区域省份 R&D 投资的快速增长有效地提高了科技进步贡献率，支撑了各省份经济增长方式的转变。中、西部省份亟须提高 R&D 投资，提高创新能力，促进经济发展和转型。

第十章

研发投入对中国地区生产率变化的影响

前面章节已从全国和区域层面核算了 R&D 资本，分析了经济增长源泉，本章在文献分析的基础上首先运用 DEA 方法测算了各省份的 Malmquist 生产率指数、技术进步和技术效率，随后用 Tobit 模型测算了 R&D 资本对各省份生产率、技术效率和技术进步的影响，最后根据分析结果提出建议。

第一节 相对效率研究文献综述

一 文献综述

进入 21 世纪以来，中国 R&D 投入增长迅速，尤其是《国家中长期科技发展规划纲要（2006—2020）》实施以来，2019 年 R&D 总投入达到 21737 亿元，是 1998 年的 25.70 倍，R&D 投入占国内生产总值的比重从 1998 年的 0.66% 提高到 2019 年的 2.19%，提高了 1.53 个百分点，中国已成为 R&D 经费投入大国。根据内生经济增长理论，从长远来看，R&D 投入是促进生产率提高和经济增长的重要因素之一。

关于 R&D 投入对经济增长作用的研究始于 20 世纪 60 年代，兴起于 80 年代内生经济增长理论的发展。Jeffrey 和 Theofanis（2005）认为美国和加拿大制造业的 R&D 资本增长对生产率增长有显著影响，且美国高于加拿大；Hu 等（2005）采用中国 20 世纪 90 年代制造行业企业的数据研究 R&D 投入对生产率的影响，发现高科技企业对生产率有显著影响，非高科技企业没有显著影响；Edquist 和 Henrekson（2016）发现瑞典各产业部门的 R&D 投入对生产率增长有积极的作用，R&D 投入的回报率高达 0.46%。

国内关于 R&D 投入与生产率的大多数研究是围绕 R&D 投入是否能提升行业生产率进行的。张海洋（2005，2010）分别用 1999—2002 年中国工业行业和 1999—2007 年 30 个省区市大中型工业企业数据进行研究，结果表明 R&D 投入对生产率增长具有抑制作用。李小平和朱钟棣（2006）用 1999—2003 年中国工业行业数据进行研究，发现大部分情况下国内本行业 R&D 与其他行业 R&D 对行业技术进步、技术效率和生产率的增长起阻碍作用。李小平（2008）用 1996—2003 年 32 个工业行业数据进行研究，发现 R&D 投入不是生产率提高的因素。吴延兵（2008）和夏良科（2010）分别用 1993—2002 年和 2000—2007 年中国大中型工业企业行业数据进行研究，发现自身 R&D 投入对生产率增长有显著促进作用。夏良科（2010）的研究还表明自身 R&D 投入促进技术进步，但抑制了技术效率。柳剑平和程时雄（2011）用 1993—2006 年中国工业行业数据进行研究，发现本国本行业、本国其他行业、外国本行业的 R&D 资本对生产率均有显著的正影响。孙晓华等（2014）用 2000—2009 年制造业数据进行研究，发现 R&D 投资对资源加工业、机械电子行业和轻纺制造业的生产率作用存在行业异质性，R&D 投资和产业间 R&D 溢出推动了资源加工业、机械电子行业生产率增长，但国际贸易与 FDI 渠道下的 R&D 溢出对这两个行业的生产率具有一定的抑制作用；产业间、国际贸易和 FDI 的 R&D 溢出改善了轻纺制造业的生产率，自身 R&D 投资抑制了生产率的提高。尹朝静（2017）用 1997—2012 年省级面板数据进行研究，发现科研投入能显著提高农业的生产率。刘震和陈丹丹（2018）的研究表明 R&D 核算改革能显著影响生产率的测算结果，改革前的生产率测算结果更高，当 R&D 增长较快时，生产率测算结果误差更大。任仙玲和刘天生（2020）用2014—2017年中国制造业40个行业面板数据进行研究，发现R&D投入能显著提高生产率。

在区域层面上，陈刚（2010）用1998—2007年地区数据研究了制度对R&D效率和R&D溢出吸收效率的影响，发现由于国内制度的不完善，本地R&D资本阻碍了生产率的增长。严成樑和龚六堂（2013）用1998—2009年31个省区市数据进行研究，发现R&D投入规模抑制了经济增长，基础研究和高校R&D支出占R&D比例越高，经济增长率越高；试验发展R&D支出占R&D比例越高，经济增长率越低；企业和研究与开发机构R&D投资规模对经济增长影响不显著。蒋殿春和王晓娆（2015）用1998—2011年30个省区市的数据进行研究，发现我国R&D投入总体上会显著提高生产率，但不同的R&D执行部门和R&D类型其效果存在差异。王晓娆和李红阳（2017）用1998—2011年中国30个省区市和1987—2011年美国50个州的面板数据进行研究，发现R&D投入对生产率的影响显著为正，不同执行部门的作用存在差异。唐保庆（2009）以1998—2004年APEC17个成员国为研究对象，发现发展中国家成员国的国内R&D资本存量与生产率、技术进步的关系为负，原因可能是发展中国家R&D投入较低，但与技术效率关系为正；发达国家国内R&D资本存量对生产率、技术效率和技术进步均具有促进作用。

从以往文献的研究结果看，R&D投入对经济增长的作用可分为两种，一种是R&D投入能够提高生产率，另一种是抑制生产率的提高。出现这种结果的原因，可能是因为研究的时期、采取的数据样本和研究方法不同。研究R&D投入对生产率影响的时期起点在20世纪90年代，这也是我国经济增长较快和产业结构快速变化的时段，因此选择研究时期对研究结果比较重要。

在R&D投入大量增长的情况下，是否要提高生产率成为目前学者研究的焦点，但是学者主要关注的是行业层面，对区域的研究较少。本章第一节研究1998—2017年的生产率、技术进步和技术效率，所用数据是修订的，研究 R&D 投入对生产率、技术进步和技术效率的影响时，所用 GDP 是没有修订的[①]，期望为政府制定关于 R&D 投入决策提供理论依据。

二 小结

本节首先介绍了国外学者研究 R&D 投入对生产率影响的情况；其次，从产业层面和区域层面上介绍了国内学者研究 R&D 投入对生产率影响的情况；最后，指出因为研究的时段、数据处理方法和研究方法不同，得出的结论会截然相反。R&D 投入是创新的来源，研究 R&D 投入对生产率的影响无疑是重要的，如果采用的方法和数据不同，测算结果就可能截然不同。因此，在研究时应考虑全面和慎重。

第二节 地区相对效率的测算与分析

一 测算模型、数据来源和说明

（一）测算模型

本节用 DEA - Malmquist 指数法测度 31 个省份的生产率、技术进步和技术效率，分析生产率、技术进步和技术效率的变动情况，需要重申的是这里计算的生产率、技术进步和技术效率是省份之间的相对数，是比较地区之间的相对水平，与前面章节计算的生产率

---

① 根据国家统计局的部署，2017 年《中国统计年鉴》改革了研发支出的核算方法，将能够为所有者带来经济利益的研发支出不再作为中间消耗，而是作为固定资本形成处理，并修订了 GDP 的历史数据。但是各省区市对历史数据修正时段不同，从 2017 年开始各省份陆续修订 GDP 历史数据，比如北京修正 1995 年以后的 GDP，河南修正 2004 年以后的 GDP。从 2016 年开始的 GDP 按照新规则核算，即 2016 年 GDP 与没有修订的 GDP 不可比。且各地区的 R&D 投入公布年份始于 1998 年，为了保证数据的一致性和连续性，本章研究 R&D 投入对生产率、技术进步和技术效率的影响时段为 1998 年至 2015 年。

增长率不能进行对比分析。DEA 模型在前面章节中有详细的介绍，这里不再重复。肖林兴（2013）证明 DEA - Malmquist 指数法适用于中国省份生产率的估计。

（二）数据来源和说明

本节的研究对象是中国 31 个省份，研究时段是 1998—2017 年，投入指标包括各省区市的物质资本存量、研发投入资本存量、劳动投入，产出指标包括地区生产总值和各省区市的专利申请量。专利申请量来自历年《中国科技统计年鉴》，其余数据均来自前面章节，且为 1990 年不变价。

二　计算结果分析

（一）中国生产率、技术进步和技术效率变化趋势

1999—2017 年，中国 Malmquist 生产率指数呈增长态势（见图 10—1 和表 10—1），年均下降 0.008，技术退化阻碍了生产率的增长。

从全国生产率的增长来源看，技术效率驱动生产率增长，技术进步的衰退起了反向作用。根据图 10—1，生产率与技术进步的波动态势一致，技术进步年均下降 1%，技术效率年均提升 0.2%，技术效率的改善没有抵消技术进步的恶化，生产率指数仍低于 1。

从年度变化来看，年度之间的 Malmquist 生产率指数、技术进步和技术效率的变动是不均匀的（见表 10—1）。技术进步、技术效率和生产率年度增长情况可以分为 4 类：第一类是技术效率和技术进步双双衰退，导致生产率下降，如 1999 年、2006 年、2009 年、2010 年，1999 年全国 Malmquist 生产率指数为 0.985，表明 1999 年全国生产率比 1998 年下降了 1.5%，这主要源于 1999 年技术进步和技术效率都有所恶化，分别下降 0.2% 和 0.3% 导致生产率下降。第二类是技术进步、技术效率其中一个下降，导致生产率下降，如 2001 年、2003 年、2004—2008 年、2012—2014 年，2001 年全国 Malmquist 生产率指数为

0.971，表明2000年全国生产率比1999年下降了2.9%，这主要源于2001年技术衰退了4.7%，虽然技术效率上升了1.9%，但其作用小于技术衰退带来的反向作用。2007年全国Malmquist生产率指数为0.986，表明2007年全国生产率比2006年下降了1.4%，这主要源于2007年技术效率下降了2.8%，虽然技术进步上升了1.4%，但其作用小于技术效率带来的反向作用。第三类是技术进步、技术效率其中一个提高，导致生产率提高，如2005年、2011年、2017年，2005年全国Malmquist生产率指数为1.009，表明2005年全国生产率比2004年上升了0.9%，主要是2005年技术进步提高了1.6%，虽然技术效率恶化，但作用小于技术进步。第四类是技术效率和技术进步双双提高，使得生产率提高，如2000年、2002年、2016年，2000年全国Malmquist生产率指数为1.024，表明2000年全国生产率比1999年上升了2.4%，这主要源于2000年技术进步和技术效率发生了较大改进——二者分别提高了1.7%和0.7%。

从生产率增长的结构看，1999—2017年我国生产率增长主要来自技术效率的改善，技术进步的衰退阻碍了生产率的提高。

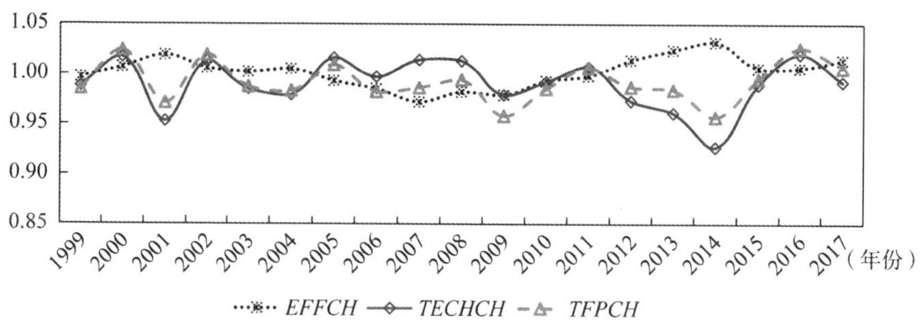

图10—1　1999—2017年我国Malmquist生产率指数、技术进步和技术效率变化

表10—1　1999—2017年全国Malmquist生产率指数及其分解

年份	*EFFCH*	*TECHCH*	*TFPCH*	年份	*EFFCH*	*TECHCH*	*TFPCH*
1999	0.997	0.988	0.985	2009	0.979	0.979	0.958

续表

年份	*EFFCH*	*TECHCH*	*TFPCH*	年份	*EFFCH*	*TECHCH*	*TFPCH*
2000	1.007	1.017	1.024	2010	0.993	0.992	0.985
2001	1.019	0.953	0.971	2011	0.998	1.007	1.006
2002	1.006	1.013	1.019	2012	1.014	0.973	0.987
2003	1.002	0.985	0.987	2013	1.024	0.961	0.984
2004	1.005	0.979	0.983	2014	1.032	0.927	0.957
2005	0.993	1.016	1.009	2015	1.006	0.989	0.995
2006	0.985	0.997	0.982	2016	1.006	1.020	1.026
2007	0.972	1.014	0.986	2017	1.014	0.992	1.006
2008	0.982	1.013	0.994				
平均值	1.002	0.990	0.992				

注：*EFFCH* 是技术效率指数，*TECHCH* 是技术进步指数，*TFPCH* 是生产率指数。

（二）三大区域生产率、技术进步和技术效率变化趋势

从图 10—2 和表 10—2 可知，区域之间生产率增长是不平衡的。在 1999—2017 年，东、中、西部三大区域的 Malmquist 生产率指数分别是 1.016、0.975 和 0.985，原因在于东部区域大部分省市的生产率增长率优于中、西部区域各省区市的生产率增长率（见图 10—5）。除了 2014 年和 2017 年，东部区域的生产率增长率大于中部和西部区域，从中、西部区域看，除了 2000 年和 2010 年西部区域的生产率增长率大于中部区域，西部大开发的成果开始显现。

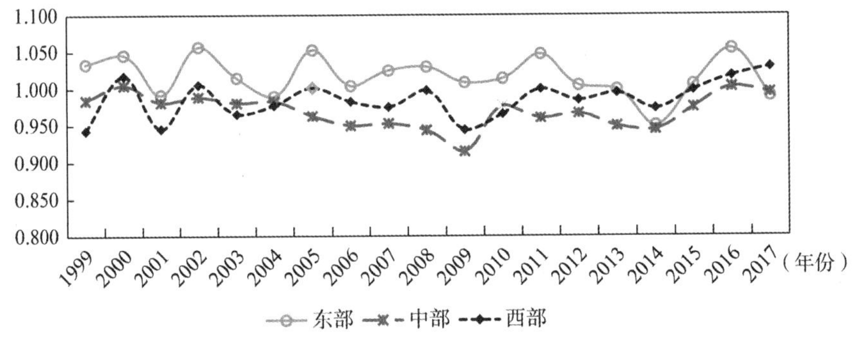

图 10—2　1999—2017 年三大区域生产率变化趋势

表 10—2　1999—2017 年 31 个省区市的 Malmquist 生产率指数及其分解

地区	*EFFCH*	*TECHCH*	*TFPCH*	地区	*EFFCH*	*TECHCH*	*TFPCH*
北京	1.000	1.093	1.093	河南	0.996	0.951	0.947
天津	1.001	1.050	1.052	湖北	0.996	0.980	0.977
河北	0.997	0.976	0.973	湖南	0.995	0.958	0.953
辽宁	0.997	1.013	1.010	内蒙古	1.011	1.002	1.013
上海	1.000	1.081	1.081	广西	1.002	0.954	0.956
江苏	1.000	1.041	1.041	重庆	1.001	0.992	0.992
浙江	1.000	1.002	1.002	四川	1.001	0.971	0.972
福建	0.998	0.969	0.966	贵州	1.005	0.974	0.979
山东	0.993	0.978	0.971	云南	1.011	0.945	0.956
广东	1.000	1.026	1.026	西藏	1.000	0.981	0.981
海南	1.008	0.965	0.972	陕西	0.981	0.985	0.966
山西	0.995	0.974	0.969	甘肃	1.001	0.958	0.959
吉林	1.000	0.995	0.995	青海	1.024	1.004	1.028
黑龙江	1.010	0.984	0.993	宁夏	1.019	0.975	0.994
安徽	0.998	0.965	0.963	新疆	1.019	1.005	1.024
江西	0.995	0.960	0.955				
东部平均值	0.999	1.017	1.016				
中部平均值	1.000	0.976	0.975				
西部平均值	1.006	0.979	0.985				

从技术进步看（见图 10—3），区域之间技术变动差距呈缩小的趋势，从 3 个区域的波动幅度看，东部最大，西部次之，中部最小。在 1999—2017 年，东、中、西三大区域的技术进步指数年均分别是 1.017、0.971 和 0.979，东部区域的平均技术进步率高于中部和西部区域，2017 年东部区域低于西部区域。从中、西部区域相比较看，大部分年份西部区域的技术进步优于中部区域。造成这种结果

的原因在于东部地区的研发投入远远高于中、西部区域，技术进步需要积累，20 世纪 90 年代末西部大开发和 2006 年中部地区崛起战略开始实施，国家开始关注西部和中部区域的科研投入，中、西部区域的技术进步得到改善。

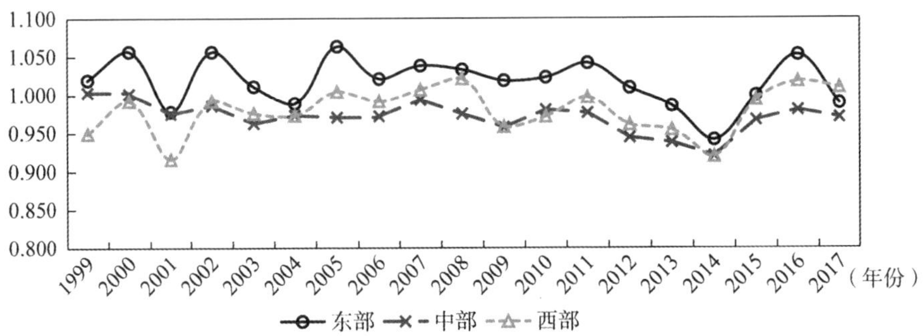

图 10—3　1999—2017 年三大区域技术进步变化趋势

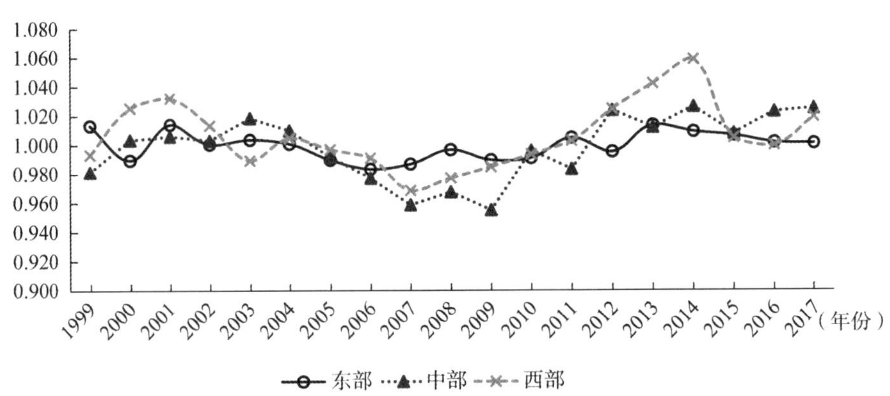

图 10—4　1999—2017 年三大区域技术效率变化趋势

从技术效率看（见图 10—4），区域之间技术效率变化差距相对较小。在 1999—2017 年，东、中、西三大区域的技术效率指数年均分别是 0.999、0.998 和 1.006，中部区域下降最快，西部区域提高了 0.6%，西部区域的技术效率优于东部和中部区域。技术效率的下降说明随着生产规模的扩大，管理水平、制度体系不能适应现有的规模，需要深化管理和制度创新，加强体制改革，更新管理理念和方法，保证生产健康持续地进行。

根据图 10—2、图 10—3 和图 10—4，三大区域的生产率、技术进步和技术效率在年度之间的变化并不均匀，生产率和技术进步的变化更为相似。从生产率分解的结构看，东部区域生产率的增长主要来自技术进步的提高，西部区域主要来自技术效率的改善，各个区域资源禀赋不同，条件千差万别，应根据具体情况，因地制宜，采取适当的措施促进技术进步和提高技术效率。

（三）省市生产率、技术进步和技术效率变化

从各省区市来看，地区之间生产率的差距较大（见表 10—2）。只有 10 个省区市的 Malmquist 生产率指数大于 1，7 个属于东部区域，3 个属于西部区域，生产率增长最高的是北京，年均达到 9.3%。有 21 个省区市的 Malmquist 生产率指数小于 1，最小的是河南，生产率年均降低 5.3%，地区之间的生产率增长率相差 14.6 个百分点，提高中、西部区域各省区市的生产率任重道远。

根据 Malmquist 生产率指数的分解情况，有 21 个省份出现了技术退步，8 个省位于中部区域；11 个省份出现了技术效率恶化，其中 6 个省是位于中部区域（见图 10—5）。这说明中部区域的省份不仅需要提高技术进步，还要关注技术效率。技术效率的降低说明这些省份的管理水平有待提高，管理理念有待转变，组织规模没有达到最优，提高管理水平，转变管理理念，加强制度创新，建立新的制度体系，改善组织方式和生产方式将有效地提高技术效率。

西部区域 12 个省份只有陕西没有实现技术有效率，说明西部省份注重提高管理，达到了组织有效。

从生产率分解的结构看，大部分省区市的生产率增长依靠技术效率，少部分省份依靠技术进步，需要根据各个省份的具体情况，

采取适当的措施，才能更有效地改善生产率。

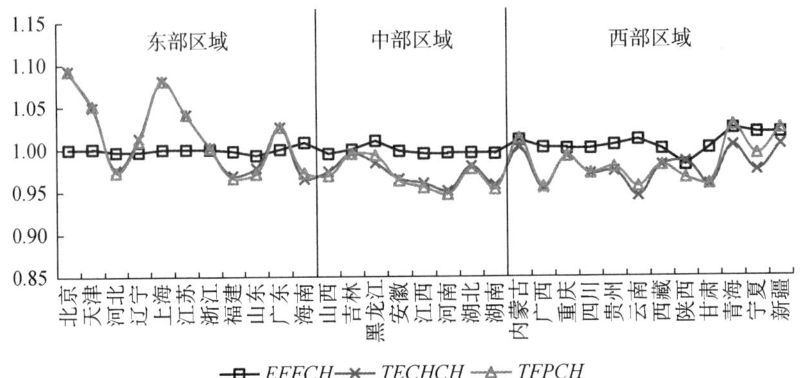

图 10—5　1999—2017 年 31 个省区市年均生产率、技术进步和技术效率变化

三　小结

本节用 31 个省区市 1998—2017 年包含研发投入的面板数据，运用 DEA 测算了生产率增长率、技术进步和技术效率，研究结果表明：①中国大部分省区市的生产率总体上表现出了较强的增长态势，其中东部区域各省市的生产率增长速度最快。②根据对生产率变动的分解，我们发现东部区域的各省市生产率的增长主要来源于技术进步的作用，技术效率的变动阻碍了生产率的增长，未来技术效率的改善将显著影响东部区域各省市生产率的增长。中部和西部区域各省份生产率的增长主要来源于技术效率的改善，技术进步的衰退阻碍了生产率的增长，中、西部区域需要注重研发投入的提高，关注技术能力的提升。

各个省份需要根据自己的资源禀赋，扬长避短，或是注重技术积累，提高技术能力，或是提高企业的组织管理水平，提高技术效率，以便提高生产率。

第三节　生产率影响因素分析

一　测度模型

为了分析和研究系统效率的影响因素及其影响程度，在 DEA 分析的基础上，Coelli 等（1998）创造出一种两阶段法（Two - stage Method）。该方法首先用 DEA 法计算出系统的效率值，其次以 DEA 效率值为因变量，以影响因素等作为自变量建立 Tobit 模型。因为用 DEA 法计算得出的效率指数介于 0 和 1 之间，回归方程的因变量就被限制在这个区间内。而 Tobit 模型是因变量受限模型（limited dependent variable）之一，可以用来分析因素影响程度。

自从分析效率的两阶段法被提出后，国外的教育学、医院管理中已广泛应用，Kirjavainen 和 Loikkanen（1998）用此种方法实证分析了芬兰高等中学的效率差别及其原因；Watcharasriroj 和 Tang（2004）用此法实证研究了泰国 92 所公立非营利性医院的效率。在我国，该方法被用于多个行业。在金融效率评价中，朱南等（2004）、陈敬学等（2004）采用两阶段法分析了我国商业银行效率和影响因素；陈燕玲和葛晶晶（2020）研究了银行系寿险公司经营效率和股权结构对其经营效率的影响。在工业经济效率评价研究中，韩晶（2008）研究了中国钢铁上市公司的生产率；李兰冰（2008）研究了我国铁路系统的生产效率；李世祥（2008）分析了中国能源效率及其影响因素。在创新效率评价中，王艺明（2003）用 Tobit 模型研究了高新区创新效率；涂俊和吴贵生（2006）分析了我国区域农业创新系统效率及其影响因素；白俊红等（2009）分析了我国省际区域创新效率的环境影响因素；沈渊（2009）研究了科技投入效率，用 Tobit 模型识别了无效率因素；于晓宇和谢富纪（2011）评价了上海创新系统资源配置问题，分析了环境因素对创新资源配置的影响；肖仁桥等

(2012) 研究了28个省份高技术产业的创新效率，用Tobit模型测度了创新效率的影响因素；孙东（2014）采用超效率DEA－Tobit模型测算了我国各省份创新的效率，从创新基础、微观创新环境、产学研联合质量和国际技术溢出4个方面研究了影响创新效率提高的因素；宇文晶等（2015）用两阶段法测算了高技术产业的创新效率，用Tobit模型测度了不同阶段的创新效率影响因素；张家峰等(2020) 在测算长三角高校创新效率的基础上，测算了影响创新效率的因素；陈升、扶雪琴（2020）测算了"一带一路"沿线省份的科技创新效率，分析了影响创新效率的因素。在能源经济效率评价中，胡根华和秦嗣毅（2012）用DEA－Tobit研究了金砖国家能源效率以及不同因素对能源效率的影响；李宏勋等（2014）用超效率DEA－Tobit模型研究了环渤海经济区的能源效率，分析了不同因素对能源效率的影响程度；李根等（2019）测算了制造业能源生态效率的影响因素；刘家鹏和孙世清（2019）测算了河北省钢铁行业的能源效率和影响节能减排的因素。在农业效率评价中，钱忠好和李友艺(2020) 研究了家庭农场的效率和影响因素；于梦林等（2020）测算了安徽省16市的农业用地效率和影响因素。在交通效率评价中，高涛等（2020）分析了航运上市公司的经营效率，测算了影响效率的因素；褚衍昌等（2020）在分析上市物流企业经营效率的基础上，测度了影响经营效率的因素。由此可以看出，利用DEA－Tobit两阶段法评价经济系统中的经济效率在方法上已经比较成熟，而在评价经济系统的生产率中还较少用到，因此本节用DEA－Tobit两步法来评价我国区域经济系统生产效率，研究研发投入对其的影响程度。

前面章节已介绍过DEA模型，这里只介绍Tobit模型。

（一）Tobit模型

Tobit模型是由美国经济学家Tobin（1958）提出的，用于研究耐用消费品需求的经济计量学模型。Tobit模型考察因变量受限制的回归，也就是说，解释变量是可观测的，被解释变量只能以受限制的方式被观测到。从经济学意义上讲，DEA - Malmquist 得出的效率值为（0，1]，因此是受限变量，如果直接采用最小二乘法回归，会给参数估计带来有偏和不一致（涂俊和吴贵生，2006；于晓宇和谢富纪，2011；孙东，2014）。Tobit 模型的一般形式如下：

$$\begin{cases} y_i^* = \beta X_i + \mu_i \\ y_i = y_i^* \, if \, y_i^* > 0 \\ y_i = 0 \, if \, y_i^* \leqslant 0 \end{cases} \quad (10—1)$$

其中，y_i^* 为潜变量（latent dependent variable），y_i 为观察到的因变量，X_i 为自变量向量，β 为相关系数向量，μ_i 为独立的，且 μ_i - N（0，σ^2），因此 y_i^* - N（$X_i\beta$，σ^2），独立同分布。

（二）模型设定

经济系统是复杂的，影响生产率的因素是多方面的，根据目前的测算模型和技术，难以准确测量某一因素对生产率的影响实际达到的程度，但是可以测算不同因素对生产率的影响方向，所以本节用 Tobit 模型测算各因素对生产率的影响方向。本节以研发投入为关键变量，研究研发投入对生产率的影响，为了使模型更加稳健，选择产业结构、基础设施、对外开放程度、制度因素、环境因素作为控制变量。设各地区各因素对生产率影响的 Tobit 模型为：

$$\begin{aligned} TFP_{i,t} = \alpha_0 + \alpha_1 \ln rd_{i,t} + \alpha_2 \ln thir_{i,t} + \alpha_3 \ln ind_{i,t} + \\ \alpha_4 \ln trad_{i,t} + \alpha_5 \ln fdi_{i,t} + \alpha_6 \ln fra_{i,t} + \\ \alpha_7 \ln mar_{i,t} + \alpha_8 \ln se_{i,t} + \varepsilon_{i,t} \end{aligned} \quad (10—2)$$

设各地区各因素对技术进步影响的 Tobit 模型为：

$$\begin{aligned} TE_{i,t} = \beta_0 + \beta_1 \ln rd_{i,t} + \beta_2 \ln thir_{i,t} + \beta_3 \ln ind_{i,t} + \\ \beta_4 \ln trad_{i,t} + \beta_5 \ln fdi_{i,t} + \beta_6 \ln fra_{i,t} + \\ \beta_7 \ln mar_{i,t} + \beta_8 \ln se_{i,t} + \mu_{i,t} \end{aligned} \quad (10—3)$$

设各地区各因素对技术效率影响的 Tobit 模型为：

$$\begin{aligned} EF_{i,t} = \delta_0 + \delta_1 \ln rd_{i,t} + \delta_2 \ln thir_{i,t} + \delta_3 \ln ind_{i,t} + \\ \delta_4 \ln trad_{i,t} + \delta_5 \ln fdi_{i,t} + \delta_6 \ln fra_{i,t} + \end{aligned}$$

$$\delta_7 \ln mar_{i,t} + \delta_8 \ln se_{i,t} + \omega_{i,t} \qquad (10\text{—}4)$$

式（10—2）、式（10—3）、式（10—4）中，α_0、β_0 和 δ_0 是截距，*TFP* 是生产率指数，*TE* 是技术进步指数，*EF* 是技术效率指数。*rd* 表示研发投入强度，*thir* 是第三产业占地区生产总值的比重，*ind* 是地区工业增加值占地区生产总值的比重，*trad* 是地区进出口总值与地区生产总值的比值，*fdi* 为外商直接投资与地区生产总值的比值，*fra* 代表基础设施水平，*mar* 代表制度因素，*se* 代表环境因素。

二　数据来源和变量说明

（一）数据来源

本书的研究对象是中国 30 个省区市（不包括西藏），研究时段是 1998—2015 年，[①] 数据均来自 1999—2016 年的《中国统计年鉴》《中国科技统计年鉴》以及各省区市统计年鉴（经济年鉴）。本节所用到的生产率指数、技术进步指数和技术效率指数是根据地区生产总值、资本存量和劳动投入计算所得，地区生产总值和劳动投入数据来自前面章节，资本存量是用全社会固定资产投资计算所得，折旧率采用第八章的数据，计算方法与前面章节计算物质资本存量的方法相同。地区生产总值和资本存量均平减为 1990 年不变价。

（二）变量解释

1. 研发投入强度。按照新古典经济学理论，经济效率的提高来自技术效率的提高和技术进步，研发投入的增多会提高技术（刘彬和王汀汀，2006），进而促进生产率的提高。范振锐等（2019）的研究表明研发投入能有效提高区域生产率。

2. 产业结构。产业结构的升级是经济发展的必然过程，从工业社会向服务业社会转变是我国经济发展的必然结果。余泳泽等

① 因西藏数据不全，影响因素分析不包括西藏。

（2016）也证明了三次产业结构和工业结构的升级对生产率具有促进作用；殷红等（2020）的研究结果表明产业结构高级化能显著提高生产率。目前我国处于工业化中后期，同时研发投入大部分在工业企业，2015 年规模以上企业研发投入占全部研发投入的 70.67%。为了体现工业的作用，这里产业结构用第三产业增加值占地区生产总值的比重和工业增加值占地区生产总值的比重表示。

3. 对外开放程度。对外开放是否影响经济效率是经济研究者关注的焦点。大量的研究认为，发展中国家与发达国家通过贸易往来，因技术溢出而提高发展中国家的技术进步和生产率（江小涓和李蕊，2002；何元庆，2007）。自改革开放以来，出口是拉动中国经济增长的三驾马车之一，同时，随着国内市场的开放，国际商品、服务和资本的进入促进了我国企业的竞争，为了提高竞争能力，国内企业被迫进行技术革新和升级改造，进而提高经济效益。余泳泽等（2016）、顾晓安等（2020）的研究表明 FDI 的流入能显著提高我国的生产率。黄顺武（2008）的研究表明 FDI 活动的直接产出效应显著地促进了中国制造业生产率水平的提高。何洁（2000）、包群等（2003）认为外资通过技术溢出推动了国内企业的技术进步，进而提高了生产率。对于外资与生产率的关系，张宇（2007）用格兰杰因果检验证明了二者之间存在一定的因果联系。这里用地区进出口总值与地区生产总值的比值和外商直接投资（FDI）与地区生产总值的比值作为对外开放程度的指标。

4. 基础设施水平。严成樑和龚六堂（2013）认为基础设施投资有利于经济增长。良好的基础设施不仅能为企业提供舒适的工作环境，还有聚集效应，促进企业之间的交流和合作，提高地区经济的规模化程度，进而提高经济效益。刘秉镰等（2010）、刘生龙和胡鞍钢（2010）、唐松林和商潇婉（2020）均证明了交通基础设施能提高生产率。这里用人均拥有道路面积代表基础设施水平。

5. 制度因素。改革开放以来，市场经济地位的提高，不仅提高了地区经济活力，也促进了地区资源的有效配置。张海洋（2005）

认为中国的市场化进程促进了中国工业生产率的增长，蒋殿春和张宇（2008）的研究结果表明制度缺陷阻碍 FDI 技术溢出，皮建才（2006）通过模型证明制度变迁和技术进步决定了经济的长期增长。王文和孙早（2016）的研究表明在国有经济比重高的地区，基础研究更能促进生产率增长，在非国有经济比重高的地区，应用研究更能促进生产率增长，说明制度因素对研发投入和生产率的影响较大。这里用国有企业工业销售收入占销售收入的比重作为各省区市制度因素的指标。

6. 环境因素。随着环境污染的加剧、资源的枯竭，把环境因素纳入经济系统进行评价是必然的（胡鞍钢等，2008）。陈茹等（2010）、王兵等（2010）的研究结果表明考虑二氧化硫后，生产率增长率下降，也就是说，二氧化硫对生产率增长具有抑制作用。二氧化硫也是国家环境管制的典型污染物之一，这里用二氧化硫排放强度，即单位 GDP 排放的二氧化硫，作为省区市代表环境因素的指标。

表 10—3 是所有变量的描述性统计结果。

表 10—3　　　　变量描述性统计

指标	最大值	最小值	平均值	标准差
生产率	0.174	−0.136	−0.022	0.046
TE	0.113	−0.078	0.001	0.030
EF	0.113	−0.121	−0.023	0.032
ln*rd*	1.765	−2.224	−0.075	0.706
ln*thir*	4.355	3.353	3.661	0.162
ln*ind*	4.034	2.535	3.647	0.248
ln*trad*	5.103	−1.421	2.791	1.194
ln*fdi*	2.798	−2.547	0.654	1.048
ln*fra*	3.252	1.361	2.388	0.371
ln*se*	7.374	1.101	4.450	1.078
ln*mar*	4.499	2.165	3.847	0.499

三　实证结果与分析

基于1999—2015年地区面板数据，利用Stata 15.0软件对方程（10—2）至方程（10—4）进行回归，得到表10—4、表10—5的回归结果，所有方程的回归均通过了显著性检验。Tobit模型的估计结果只是说明因素的影响方向，不能得到解释因变量和自变量之间的影响大小，这是与其他回归模型不同的地方，比如OLS等。

表10—4　　　　影响因素的Tobit回归结果

变量	生产率	技术进步	技术效率
常数项	0.755*** (6.38)	0.804*** (12.46)	0.990*** (11.92)
ln*rd*	0.021*** (3.78)	0.018*** (5.25)	0.003 (1.02)
ln*thir*	0.059*** (2.79)	0.031** (2.46)	0.015 (0.93)
ln*ind*	0.046*** (3.34)	0.039*** (4.66)	0.003 (0.29)
ln*trad*	0.010** (2.34)	0.001 (0.38)	0.007*** (3.33)
ln*fdi*	0.009*** (3.2)	0.007*** (4.41)	0.005*** (2.60)
ln*fra*	0.0001 (0.16)	0.017*** (4.10)	0.011** (2.14)
ln*mar*	-0.040*** (-5.99)	-0.020*** (-4.91)	-0.014*** (-2.96)
ln*se*	-0.010*** (-3.62)	-0.007*** (-3.83)	-0.005*** (-2.74)
log*likelihood*	1037.49	1307.00	1083.75
Wald chi2（8）	278.64	258.81	85.94
Prob > *chi2*	0	0	0

注：括号内是t值，*、** 和 *** 分别表示10%、5%和1%的显著性水平。

表 10—5　**三大区域影响因素的 Tobit 回归结果**

变量	全要素生产率			技术进步			技术效率		
	东部	中部	西部	东部	中部	西部	东部	中部	西部
常数项	0.463**	1.000***	0.789***	0.852***	0.658***	0.804***	0.682***	1.302***	1.034***
	(1.99)	(4.91)	(5.72)	(4.92)	(5.84)	(10.42)	(3.72)	(6.28)	(9.11)
ln*rd*	-0.037***	0.055***	0.012*	-0.013**	0.029***	0.016***	-0.025***	0.017	0.001
	(-4.73)	(4.21)	(1.82)	(-2.07)	(4.12)	(3.52)	(-3.72)	(1.16)	(0.28)
ln*thir*	0.143***	-0.006	0.008	0.039	0.048**	0.025	0.082**	0.036	-0.026
	(3.35)	(-0.15)	(0.26)	(1.16)	(2.23)	(1.49)	(2.37)	(0.92)	(-1.06)
ln*ind*	0.081***	0.032	0.079***	0.047***	0.060***	0.046***	0.030**	-0.024	0.028
	(4.19)	(1.28)	(3.39)	(2.96)	(4.36)	(3.68)	(1.99)	(-0.97)	(1.43)
ln*trad*	0.021***	-0.012	0.007	0.040	-0.018***	-0.003	0.017***	-0.005	0.009**
	(2.74)	(-1.24)	(1.39)	(0.64)	(-3.09)	(-1.05)	(2.74)	(-0.44)	(2.11)
ln*fdi*	0.009*	0.001	0.012***	0.019***	0.007**	0.003*	-0.007	-0.003	0.008***
	(1.66)	(0.25)	(3.43)	(4.77)	(2.34)	(1.74)	(-1.48)	(-0.95)	(3.30)
ln*fra*	0.011	0.018*	0.001	0.015**	0.025**	0.004	0.001	0.004	0.004*
	(1.27)	(1.90)	(0.07)	(2.58)	(2.23)	(0.59)	(0.12)	(0.20)	(1.84)

续表

变量	全要素生产率			技术进步			技术效率		
	东部	中部	西部	东部	中部	西部	东部	中部	西部
ln*mar*	-0.093***	-0.031***	-0.031***	-0.049***	-0.012*	-0.021***	-0.041***	-0.020*	-0.010*
	(-7.73)	(-2.62)	(-3.62)	(-5.39)	(-1.78)	(-3.77)	(-3.87)	(-1.83)	(-1.83)
ln*se*	-0.003	-0.009	-0.011**	-0.003**	-0.010**	-0.001	0.001	-0.004	-0.009**
	(-1.31)	(-1.23)	(-2.49)	(-2.44)	(-2.31)	(-0.29)	(0.37)	(-0.50)	(-2.47)
log*likelihood*	397.51	308.65	380.07	466.01	389.41	495.02	418.90	296.30	399.07
Wald chi2 (8)	144.87	219.99	79.66	138.44	141.82	62.82	38.95	66.57	37.02
Prob > *chi2*	0	0	0	0	0	0	0	0	0

注：括号内是 t 值，*、** 和 *** 分别表示 10%、5% 和 1% 的显著性水平。

（一）全国层面的影响因素回归结果与分析

1. R&D 投入对生产率和技术进步的影响显著为正，R&D 投入越多，生产率提高得越快，能有效地提高企业技术能力，促进技术进步。与冯伟和徐康宁（2014）的研究结果相同。文春艳（2019）的研究表明 R&D 资本化更加有利于技术进步，对技术效率的影响相对较小。

2. 产业结构的升级对生产率和技术进步的影响显著为正，与余泳泽（2016）研究结果类似。生产性服务的快速发展有利于技术进步的提高，2016 年生产性服务业增加值占 GDP 的比重达到 25.75%（何强和刘涛，2017），已占据第三产业的“半壁江山”，生产性服务业与制造业的相互促进、协同发展提高了生产率（栾申洲，2019）。

3. 进出口的增加、外商直接投资与 GDP 的比值对生产率和技术效率有显著的影响，且系数为正，说明国际贸易的增加、外资的进入能促进企业管理水平的提高，提高国内企业竞争能力，促进资源的优化配置，提高技术效率和生产率，与黄先海和石东楠（2005）、冯伟和徐康宁（2014）、邓翔等（2017）的研究结果相同。外商直接投资的增加对技术进步显著正影响，说明外资可以带来先进的技术，技术外溢提高了本土企业的技术能力。

4. 基础设施水平的提高能显著提升技术进步和技术效率。本书的回归结果进一步证明了严成樑和龚六堂（2013）的结论。

5. 国有工业企业比重显著影响生产率、技术进步和技术效率，且系数为负，与任仙玲和刘天生（2020）的研究结果类似。为了促进生产率的提升，应降低工业中国有企业的比重，促进市场化程度的提高，为资源的合理配置提供便利，为生产率的提升创造条件。

6. 二氧化硫排放强度的提高显著影响生产率、技术进步和技术效率，且系数为负，说明二氧化硫的排放增长阻碍了技术进步和技术效率的改善，从而阻碍了生产率的提高，与陈茹等（2010）、王兵等（2010）的研究结果一致。为了响应环境政策，降低二氧化硫的排放，企业会把资源进行重新分配，进而影响企业的技术进步和技术效率的提高。

（二）三大区域影响因素回归结果与分析

1. R&D 投入对东部区域的生产率、技术进步和技术效率的影响显著为负，原因可能在于东部区域的 R&D 投入使用效率低，R&D 投资并没有转化为有效的生产力。2015 年东部、中部、西部三大区域 R&D 投入占全国总投入的比重分别是 70.52%、17.26% 和 12.22%，地区生产总值占全国的比重分别是 55.57%、24.36% 和 20.06%，与中、西部区域相比，东部区域的 R&D 投入明显有冗余。R&D 投入对中部、西部区域的生产率和技术进步影响显著，且系数为正，说明 R&D 投入的增加，能有效地提高企业技术能力，促进区域的技术进步，进而提高生产率。

2. 产业结构升级对东部区域生产率和技术效率的影响显著为正，与前面讨论相同。工业比重的提高能显著影响东部区域的技术能力，且系数为正，说明工业比重的变化能促进东部区域技术能力的提升。产业结构升级能显著提高中部区域的技术能力，促进技术进步。工业比重的提高显著提高了西部区域的生产率和技术进步，经过十几年的西部大开发，西部区域不断承接东部区域的产业转移，企业技术能力有了明显提高。

3. 进出口增加和外商直接投资显著影响东部区域的生产率和西部区域的技术效率，且系数为正，进出口增加会显著提高东部区域的技术效率，与前文讨论结果相同。进出口增加会显著降低中部区域的技术水平，可能是进出口货物和服务质量较低，以及中部区域企业在与国外企业交流中没有得到技术外溢。外商直接投资对东部、中部和西部区域的技术进步影响显著，且系数为正，说明本土企业对外资的进入能获得技术外溢，提高技术水平。外商直接投资对西部区域的技术效率有显著正影响，说明外资的进入促进了西部区域企业的管理水平提高或者是资源配置效率提高。

4. 基础设施水平的提高显著改善了中部区域的生产率，促进了东部和中部区域的技术进步，改善了西部区域的技术效率。随着西部大开发战略和中部崛起战略的实施，中部和西部区域的基础设施投资有了较大提高，基础设施水平随之大幅度提升。随着基础设施水平的提升，中、西部区域能够吸引技术先进的企业来安家落户，并带动当地落后企业的发展，促进西部区域的企业提高管理水平、技术水平和组织管理能力。

5. 工业中国有企业比重的提高显著影响三个区域的生产率、技术进步和技术效率，且系数为负，与前面讨论结果相同。国有企业管理相对落后，管理理念没有与时俱进，导致管理水平相对较低，降低了技术效率。2018 年，规模以上国有工业企业研发投入强度（研发投入与营业收入之比）是 0.2%，规模以上工业企业研发投入强度是 1.23%，规模以上私营工业企业是 1.23%，规模以上外商投资工业企业是 1.08%，规模以上国有工业企业的研发强度远远低于其他类型的企业。[①] 中国规模以上工业企业的研发投入任重道远。

6. 二氧化硫排放强度的提高显著影响西部区域的生产率，东部、中部区域的技术进步，西部区域的技术效率，且系数均为负。这与前面的论述一致，环境政策的实施，强制企业采取有利于环境友好的生产经营方式，会促使企业重新考虑生产布局、资源的配置等，进而影响生产效率。

四　小结

本节用 Tobit 模型测算了 1998—2015 年中国 30 个省份研发投入对生产率、技术进步和技术效率的影响，结论是在全国层面上，研发投入能改善生产率和技术进步。在区域层面上，研发投入能显著改善中、西部区域的生产率和技术进步；污染排放能显著抑制生产

---

① 根据 2019 年《中国科技统计年鉴》和《中国统计年鉴》计算得出。

率、技术进步和技术效率的改善。

根据以上研究结果，针对不同区域应采取不同的研发投入政策，同时关注环境政策的制定和实施，采取限制污染排放的激励政策。一方面，对东部区域应着重提高研发投入的使用效率，促使科研成果尽快转化为生产力，毕竟东部区域集中了大量的高校和科研院所等研发机构，以及技术密集型的企业和高新技术产业，应促进企业、产业、省区市之间的技术经济联系和创新成果的产业化，提高技术的溢出效应，带动落后地区的发展。另一方面，对于中、西部区域而言，提高研发投入是重点，但同时应提高企业管理水平和从业人员的技术储备能力，转变管理理念，深化管理和制度创新，增强企业的创新意识，加强与创新能力强的省区市、企业之间的技术交流和合作，积极引进适用性强的技术，并消化吸收和再创新，推动区域的技术升级、技术效率和生产率的提高。

第十一章

研究结论、政策建议及研究展望

经济增长源泉核算分析是经济增长核算中的核心话题，也是经久不衰的话题。改革开放40多年来，中国经济增长的源泉是什么，也是众多学者关注的话题。随着创新驱动战略的实施，创新投入（R&D投入）的作用越来越显著，为此国家统计局按照SNA2008的要求改革了研发投入核算方法，把研发投入计入GDP，不再作为中间投入核算，《中国统计年鉴2017》全面修改了中国GDP和固定资本形成额数据。本书在修订数据的基础上，在全国层面上，首先分析了40年来的经济发展情况、产业结构的变化、产业结构变化对经济增长的贡献和对劳动生产率的影响；其次，在分析研发投入现状和特征的基础上，核算了研发投入的资本存量和物质资本存量；最后，把R&D投入纳入生产函数，测算了中国生产率变化情况，分析了经济增长源泉。在区域层面上，首先介绍了31个省份1990年以来的经济增长情况，测算了地区经济增长对全国经济增长的贡献；其次，在分析各省份R&D投入的基础上，核算了省份R&D资本存量和物质资本存量；再次，运用包含R&D投入的生产函数测算了省份生产率变化，分析了地区经济增长源泉；最后，用DEA模型测算了31个省份的Malmquist生产率指数、技术进步和技术效率，进行了分析比较，同时用Tobit模型测度了生产率、技术进步和技术效率的影响因素。

第一节　研究结论

从全国层面来看：

第一，产业结构和就业结构不断优化，劳动生产率不断提高。

经过40年的发展，中国产业结构和就业结构不断优化，劳动生产率不断提高。1978年中国三次产业结构是27.69∶47.71∶24.60，三次就业结构是70.53∶17.30∶12.18，三次产业的劳动生产率分别是359.67元/人、2527.29元/人和1850.92元/人；经过多次改革，解放了农业和工业的剩余生产力，产业结构和就业结构有了大幅度的变化，劳动生产率有了较大提高，2018年三次产业结构是7.19∶40.65∶52.16，三次就业结构是26.11∶27.57∶46.32，三次产业的劳动生产率分别是2798.87元/人、46058.88元/人、13107.82元/人（1978年价），年均实际增长率分别是5.26%、7.53%和5.02%，第二产业的劳动生产率提高最快。

第二，“结构红利”在不同的时期作用不同。

改革开放初期，产业结构变迁对中国经济增长的影响一度十分显著，工业是经济增长的主要动力，随着产业结构的升级，服务业成为经济发展的主要动力，产业结构变迁对经济增长的推动作用正在不断减弱。

在1978—2018年整个周期内，不存在“结构红利”；在改革开放初期，也是产业结构变动较大时期，“结构红利”明显，随后结构变迁效应下降。不同产业表现不同，第一产业的结构变迁效应是负值，第二产业的结构变迁效应在20世纪80年代明显，第三产业的结构变迁效应在整个时期显著。

第三，中国R&D投入增长迅速，但面临诸多问题。

中国的研发投入迅速增长在2006年后，即《国家中长期科技发展规划纲要（2006—2020）》以及创新驱动发展战略的实施后，研发投入占 GDP 的比重迅速提高，从 2006 年的 1.37% 提高到 2018 年的 2.19%，但相比较韩、日、美等发达国家来说，比重仍然偏低，仍需加大研发投资力度。

研发投入中的基础研究投入偏低，长期徘徊在 5% 左右，远低于韩国、日本和美国等国的基础研究投入比例。基础研究投入偏低，导致科学研究后劲乏力，影响自主创新能力的提升。

第四，中国经济增长是依靠投资和科技进步双轮驱动。

40 年来，中国的生产率呈现涨跌互现的波动情势，进入 21 世纪以来呈下降趋势，尤其是 2008 年以后出现负值，值得注意的是，2013 年后生产率有提高趋势。生产率的提高促进了中国经济较快发展，但资本投入仍然是中国经济增长的重要来源。研发投入对经济增长的贡献日益增大，进入 21 世纪以来成为科技进步的主角，是经济增长的重要源泉。在保持经济增长稳定的前提下，深入改革、优化投资结构、提高投资质量是重点。

从区域层面看：

第一，中国经济增长依靠东部区域的格局没有改变。

西部大开发战略和中部崛起战略促进了中、西部区域的经济增长，提高了经济增长速度，但中、西部区域在国民经济中的地位没有提升，反而有所下降，根据不同省份的具体情况，采取不同策略促进经济增长是重点。从地区经济增长与国民经济增长的关系看，虽然中、西部区域的经济增长速度高于东部区域，但中、西部区域占国民经济的比重较低，中、西部区域的经济增长对全国经济增长的贡献仍然较低，国民经济的增长依然依靠东部区域。

第二，地区研发投入以及资本存量的分布格局与经济分布格局基本一致。

从研发投入的相对数和绝对数看，2017 年和 1998 年各省份的格局没有改变，依然是东部区域的省份投入高，中、西部区域的省份投入低，从而造成东部区域的省份研发资本存量远高于中、西部区域的省份，区域之间研发投入极不平衡，2017 年西部区域的研发投入只有东部区域研发投入的 17.84%。地区之间差距过大不仅影响国家整体创新能力的提高，也影响区域的创新能力，使得强者越强，弱者越弱，落后地区的创新能力越来越弱。

第三，地区经济增长模式不同。

1990—2017 年，东部大部分省份是投资—技术进步双轮驱动经济增长，中、西部大部分省份是投资拉动经济增长。R&D 投资增长对地区经济增长的贡献存在较大差异，2000 年以来 R&D 投资的快速增长成为东部省份科技进步的主角，中、西部大部分省份还有待提高。新模式、新业态的发展能够促进地区在危机过后迅速恢复经济活力。

第四，研发投入对地区生产率、技术进步、技术效率的影响具有异质性。

研发投入的增长显著抑制东部区域的生产率、技术进步和技术效率，但能显著提高中、西部区域的生产率和技术进步，原因可能是相对于中、西部区域的研发投入，东部区域的研发投入有冗余，降低了使用效率，提高了研发成果转化能力，促进了科技创新成果尽快转化为生产力，能有效提高研发试验效率。中、西部区域研发投入过低，提高研发投入是着重点，同时提高技术的接受、消化能力，转变管理理念，提高组织水平和研发投入使用效率。

第二节　政策建议

根据本书的研究内容，提出以下政策建议。

第一，加强自主创新，提高整体创新能力。

从不同阶段的分析可以看出，中国多数年份的经济增长更多地是依赖于要素的积累，而不是创新产生的技术进步，这种经济增长是不可持续的。虽然产生创新的途径包括技术扩散（溢出）、技术模仿和自主创新，但是只有自主创新才是保持经济持续增长的唯一途径。只有加强自主创新能力，提高国家整体创新能力，使得经济增长更多地依赖创新产生的技术进步，而不是要素的积累，中国经济才能健康持续地快速发展。

第二，继续优化产业结构，大力发展新动能、新产业、新业态等新经济。

中国高端产能不足、低端产能结构化过剩的情况已持续多年，加深供给侧结构性改革，化解低端产能，发展高端产能，利用数字经济等改造传统产业，提高产业的资本配置效率，也能提高经济增长率，提高生产率。

着重发展新动能、新产业、新业态、新模式等新经济，新经济的发展不仅能够优化产业结构，培育新的增长点，也是提高经济增长质量、转变经济发展方式的重要举措之一。

促进区域协调发展，先进的地区带动落后的地区，技术转移的同时也要有管理理念、管理方式的转移；落后地区应该寻找适合自己特点的新模式新业态，促进数字技术、“互联网 +”的应用，促进产业结构升级，提高经济适应能力和抗风险能力。

第三，继续加大研发投入，提高自主创新能力。

研发投入不仅是自主创新的基础，而且也成为中国经济增长的重要源泉。胡锦涛在 2006 年全国科技大会上宣布中国未来 15 年科技发展的目标是，2020 年建成创新型国家、经济增长的科技进步贡献率要从 39% 提高到 60% 以上，全社会的研发投入占 GDP 比重要从 1.35% 提高到 2.5%。十几年过去了，2018 年研发投入占 GDP 比重是 2.19%，距离 2020 年达到 2.5%，还有较大差距；科技进步贡献率达到 60% 以上，根据目前的测算结果更是目标遥远。加大基础研究的比重，基础研究能提高我国原始性创新能力，是建设创新型国家，实施创新驱动发展战略的基础。

降低区域研发投入强度差距，提高中、西部省份的研发投入总量，增强创新能力。2017 年，东部省份绝大部分研发投入强度大于 2%，中、西部省份绝大部分小于 1%，同时因为中、西部区域的省份经济发展相对薄弱，难以有大量的资金投入，因此为了提高创新能力，应加强区域合作，促进东部区域和中、西部区域的企业、研究与开发机构、高等院校之间的合作和交流，提高协同创新力度，提升合作创新水平。

第四，深化体制改革，进一步提高中国生产率。

从根本上讲，中国经济属于转轨经济，经济的增长除了传统的经济理论所注重的劳动力、资本等要素投入不断增长外，经济结构调整和制度变迁对于经济增长也起着十分重要的作用（李平等，2013）。因此在改革开放初期，中国生产率的增长得益于制度改革、技术进步以及配置效率的提高，中国经济增长方式有了较大转变，但投资仍然是拉动经济增长的重要动力。进入 21 世纪后，生产率持续下降。生产率的不断下降会引起长期经济增长速度下降，使得经济发展不可持续，而中国体制改革也变得缓慢，应进一步推进制度变革，突破目前的体制约束，比如金融制度、土地制度、户籍制度、投入制度等，只有深化改革，加快市场化改革和所有权制度改革，才能形成公平竞争的市场格局，释放生产力，促进中国生产率的长期稳定增长。

地区之间的情况千差万别，在深化改革的过程中，应区别对待，切忌一刀切，具体情况具体对待。在实施区域发展政策的过程中，也应该实事求是，精准实施，针对不同的情况采取不同的措施和方法，避免盲目进行工程建设，应以提高经济质量为目的。

第三节　研究展望

本书核算了研发资本存量，把研发资本纳入生产函数中，计量生产率的变化；核算了两种资本存量，为回答目前用何种资本存量来计算生产率的疑惑提供了依据。同时核算了 31 个省份的物质资本存量和研发资本存量，分析了地区经济增长源泉，测算了研发投入对地区生产率、技术进步和技术效率的影响。但仍存在需要改进之处，需要进一步的研究。

第一，生产率方法的研究和推导。

目前国内测算生产率所用方法，均是西方学者根据发达国家的理论和数据推算所得，不太适合中国的实际情况，需要根据中国的实际情况和国情、国内的经济发展现象和规律，进行总结和研究，建立自己的模型和方法，这是下一步研究的重点。

第二，进一步深入分析 21 世纪以来的中国生产率变化。

从众多的文献和本书的研究结果可知，20 世纪 90 年代以来，中国生产率呈下降趋势，是技术效率问题，还是技术进步的滞后，抑或资源配置或者背后的制度以及相关的政策问题，或者是众多因素的相互影响或作用，谁是主导因素，需要进一步的深入研究。加强对地区生产率的研究，注意研发投入在不同地区的表现，进一步研究研发投入对生产率的影响机制。

第三，生产率与经济增长质量的关系问题。

目前，一般用生产率的高低表示经济增长质量，生产率高代表经济增长质量好，是集约型的增长方式；生产率低代表经济增长效益差，是粗放型的增长方式。集约型的经济增长方式是不是一定生产率高，粗放型的经济增长方式是不是一定生产率低，根据目前美、日两国的生产率数据，生产率和经济增长质量的关系还需要进一步深入研究。

参考文献

［美］H. 钱纳里、S. 卢宾逊、M. 塞尔奎因:《工业化和经济增长的比较研究》，吴奇、王松宝译，上海三联书店 1989 年版。

龚飞鸿、刘满强、陈平等:《中国经济增长与生产率发展报告》，载于《中国社会科学院数量经济与技术经济研究所发展报告（2008）》，汪同三、郑玉歆主编，社会科学文献出版社 2008 年版。

李京文、［美］D. 乔根森、郑友敬、［日］黑田昌裕等著:《生产率与中美日经济增长研究》，中国社会科学出版社 1993 年版。

李京文、钟学义主编:《中国生产率分析前沿》，社会科学文献出版社 1998 年版。

刘建翠、陈平、王宏伟等:《中国经济增长和生产率发展报告——地区经济增长与生产率研究：1980—2007 年》，载于《中国社会科学院数量经济与技术经济研究所发展报告（2010）》，汪同三、郑玉歆主编，社会科学文献出版社 2010 年版。

魏权龄:《评价相对有效性的 DEA 方法——运筹学的新领域》，中国人民大学出版社 1988 年版。

徐国泉、姜照华:《R&D 资本存量的测度与中美的比较研究》，《第二届中国科技政策与管理学术研讨会暨科学学与科学计量学国际学术论坛 2006 年论文集》，大连理工大学出版社 2006 年版。

郑玉歆:《80 年代中国制造业生产率变动及其来源》，选自《体制转换中的中国工业生产率》，社会科学文献出版社 1993 年版。

周振华:《现代经济增长中的结构效应》，三联书店 1995 年版。

白俊红、江可申、李婧等:《区域创新效率的环境影响因素分析——

基于 DEA - Tobit 两步法的实证检验》，《研究与发展管理》2009 年第 2 期。

白重恩、张琼:《中国生产率估计及其波动分解》，《世界经济》2015 年第 12 期。

柏培文、许捷:《中国三大产业的资本存量、资本回报率及其收敛性：1978—2013》，《经济学》（季刊）2018 年第 3 期。

包群、许和连、赖明勇:《贸易开放度与经济增长：理论及中国的经验研究》，《世界经济》2003 年第 2 期。

蔡昉、王德文:《中国经济增长可持续性与劳动贡献》，《经济研究》1999 年第 10 期。

蔡虹、许晓雯:《中国技术知识存量的构成与国际比较研究》，《研究与发展管理》2005 年第 4 期。

蔡跃洲、付一夫:《全要素生产率增长中的技术效应与结构效应——基于中国宏观和产业数据的测算及分解》，《经济研究》2017 年第 1 期。

蔡跃洲、张钧南:《信息通信技术对中国经济增长的替代效应与渗透效应——基于乔根森增长核算框架的测算与分析》，《经济研究》2015 年第 12 期。

曹吉云:《中国总量生产函数与技术进步贡献率》，《数量经济技术经济研究》2007 年第 1 期。

曹跃群、刘冀娜:《我国服务业资本存量地区差异及其成因——基于空间经济学的实证分析》，《数量经济技术经济研究》2008 年第 11 期。

曹跃群、秦增、强齐倩:《中国省际资本服务测量：概念、框架和指数构建》，《数量经济技术经济研究》2013 年第 12 期。

常远、吴鹏:《要素配置会扭曲技术进步偏向性对全要素生产率增长的影响吗?》，《当代经济科学》2019 年第 1 期。

陈昌兵:《可变折旧率估计及资本存量测算》，《经济研究》2014 年第 12 期。

陈刚:《R&D 溢出、制度和生产率增长》,《数量经济技术经济研究》2011 年第 6 期。

陈敬学、李玲、杨文成:《我国商业银行效率问题与改革策略透析》,《金融论坛》2004 年第 12 期。

陈娟:《从全要素生产率增长看经济增长方式的变化》,《经济与管理》2009 年第 9 期。

陈茹、王兵、卢金勇:《环境管制与工业生产率增长：东部地区的实证研究》,《产经评论》2010 年第 2 期。

陈升、扶雪琴:《"一带一路"沿线科技创新效率区域差异及影响因素分析——基于三阶段 DEA 和 Tobit 模型》,《重庆大学学报》(社会科学版),https://kns.cnki.net/kcms/detail/50.1023.C.20200927.1512.002.html。

陈诗一:《中国工业分行业统计数据估算：1980—2008》,《经济学》(季刊) 2011 年第 3 期。

陈新光、吴轶兰、娄梦娇:《R&D 规模与结构对经济增长的分析研究》,《中国统计》2015 年第 8 期。

陈彦斌、姚一旻:《中国经济增长的源泉：1978—2007》,《经济理论与经济管理》2010 年第 5 期。

陈燕玲、葛晶晶:《股权结构对银行系寿险公司经营效率的影响——基于 DEA - Tobit 模型两步法分析》,《金融发展研究》2020 年第 6 期。

成邦文、刘树梅、吴晓梅:《C - D 生产函数的一个重要性质》,《数量经济技术经济研究》2001 年第 7 期。

褚衍昌、沈洋、连文浩:《基于 DEA - Malmquist 和 Tobit 模型的中国物流企业效率研究——来自上市公司的经验证据》,《数学的实践与认识》2020 年第 10 期。

单豪杰:《中国资本存量 K 的再估算：1952—2006 年》,《数量经济技术经济研究》2008 年第 10 期。

邓明、钱争鸣:《中国省际知识存量、知识生产与知识的空间溢出》,

《数量经济技术经济研究》2009 年第 5 期。
邓翔、李建平:《中国地区经济增长的动力分析》,《管理世界》2004 年第 11 期。
邓翔、朱高峰、李德山:《人力资本、贸易开放与区域全要素生产率——基于 GML 指数和系统 GMM 方法》,《经济问题探索》2017 年第 8 期。
董敏杰、梁泳梅:《1978—2010 年的中国经济增长来源：一个非参数分解框架》,《经济研究》2013 年第 5 期。
范振锐、李宝伟、张云等:《科研投入对全要素生产率的空间影响分析》,《未来与发展》2019 年第 12 期。
范志勇、宋佳音、王宝奎:《开放条件下中国国民收入增长核算及效率研究》,《经济理论与经济管理》2013 年第 6 期。
冯伟、徐康宁:《外商直接投资对提升区域生产率存在溢出效应吗——来自我国省级动态面板数据的实证分析》,《财经科学》2014 年第 2 期。
干春晖、郑若谷:《改革开放以来产业结构演进与生产率增长研究——对中国 1978—2007 年“结构红利假说”的检验》,《中国工业经济》2009 年第 2 期。
干春晖、郑若谷、余典范:《中国产业结构变迁对经济增长和波动的影响研究》,《经济研究》2011 年第 5 期。
高涛、曲林迟、唐韵捷等:《中国上市航运企业效率评价及影响因素测算》,《广西大学学报》（自然科学版）2020 年第 3 期。
龚六堂、谢丹阳:《我国省份之间的要素流动和边际生产率的差异分析》,《经济研究》2004 年第 1 期。
古明明、张勇:《中国资本存量的再估算和分解》,《经济理论与经济管理》2012 年第 12 期。
顾晓安、郑希杰、李文卿:《金融发展、外商直接投资对全要素生产率的影响研究——基于我国 2000—2017 年的省级面板数据》,《科技与管理》2020 年第 4 期。

关雪凌、丁振辉:《日本产业结构变迁与经济增长》,《世界经济研究》2012 年第 7 期。

郭庆旺、贾俊雪:《中国全要素生产率的估算:1979—2004》,《经济研究》2005 年第 6 期。

郭庆旺、赵志耘、贾俊雪:《中国省份经济的全要素生产率分析》,《世界经济》2005 年第 5 期。

郭旭红、武力:《新中国产业结构演变述论(1949—2016)》,《中国经济史》2018 年第 1 期。

韩晶:《中国钢铁业上市公司的生产力和生产效率——基于 DEA - Tobit 两步法的实证研究》,《北京师范大学学报》(社会科学版)2008 年第 1 期。

何枫、陈荣、何林:《中国资本存量的估算及其相关分析》,《经济学家》2003 年第 5 期。

何洁:《外商直接投资对中国工业部门外溢效应的进一步精确量化》,《世界经济》2000 年第 12 期。

何强、刘涛:《我国生产性服务业与制造业协同发展研究》,《调研世界》2017 年第 10 期。

何元庆:《对外开放与 TFP 增长:基于中国省级面板数据的经验研究》,《经济学》(季刊)2007 年第 4 期。

贺菊煌:《中国资产的估算》,《数量经济技术经济研究》1992 年第 8 期。

胡鞍钢、郑京海、高宇宁等:《考虑环境因素的省级技术效率排名(1999—2005)》,《经济学》(季刊)2008 年第 3 期。

胡根华、秦嗣毅:《"金砖国家"全要素能源效率的比较研究——基于 DEA - Tobit 模型》,《资源科学》2012 年第 3 期。

胡永泰:《中国全要素生产率:来自农业部门劳动力再配置的首要作用》,《经济研究》1998 年第 3 期。

黄顺武:《R&D 与 FDI 对中国制造业生产率的影响》,《当代财经》2008 年第 2 期。

黄先海、石东楠:《对外贸易对我国全要素生产率影响的测度与分析》,《世界经济研究》2005 年第 1 期。

黄勇峰、任若恩、刘晓生:《中国制造业资本存量永续盘存法估计》,《经济学》(季刊)2002 年第 2 期。

黄宗远、宫汝凯:《中国省区物质资本存量的重估:1978—2007 年》,《广西师范大学学报》(哲学社会科学版)2010 年第 1 期。

黄宗远、宫汝凯:《中国物质资本存量估算方法的比较与重估》,《学术论坛》2008 年第 9 期。

贾润崧、张四灿:《中国省际资本存量与资本回报率》,《统计研究》2014 年第 11 期。

江小娟、李蕊:《FDI 对中国工业增长和技术进步的贡献》,《中国工业经济》2002 年第 7 期。

江永宏、孙凤娥:《中国 R&D 资本存量测算:1952—2014 年》,《数量经济技术经济研究》2016 年第 7 期。

蒋殿春、王晓娆:《中国 R&D 结构对生产能力影响的比较分析》,《南开经济研究》2015 年第 2 期。

蒋殿春、张宇:《经济转型与外商直接投资技术溢出效应》,《经济研究》2008 年第 7 期。

金戈:《中国基础设施资本存量估算》,《经济研究》2012 年第 4 期。

金剑、蒋萍:《生产率增长测算的半参数估计方法:理论综述和相关探讨》,《数量经济技术经济研究》2006 年第 9 期。

金相郁:《中国区域全要素生产率与决定因素:1996—2003》,《经济评论》2007 年第 5 期。

靖学青:《中国省际物质资本存量估计:1952—2010》,《广东社会科学》2013 年第 2 期。

孔小红:《中国产业结构及布局的调整》,《南京财经大学学报》2003 年第 2 期。

雷辉:《中国资本存量测算及投资效率的研究》,《经济学家》2009 年第 6 期。

雷辉、张娟:《中国资本存量的重估及比较分析：1952—2012》，《经济问题探索》2014 年第 7 期。

李宾:《中国资本存量估算的比较分析》，《数量经济技术经济研究》2011 年第 12 期。

李宾、曾志雄:《中国全要素生产率变动的再测算：1978—2007》，《数量经济技术经济研究》2009 年第 3 期。

李成、田懋、张炜:《资本存量估测分歧与中国全要素生产率分析》，《中国地质大学学报》（社会科学版）2015 年第 3 期。

李根、刘家国、李天琦:《考虑非期望产出的制造业能源生态效率地区差异研究——基于 SBM 和 Tobit 模型的两阶段分析》，《中国管理科学》2019 年第 11 期。

李宏勋、兰致、王明丽等:《基于超效率 DEA—Tobit 模型的环渤海经济区全要素能源效率研究》，《科技管理研究》2014 年第 20 期。

李京文、龚飞鸿、明安书:《生产率与中国经济增长》，《数量经济技术经济研究》1996 年第 12 期。

李静、孟令杰、吴福象:《中国地区发展差异的再检验——要素积累抑或 TFP》，《世界经济》2006 年第 1 期。

李兰冰:《中国铁路运营效率实证研究：基于双活动—双阶段效率评估模型》，《南开经济研究》2010 年第 10 期。

李平、钟学义、王宏伟等:《中国生产率变化与经济增长源泉：1978—2010》，《数量经济技术经济研究》2013 年第 1 期。

李世祥:《基于工业化视角的能源效率评价方法与实证研究》，《中国人口·资源与环境》2010 年第 11 期。

李淑梅、单松、范鹏翔等:《中国 R&D 资本存量估算》，《特区经济》2013 年第 6 期。

李向东、李南、白俊红等:《高技术产业研发创新效率分析》，《中国软科学》2011 年第 2 期。

李小平:《中国制造业劳动生产率增长的源泉及其特征——基于“结构红利假说”的实证检验》，《当代财经》2008 年第 3 期。

李小平、卢现祥:《中国制造业的结构变动和生产率增长》,《世界经济》2007 年第 5 期。

李小平、朱钟棣:《国际贸易、R&D 溢出和生产率增长》,《经济研究》2006 年第 2 期。

李小胜:《中国 R&D 资本存量的估计与经济增长》,《中国统计》2007 年第 11 期。

李义福:《中国产业结构变动的历史、现状及发展趋势》,《时代经贸》2010 年第 20 期。

李治国、唐国兴:《资本形成路径与资本存量调整模型——基于中国转型时期的分析》,《经济研究》2003 年第 2 期。

林仁文、杨熠:《中国的资本存量与投资效率》,《数量经济技术经济研究》2013 年第 9 期。

刘彬、王汀汀:《研发投入、技术进步与经济增长》,《山西财经大学学报》2006 年第 5 期。

刘秉镰、武鹏、刘玉海:《交通基础设施与中国全要素生产率增长——基于省域数据的空间面板计量分析》,《中国工业经济》2010 年第 3 期。

刘丹鹤、唐诗磊、李杜:《技术进步与中国经济增长质量分析（1978—2007)》,《经济问题》2009 年第 3 期。

刘家鹏、孙世清:《河北省钢铁行业能源效率及节能减排潜力分析——基于超效率 DEA - Tobit 模型研究》,《河北科技大学学报》（社会科学版）2019 年第 4 期。

刘建翠、郑世林:《中国城市生产率变化和经济增长源泉：2001—2014 年》,《城市与环境研究》2017 年第 3 期。

刘建翠、郑世林:《中国省际 R&D 资本存量的估计：1990—2014》,《财经问题研究》2016 年第 12 期。

刘建翠、郑世林、汪亚楠:《中国研发（R&D）资本存量估计：1978—2013》,《经济与管理研究》2015 年第 2 期。

刘生龙、胡鞍钢:《基础设施的外部性在中国的检验：1988—2007》,

《经济研究》2010 年第 3 期。
刘伟、张辉:《中国经济增长中的产业结构变迁和技术进步》,《经济研究》2008 年第 11 期。
刘伟、张辉、黄泽华:《中国产业结构高度与工业化进程和地区差异的考察》,《经济学动态》2008 年第 11 期。
刘震、陈丹丹:《R&D 核算改革对全要素生产率估计精度的影响分析》,《软科学》2018 年第 10 期。
刘志彪、安同良:《中国产业结构演变与经济增长》,《南京社会科学》2002 年第 1 期。
柳剑平、程时雄:《中国 R&D 投入对生产率增长的技术溢出效应——基于工业行业(1993—2006 年)的实证研究》,《数量经济技术经济研究》2011 年第 11 期。
鲁晓东、连玉君:《中国工业企业全要素生产率估计:1999—2007》,《经济学》(季刊)2012 年第 2 期。
吕铁:《制造业结构变化对生产率增长的影响研究》,《管理世界》2002 年第 2 期。
吕铁、周叔莲:《中国的产业结构升级与经济增长方式转变》,《管理世界》1999 年第 1 期。
栾申洲:《产业协同发展对全要素生产率影响的实证研究——基于制造业与生产性服务业的分析》,《管理现代化》2019 年第 5 期。
孟令杰、李静:《中国全要素生产率的变动趋势——基于非参数的 Malmquist 指数方法》,《产业经济评论》2004 年第 2 期。
孟卫东、孙广绪:《中国高技术产业各行业资源配置效率研究——基于 R&D 存量 Malmquist 指数方法》,《科技管理研究》2014 年第 4 期。
倪泽强、汪本强:《中国省际公共物质资本存量估算:1981—2013》,《经济问题探索》2016 年第 2 期。
聂辉华、贾瑞雪:《中国制造业企业生产率与资源误置》,《世界经济》2011 年第 7 期。

庞瑞芝、杨慧:《中国省际全要素生产率差异及经济增长模式的经验分析——对30个省（市、自治区）的实证考察》，《经济评论》2008年第6期。

彭建平、李永苍:《FDI存量与自主创新——基于省际动态面板GMM估计的实证研究》,《经济经纬》2014年第1期。

皮建才:《制度变迁、技术进步与经济增长：另一种视角》，《人文杂志》2006年第6期。

钱忠好、李友艺:《家庭农场的效率及其决定——基于上海松江943户家庭农场2017年数据的实证研究》，《管理世界》2020年第4期。

钦晓双、孙成浩:《中国工业行业资本存量测算》，《产业经济评论》2014年第2期。

邱晓华、郑京平、万东华等:《中国经济增长动力及前景分析》，《经济研究》2006年第5期。

任仙玲、刘天生:《中国存在研发投入高增长与TFP低增长的悖论吗——基于中国制造业的面板数据研究》，《中共青岛市委党校（青岛行政学院）学报》2020年第2期。

Selin Ozyurt. :《中国工业的全要素生产率：1952—2005》,《世界经济文汇》2009年第5期。

沈坤荣:《中国综合要素生产率的计量分析与评价》,《数量经济技术经济研究》1997年第11期。

沈利生、乔红芳:《重估中国的资本存量：1952—2012》,《吉林大学社会科学学报》2015年第4期。

沈渊:《我国地区科技投入对经济增长贡献及其影响因素——基于DEA与Tobit方法》,《经济管理》2009年第3期。

宋海岩、刘淄楠、蒋萍:《改革时期中国总投资决定因素的分析》,《世界经济文汇》2003年第1期。

孙川:《中国省际信息通信技术资本存量估算》,《统计研究》2013年第3期。

孙东:《我国科技创新效率测算及影响因素研究——基于超效率 DEA - Tobit 两步法分析》,《税收经济研究》2014 年第 2 期。

孙凤娥、江永宏:《我国地区 R&D 资本存量的测算:1978—2015 年》,《统计研究》2018 年第 2 期。

孙琳琳、焦婕:《基于内生折旧率的中国行业层面资本存量估计》,《北京航空航天大学学报》(社会科学版)2016 年第 3 期。

孙琳琳、任若恩:《中国行业层次资本服务量的测算(1981—2000 年)》,《山西财经大学学报》2008 年第 4 期。

孙琳琳、任若恩:《中国资本投入和全要素生产率的估算》,《世界经济》2005 年第 12 期。

孙琳琳、任若恩:《转轨时期中国行业层面资本积累的研究——资本存量和资本流量的测算》,《经济学》(季刊)2014 年第 3 期。

孙鹏、陈钰芬:《中国产业结构变迁与经济增长关系》,《首都经济贸易大学学报》2014 年第 5 期。

孙晓华、王昀、郑辉:《R&D 溢出对中国制造业全要素生产率的影响——基于产业间、国际贸易和 FDI 三种溢出渠道的实证检验》,《南开经济研究》2012 年第 5 期。

孙新雷、钟培武:《改革开放后中国全要素生产率的变动与资本投入》,《经济经纬》2006 年第 5 期。

唐保庆:《国内 R&D 投入、国际 R&D 溢出与全要素生产率》,《世界经济研究》2009 年第 9 期。

唐松林、商潇婉:《交通基础设施对全要素生产率的影响研究——基于省际空间面板模型的实证分析》,《山东工商学院学报》2020 年第 4 期。

陶长琪、齐亚伟:《中国全要素生产率的空间差异及其成因分析》,《数量经济技术经济研究》2010 年第 1 期。

田友春:《中国分行业资本存量估算:1990—2014 年》,《数量经济技术经济研究》2016 年第 6 期。

田友春、卢盛荣、靳来群:《方法、数据与全要素生产率测算差异》,

《数量经济技术经济研究》2017 年第 12 期。

涂俊、吴贵生:《基于 DEA – Tobit 两步法的区域农业创新系统评价及分析》,《数量经济技术经济研究》2006 年第 4 期。

万东华:《一种新的经济折旧率测算新方法及其研究》,《统计研究》2009 年第 10 期。

王兵、吴延瑞、颜鹏飞:《中国区域环境效率与环境全要素生产率增长》,《经济研究》2010 年第 5 期。

王华:《中国 GDP 数据修订与资本存量估算：1952—2015》,《经济科学》2017 年第 6 期。

王俊:《中国制造业 R&D 资本存量的测算（1998—2005)》,《统计研究》2009 年第 4 期。

王康:《中国分省 R&D 资本存量的估算》,《无锡商业职业技术学院学报》2011 年第 4 期。

王孟欣（a）:《我国区域 R&D 资本存量的测算》,《江苏大学学报》（社会科学版）2011 年第 1 期。

王孟欣（b）:《美国 R&D 资本存量测算及对中国的启示》,《统计研究》2011 年第 6 期。

王维、陈杰、毛盛勇:《基于十大分类的中国资本存量重估：1978—2016 年》,《数量经济技术经济研究》2017 年第 10 期。

王文、孙早:《基础研究还是应用研究：谁更能促进 TFP 增长——基于所有制和要素市场扭曲的调节效应分析》,《当代经济科学》2016 年第 6 期。

王小鲁:《中国经济增长的可持续性与制度变革》,《经济研究》2000 年第 7 期。

王小鲁、樊刚、刘鹏:《中国经济增长方式转换和增长可持续性》,《经济研究》2009 年第 1 期。

王小鲁、樊纲:《中国地区的变动差距和影响因素》,《经济研究》2004 年第 1 期。

王晓娆、李红阳:《不同执行部门 R&D 投入对全要素生产率的影响》,

《科学学研究》2017 年第 6 期。

王亚菲、王春云:《中国行业层面研究与试验发展资本存量核算》,《数量经济技术经济研究》2018 年第 1 期。

王艺明:《我国高新区的技术效率、规模效率与规模报酬》,《上海经济研究》2003 年第 8 期。

王益煊、吴优:《中国国有经济固定资本存量初步测算》,《统计研究》2003 年第 5 期。

王志刚、龚六堂、陈玉宇:《地区间生产效率与全要素生产率增长率分解（1978—2003)》,《中国社会科学》2006 年第 2 期。

王志远:《西部的开放与开放的西部：邓小平“两个大局”战略三十年》,《新疆财经大学学报》2018 年第 3 期。

温杰、张建华:《中国产业结构变迁的资源再配置效应》,《中国软科学》2010 年第 6 期。

文春艳:《R&D 资本化背景下制造业分行业全要素生产率再分析》,《当代经济科学》2019 年第 6 期。

吴建宁、王选华:《中国科技进步贡献率测度：一种新的视角》,《科学学与科学技术管理》2013 年第 8 期。

吴延兵:《R&D 存量、知识函数与生产效率》,《经济学》（季刊）2006 年第 4 期。

吴延兵:《中国工业 R&D 经济弹性测算（1993—2002)》,《经济学》(季刊）2008 年第 3 期。

吴延瑞:《生产率对中国经济增长的贡献：新的估计》,《经济学》(季刊）2008 年第 3 期。

武力:《中国产业结构的演变及其启示》,《百年潮》2016 年第 3 期。

夏杰长、肖宇、李诗林:《中国服务业全要素生产率的再测算与影响因素分析》,《学术月刊》2019 年第 2 期。

夏良科:《人力资本与 R&D 如何影响全要素生产率——基于中国大中型工业企业的经验分析》,《数量经济技术经济研究》2010 年第 4 期。

肖宏伟、王庆华:《中国全要素生产率驱动因素及提升对策》,《宏观经济管理》2017 年第 3 期。

肖林兴:《中国全要素生产率的估计与分解——DEA - Malmquist 方法适用性研究及应用》,《贵州财经学院学报》2013 年第 1 期。

肖敏、谢富纪:《中国 R&D 资本存量的空间分布特征》,《科技管理研究》2009 年第 8 期。

肖仁桥、钱丽、陈忠卫:《中国高技术产业创新效率及其影响因素研究》,《管理科学》2012 年第 5 期。

谢兰云:《中国省份研究与开发（R&D）指数及其存量的计算》,《西安财经学院学报》2010 年第 4 期。

谢千里、罗斯基、郑玉歆:《改革以来中国工业生产率变动趋势的估计及其可靠性分析》,《经济研究》1995 年第 12 期。

徐杰、段万春、杨建龙:《中国资本存量的重估》,《统计研究》2010 年第 12 期。

徐杰、王宏伟、李平:《中国资本存量测量述评》,《华东经济管理》2017 年第 6 期。

徐现祥、舒元:《基于对偶法的中国全要素生产率核算》,《统计研究》2009 年第 7 期。

徐现祥、周吉梅、舒元:《中国省区三次产业资本存量估计》,《统计研究》2007 年第 5 期。

徐瑛、陈秀山、刘凤良:《中国技术进步贡献率的度量与分解》,《经济研究》2006 年第 8 期。

许宪春:《支出法国内生产总值构成指标与有关统计指标间的关系》,《经济改革与发展》1998 年第 7 期。

许宪春:《中国国内生产总值核算》,《经济学》（季刊）2002 年第 1 期。

薛俊波、王铮:《中国 17 部门资本存量的核算研究》,《统计研究》2007 年第 7 期。

严成樑:《产业结构变迁、经济增长与区域发展差距》,《经济社会体制比较》2016 年第 4 期。

严成樑、龚六堂:《R&D 对中国经济增长的贡献测度》,《投资研究》2014 年第 1 期。

严成樑、龚六堂:《R&D 规模、R&D 结构与经济增长》,《南开经济研究》2013 年第 2 期。

颜鹏飞、王兵:《技术效率、技术进步与生产率增长:基于 DEA 的实证分析》,《经济研究》2004 年第 12 期。

杨林涛、韩兆洲、王昭颖:《视角下 R&D 资本化测算方法比较与应用》,《数量经济技术经济研究》2015 年第 12 期。

杨万平、杜行:《中国经济增长源泉:要素投入、效率提升还是生态损耗?》,《西安交通大学学报》(社会科学版)2015 年第 4 期。

叶裕民:《全国及各省区市全要素生产率的计算和分析》,《经济学家》2002 年第 3 期。

叶宗裕 (a):《中国资本存量再估算:1952—2008》,《统计与信息论坛》2010 年第 7 期。

叶宗裕 (b):《中国省际资本存量估算》,《统计研究》2010 年第 12 期。

叶宗裕:《全国及区域全要素生产率变动分析——兼对 C - D 生产函数模型的探讨》,《经济经纬》2014 年第 1 期。

易纲、樊纲、李岩:《关于中国经济增长与全要素生产率的理论思考》,《经济研究》2003 年第 8 期。

殷红、张龙、叶祥松:《中国产业结构调整对全要素生产率的时变效应》,《世界经济》2020 年第 1 期。

尹朝静:《科研投入、人力资本与农业全要素生产率》,《华南农业大学学报》(社会科学版)2017 年第 3 期。

于梦林、刘平辉、朱传民:《基于超效率 DEA - Tobit 模型的安徽省农用地利用效率及影响因素研究》,《江西农业学报》2020 年第 7 期。

于晓宇、谢富纪:《基于 DEA - Tobit 的区域创新系统资源配置优化策略研究》，《研究与发展管理》2011 年第 1 期。

余泳泽（a）:《中国区域创新活动的“协同效应”与“挤占效应”》，《中国工业经济》2015 年第 10 期。

余泳泽（b）:《改革开放以来中国经济增长动力转换的时空特征》，《数量经济技术经济研究》2015 年第 2 期。

余泳泽:《异质性视角下中国省际全要素生产率再估算：1978—2012》，《经济学》（季刊）2017 年第 3 期。

余泳泽、刘凤娟、张少辉:《中国工业分行业资本存量测算：1985—2014》，《产业经济评论》2017 年第 6 期。

余泳泽、刘冉、杨晓章:《我国产业结构升级对全要素生产率的影响研究》，《产经评论》2016 年第 4 期。

宇文晶、马丽华、李海霞:《基于两阶段串联 DEA 的区域高技术产业创新效率及影响因素研究》，《研究与发展管理》2015 年第 3 期。

岳书敬、刘朝明:《人力资本与区域全要素生产率分析》，《经济研究》2006 年第 2 期。

曾光、王玲玲、王选华:《中国科技进步贡献率测度：1953—2013》，《中国科技论坛》2015 年第 7 期。

曾五一、任涛:《关于资本存量核算的若干基本问题研究》，《统计研究》2016 年第 9 期。

张海洋:《R&D 两面性、外资活动与中国工业生产率增长》，《经济研究》2005 年第 5 期。

张海洋:《中国省际工业全要素 R&D 效率和影响因素：1999—2007》，《经济学》（季刊）2010 年第 3 期。

张豪、张建华、谭静:《中国经济增长的源泉与动能转换：1952—2015》，《经济问题探索》2017 年第 9 期。

张家峰、李佳楠、陈红喜等:《长三角高校科研创新绩效评价及影响因素研究——基于 DEA - Malmquist - Tobit 模型》，《科技管理研究》2020 年第 9 期。

张健华、王鹏:《中国全要素生产率：基于分省份资本折旧率的再估计》，《管理世界》2012 年第 10 期。

张军:《增长、资本形成与技术选择：解释中国经济增长下降的长期因素》，《经济学》（季刊）2002 年第 2 期。

张军、施少华:《中国经济全要素生产率变动：1952—1998》，《世界经济文汇》2003 年第 2 期。

张军、吴桂英、张吉鹏:《中国省际物质资本存量估算：1952—2000》，《经济研究》2004 年第 10 期。

张军、章元:《对中国资本存量 K 的再估计》，《经济研究》2003 年第 7 期。

张军扩:《“七五”期间经济效益的综合分析——各要素对经济增长贡献率的测算》，《经济研究》1991 年第 4 期。

张少华、蒋伟杰:《中国全要素生产率的再测度与分解》，《统计研究》2014 年第 3 期。

张雄辉、范爱军:《基于全要素生产率的中国经济增长因素分析》，《科技管理研究》2009 年第 10 期。

张宇:《FDI 与中国全要素生产率的变动——基于 DEA 与协整分析的实证检验》，《世界经济研究》2007 年第 5 期。

赵国庆:《中日经济增长的计量经济分析》，《经济理论与经济管理》2005 年第 6 期。

赵志耘、杨朝峰:《中国全要素生产率的测算与解释：1979—2009》，《财经问题研究》2011 年第 9 期。

郑光豹:《基于人力资本与 R&D 的物流全要素生产率研究》，《物流技术》2014 年第 7 期。

郑京海、胡鞍钢:《中国改革时期省际生产率增长变化的实证分析（1979—2001 年）》，《经济学》（季刊）2005 年第 2 期。

郑绍濂、胡祖光:《经济系统的经济效益度量的综合指标——全要素生产率的研究和探讨》，《系统工程理论与实践》1986 年第 1 期。

郑世林、张美晨:《科技进步对中国经济增长的贡献率估计：1990—2017 年》，《世界经济》2019 年第 10 期。

郑世林、张宇、曹晓:《中国经济增长源泉的再估计：1953—2013》，《人文杂志》2015 年第 11 期。

郑玉歆:《转轨前后中国生产率的变动及其来源——17 国生产率比较研究之中国案例》，《世界银行报告》（2005 年）。

支道隆:《核算全要素生产率》，《统计研究》1997 年第 3 期。

支道隆:《试算中国改革前的综合要素生产率——并与外国学者计算比较》，《数量经济技术经济研究》1992 年第 9 期。

钟世川、毛艳华:《中国全要素生产率的再测算与分解研究——基于多要素技术进步偏向的视角》，《经济评论》2017 年第 1 期。

钟廷勇、安烨:《中国文化产业分省资本存量估计研究》，《财经问题研究》2014 年第 5 期。

周晓艳、韩朝华:《中国各地区生产效率与全要素生产率增长率分解》，《南开经济研究》2009 年第 5 期。

朱南、卓贤、董屹:《关于我国国有商业银行效率的实证分析与改革策略》，《管理世界》2004 年第 2 期。

朱平芳、徐伟民:《政府的科技激励政策对大中型工业企业、R&D 投入及其专利产出的影响》，《经济研究》2003 年第 6 期。

朱有为、徐康宁:《中国高技术产业研发效率的实证研究》，《中国工业经济》2006 年第 11 期。

宗振利、廖直东:《中国省际三次产业资本存量再估算：1978—2011》，《贵州财经大学学报》2014 年第 3 期。

金剑:《生产率增长测算方法的系统研究》，博士学位论文，东北财经大学，2007 年。

叶樊妮:《资本存量与资本服务核算研究》，博士学位论文，西南财经大学，2009 年。

Ackerberg, D. A., Caves, K. and Frazer G., "Identification Properties of Recent Production Function Estimators", *Econometrica*, Vol. 83, No. 6, 2015.

Aigner, D. J., Lovell, C. A. K. and Schmidt, P., "Formulation and

Estimation of Stochastic Frontier Production Function Models", *Journal of Econometrics*, Vol. 6, No. 1, 1977.

Battese, G. E. and Corra, G. S., "Estimation of a Production Frontier Model: With Application to the Pastoral Zone of Eastern Australia", *Australian Journal of Agricultural Economics*, Vol. 21, No. 3, 1977.

Bosworth, D. L., "The Rate of Obsolescence of Technical Knowledge-a note", *Journal of Industrial Economics*, Vol. 26, No. 3, 1978.

Cao Jing, Mun S., and Dale W. Jorgenson, et al., "Industrial and Aggregate Measures of Productivity Growth in China, 1982 - 2000", *Review of Income and Wealth*, Series 55, Special Issue 1, 2009.

Caves, D. W., L. R. Christensen, and W. E. Diewert, "The Economic Theory of Index Numbers and the Measurement of Input, Output, and Productivity", *Econometric*, Vol. 50, No. 6, 1982.

Charnes, A., Cooper W. W and Rhodes E., "Measuring the Efficiency of Decision Making Units", *European Journal of Operational Research*, Vol. 2, No. 6, 1978.

Chen, K., H. C. Wang, Y. X. Zheng, et al., "Productivity Change in Chinese Industry: 1953 - 1985", *Journal of Comparative Economics*, No. 12, 1988a.

Chen, K., G. Jefferson, T. Rawski, H. C. Wang, and Y. X. Zheng, "New Estimates of Fixed Investment and Capital Stock for Chinese State Industry", *China Quarterly*, No. 114, 1988b.

Chong - En Bai, Chang - Tai Hsieh, and Yingyi Qian, "The Return to Capital in China", *Brookings Papers on Economic Activity*, No. 2, 2006.

Chow, G. C., "Capital Formation and Economic Growth in China", *Quarterly Journal of Economics*, Vol. 108, No. 2, 1993.

Chow, G. C. and Kui-Wai Li., "China's Economic Growth: 1952 - 2010", *Economic Development and Cultural Change*, Vol. 51, No. 1, 2002.

Cobb, C. W. and P. H. Douglas, "A Theory of Production", *American Economic Review*, No. 18 (Supplement), 1928.

Coe, D. S. and Helpman E., "International R&D Spillovers", *European Economic Review*, Vol. 39, No. 5, 1995.

Coelli, T. j, D. S. Prasada Rao and G. E. Battese, *An Introduction to Efficiency and Productivity Analysis*, Boston: Kluwer Academic Publishers, 1998.

Denison, E. F., "The Sources of Economic Growth in the US and the Alternatives before US", *Economic Journal*, Vol. 72, No. 288, 1962.

Dension, E. F., *Why Growth Rates Differ*, Washington D. C.: Brookings Institution, 1967.

Denison, E. F., *Accounting for United States Economic Growth*: 1929 – 1969, Washington D. C.: Brookings Institution, 1974.

Edquist, H. and M. Henrekson, *Do R&D and ICT Affect Total Factor Productivity Growth Differently?*, IFN Working Paper, No. 1108, 2016.

Fabricant Solomon, *Employment in Manufacturing*, 1899 – 1939: *An Analysis of Its Relation to the Volume of Production*, New York: NBER, 1942.

Fagerberg, J., "Technological Progress, Structural Change and Productivity Growth: A Comparative Study", *Structural Change and Economic Dynamics*, No. 11, 2000.

Fan, G., Ma, G. R. and Wang, X. L., "Institutional Reform and Economic Growth of China: 40 – Year Progress toward Marketization", *Acta Oeconomica*, No. 69, 2019.

Färe, R., Grosskopf, S., Norris M. and Zhang Z., "Productivity Growth, Technical Progress, and Efficiency Change in Industrialized Countries", *American Economic Review*, Vol. 84, No. 1, 1994.

Farrell, M. J., "The Measurement of Production Efficiency", *Journal of Royal Statistical Society*, Series A., General, Vol. 120, No. 3, 1957.

Fleisher, B. M. , and Jian Chen, "The Coast – Noncoast Income Gap, Productivity, and Regional Economic Policy in China", *Journal of Comparative Economics*, Vol. 25, No. 20, 1997.

Fleisher, B. M. , H. Z. Li, and M. Q. Zhao, "Human Capital, Economic Growth, and Regional Inequality in China", *Journal of Development Economics*, Vol. 92, No. 2, 2010.

Fraumeni, B. M. and Dale Jorgenson, *Relative Prices and Technical Change*, in Modeling and Measuring Natural Resource Substitution, Edited by E. Berndt and B. Field, Cambridge: M. I. T. Press, 1981.

Goldsmith, Raymond, W. , "A Perpetual Inventory of National Wealth", in *Studies in Income and Wealth*, Vol. 14, Conference on Research in Income and Wealth, New York: NBER, 1951.

Goto, A. , and Suzuki K. , "R&D Capital, Rate of Return on R&D Investment and Spillover of R&D in Japanese Manufacturing Industries", *The Review of Economics and Statistics*, Vol. 71, No. 4, 1989.

Griliches, Z. , "R&D and the Productivity Slowdown", *American Economic Review*, Vol. 70, No. 1, 1980.

Griliches, Z. , "R&D and Productivity: Measurement Issues and Econometric Results", *Science*, *New Series*, Vol. 237, No. 4810, 1987.

Harberger, A. C. , "Perspective on Capital and Technology in Less Developed Countries", in Contemporary Economic Analysis, Edited by Artis, M. J. and Nobay, A. R. , London: Croom Helm Ltd. , 1978.

Hicks, J. , *Collected Essays in Economic Theory*, Cambridge: Harvard University Press, 1981.

Holz, C. A. , "New Capital Estimates for China", *China Economic Review*, Vol. 17, No. 2, 2006.

Hsueh, Tien – tung and Qiang Li, *China's National Income*, 1952 – 1995, Colorado and Oxford: Westview Press, 1999.

Hu, Albert GZ, Jefferson GH and Qian JC. , "R&D and Technology

Transfer: Firm – Level Evidence from Chinese Industry", *Review of Economics and Statistics*, Vol. 87, No. 4, 2005.

Jaffe, SA., *A Price Index for Deflation of Academic R&D Expenditure*, Washington D. C.: The National Science Foundation, 1972.

Jefferson, G., T. Rawski and Y. X. Zheng, "Chinese Industrial Productivity: Trends, Measurement and Recent Development", *Journal of Comparative Economics*, No. 23, 1996.

Jefferson, G., T. Rawski and Y. X. Zheng, "Growth, Efficiency, and Convergence in China's State and Collective Industry", *Economic Development and Cultural Change*, No. 40, 1992.

Jeffrey, IB. and Theofanis, PM., "Depreciation Estimation, R&D Capital Stock, and North American Manufacturing Productivity Growth", *Annales d'Économie et de Statistique*, No. 79 – 80, 2005.

Jorgenson, D., "Econometric Methods for Applied General Equilibrium Analysis", In *Applied General Equilibrium Analysis*, Edited by H. Scarf and J. Shoven, Cambridge: Cambridge University Press, 1984.

Jorgenson, D. and Z. Griliches, "The Explanation of Productivity Change", *Review of Economic Studies*, Vol. 34, No. 3, 1967.

Jorgenson, D., LR. Christensen. and LJ. Lau, "Transcendental Logarithmic Production Frontiers", *Review of Economics and Statistics*, Vol. 55, No. 1, 1973.

Kendrick, J. W., "Total Capital Stock, by Type and Sector, in Relation to Income and Product", in *Formation & Stocks of Total Capital*, Editor by Kendrick J. W., Publish: NBER, 1976.

Kim, T. and Park, C. S., "R&D, Trade, and Productivity Growth in Korean Manufacturing", *Review of World Economics / Weltwirtschaftliches Archiv*, Vol. 139, No. 3, 2003.

Kirjavainen, T. and H. A. Loikkanen, "Efficiency Differences of Finnish Senior Secondary Schools: An Application of DEA and Tobit Analysis", *Economics of Education Review*, Vol. 17, No. 4, 1998.

Kwon, HU., Inui T., *R&D and Productivity Growth in Japanese Manufacturing Firms*, ESRI Discussion Paper Series, No. 44, 2003.

Levinsohn, J. and Petrin A., "Estimating Production Functions Using Inputs to Control for Unobservables", *Review of Economic Studies*, Vol. 70, No. 2, 2003.

Loeb, PD., Lin, V., "Research and Development in the Pharmaceutical Industry Specification Error Approach", *Journal of Industrial Economics*, Vol. 26, No. 1, 1977.

Lucas, R. E., "On the Mechanics of Economic Development", *Journal of Monetary Economics*, No. 22, 1988.

Meeusen, W. and Van denBroeck, J., "Efficiency Estimation from Cobb – Douglas Production Functions with Composed Error", *International Economic Review*, Vol. 18, No. 2, 1977.

Mitsuo Ezaki and Lin SUN, "Growth Accounting in China in National, Regional, and Provincial Economies: 1981 – 1995", *Asian Economic Journal*, Vol. 13, No. 1, 1999.

Munnell A. H., and Leach M. C., "How Does Public Infrastructure Affect Regional Economic Performance?", *New England Economic Review*, No. 9, 1990.

Nazrul Islam, Erbiao Dai and Hiroshi Sakamoto, "Role of TFP in China's Growth", *Asian Economic Journal*, Vol. 20, No. 2, 2006.

OECD, *Method Used by OECD Countries to Measure Stocks of Fixed Capital*, Paris: OECD Publication, 1993.

OECD, *Measuring of Capital Stocks, Consumptions of Fixed Capital and Capital Services*, Paris: OECD Publication, 1999.

OECD, *Measuring Capital: OECD Manual* 2009, Second Edition, Paris and Washington D. C.: OECD Publication, 2009.

Olley, G. S. and Pakes, A., "The Dynamics of Productivity in the Telecommunications Equipment Industry", *Econometrica*, Vol. 64, No. 6, 1996.

Ozyurt, S., "Total Factor Productivity Growth in Chinese Industry: 1952 - 2005", *Oxford Development Studies*, Vol. 37, No. 1, 2009.

Pakes, A. and Schankerman M., "The Rate of Obsolescence of Knowledge, Research Gestation Lags and the Private Rate of Return to Research Resources", in *R&D, Patents and Productivity*, Editor by Griliches Zvi, Chicago: University of Chicago Press, 1984.

Peneder M., "Industrial Structure and Aggregate Growth", *Structural Change and Economic Dynamics*, No. 14, 2003.

Reinsdorf, M. and Cover, M., *Measurement of Capital Stocks, Consumption of Fixed Capital, and Capital Services: Report on a Presentation to the Central American Ad Hoc Group on National Accounts*, Santo Domingo, Dominican Republic, https://unstats.un.org/unsd/nationalaccount/AEG/papers/m3Views15.pdf, 2005.

Romer, P. M., "Human Capital and Growth: Theory and Evidence", *Carnegie - rochester Conference Series on Public Policy*, No. 32, 1990.

Shephard, R. W., *Cost and Productions*, Princeton: Princeton University Press, 1953.

Shephard, R. W., *Theory of Cost and Production Function*, Princeton: Princeton University Press, 1970.

Singh, L., "Technological Progress, Structural Change and Productivity Growth in Manufacturing Sector of South Korea", *World Review of Science, Technology and Sustainable Development*, Vol. 1, No. 1, 2004.

Solow, R. M., "Technical Change and the Aggregate Production Function", *Review of Economics and Statistics*, No. 39, 1957.

Sten Malmquist, "Index Numbers and Indifference Curves", *Trabajos de Estgatistica*, No. 4, 1953.

Stone, C. J., "Consistent Nonparametric Regression", *Applied Statistics*, No. 5, 1977.

Timmer, M. and Szirmai, A., "Productivity Growth in Manufacturing: The Structural Bonus Hypothesis Examined", *Structural Change and Economic Dynamics*, No. 1, 2000.

Tinbergen, J., "On the Theory of Longterm Economic Growth", *Weltwirtschaftliches Archiv*, No. 55, 1942.

Tobin, J., "Estimation of Relationships for Limited Dependent Variable", *Econometrica*, Vol. 26, No. 1, 1958.

Wang, Y. and Y. Yao, "Sources of China's Economic Growth 1952 – 1999: Incorporating Human Capital Accumulation", *China Economic Review*, No. 14, 2003.

Watcharasriroj, B. and John C. S. Tang, "The Effects of Size and Information Technology on Hospital Efficiency", *Journal of High Technology Management Research*, No. 15, 2004.

Wu, Harry, X., *Accounting for China's Growth in* 1952 – 2008: *China's Growth Performance Debate Revisited with a Newly Constructed Data Set*, RIETI (Japan) Discussion Paper Series 11 – E – 003, 2011.

Young, A., "Gold into Base Metals: Productivity Growth in the People's Republic of China during the Reform Period", *Journal of Political Economy*, Vol. 111, No. 6, 2003.

Young, A. H. and Musgrave J. C., Estimation of Capital Stock in the United States, in *Measurement of Capital*, Editor by Usher D. Chicago: University of Chicago Press, 1980.

后　记

2019年年底暴发的新型冠状病毒肺炎（COVID－19）肆虐全球，至今仍在国外蔓延。在以习近平同志为核心的党中央领导下，各地群众积极配合当地政府，齐心协力，经过坚持不懈的努力和奋斗，隔绝了新冠肺炎在全国的蔓延和传播，取得了基本胜利，2020年下半年全国生产和消费活动已全面恢复，国民经济恢复正常秩序。抗疫常态化成为中国人民的共识，在复工复产复学的同时，高度重视疫情的区域性暴发和输入性暴发。新冠肺炎疫情的传播打乱了经济秩序，破坏了生产活动，给各国经济造成极大破坏，截至三季度，与2019年同期相比，中国经济实现了正增长，投资、居民人均收入有所增长，消费、就业形势好转，疫情对中国经济的影响在降低。但从近期欧洲各国疫情情况看，抗疫之路还很漫长，需要长期奋斗。

新冠肺炎疫情的暴发阻挡了人们的出行，2020年上半年实行线上办公的工作方式，我恰好趁此机会全面梳理未能完成的书稿，进行补充和修改。2020年对我来说也是不幸的一年，父亲的突然去世至今使我难以释怀，常年在外忽视了父母的健康，“子欲养而亲不待”，古人诚不欺我，但愿母亲能健康长寿。

本书是对我近几年来研究成果的一个总结，因水平有限，实际上还有诸多需要深入研究的地方，有待进一步去探索和挖掘，例如新业态新模式的发展对中国生产率的影响几何，数字经济的发展如何提高中国的生产率，等等。在研究生产率的过程中，非常感谢龚飞鸿研究员，他引导我进入生产率研究领域，参与关于生产率核算的课题，并给了诸多帮助。感谢我的同事们，在工作中互相帮助，在宽松的学术氛围中潜心研究感兴趣的问题，感谢吴滨主任的照顾和支持。

感谢科研处张杰处长多年的关心和照顾，感谢中国社会科学出版社黄晗老师在本书出版过程中的辛苦付出，使得本书能够顺利出版。

感谢所有帮助过我的人，你们都是我的良师益友。

刘建翠

2020 年 10 月